オーケストラの音楽史

Paul Bekker,
The Orchestra

大作曲家が追い求めた理想の音楽

パウル・ベッカー　松村哲哉 訳

白水社

オーケストラの音楽史――大作曲家が追い求めた理想の音楽

THE ORCHESTRA by Paul Bekker

First published in the Norton Library 1963
Originally published under the title
The Story of the Orchestra

装丁　柳川貴代

ミセス・M・D・ハーター・ノートンに

凡例

一、本文中の＊は訳者による注を表わす。

一、音楽用語の訳注をつくるにあたっては、『メッツラー音楽事典』（DVD版、教育芸術社）、『新編音楽中辞典』（ネット版、音楽之友社）、『新グローヴオペラ事典』（白水社）を参照した。

一、人名等のカタカナ表記については、ワーグナーをはじめ、ある程度慣用表記を採用した。

オーケストラの音楽史——大作曲家が追い求めた理想の音楽　目次

はしがき　9

1 **前奏曲**　13
――オーケストラの楽器の系譜

2 **古典派のオーケストラ**　33
――ハイドン

3 **オペラのオーケストラ**　57
――モーツァルト

4 **ダイナミックなオーケストラ**　75
――ベートーヴェン

5 **ロマンティックな幻想のオーケストラ**　101
――ウェーバー、シューベルト、メンデルスゾーン、シューマン

6 **ヴィルトゥオーゾ・オーケストラ**　122
――ベルリオーズ、マイヤーベーア、リスト

7 宇宙のように壮大なオーケストラ 148
——ワーグナー

8 世紀末のオーケストラ 172
——ブラームス、ブルックナー、マーラー

9 国民的オーケストラ 195
——ヴェルディ、ビゼー、スメタナ、チャイコフスキー、シベリウス

10 「芸術のための芸術」としてのオーケストラ 218
——シュトラウス、ドビュッシー、プッチーニ

11 メカニズムとしてのオーケストラ 244
——シェーンベルク、ストラヴィンスキーと現在

訳者あとがき 273

索引 *1*

はしがき

本書の「はしがき」をどうしようかとあれこれ考えるうちに、世の中にこれほどよけいなものはないと確信するようになった。「はしがき」などというものは、『夏の夜の夢』の劇中劇に登場する道化の口上に似て、ろくでもないものになるのがオチだ。たとえば、観客からやじられて当惑した「月」は前口上をこう締めくくる。「てまえが申し上げるのは、このランタンが月のつもりで、てまえが月に住む男のつもりで、この藪がてまえの藪のつもりで、この犬がてまえの犬のつもりだ、ということだけでして」〔小田島雄志訳、白水社刊〕

　これをまねるとすれば、私の「はしがき」はこんな感じだろうか。「てまえが申し上げるのは、この本はオーケストラについての本のつもりで、てまえが著者のつもりで、本の見解はてまえの見解のつもりで、云々」

　このくらいで十分だろう。

　もちろん心やさしい読者の皆さんは、私が書こうとしているのが、オーケストラや楽器の歴史に関する学究的な書物――これにはクルト・ザックスの前例があるし、私自身彼には大いに感謝している――でもなければ、オーケストラ概論やオーケストラ曲を書いた作曲家を網羅した事典でもなく、ましてや体系的な教科書でもないことにすぐ気づくだろう。さんざん「ではない」を連発したあとで言うのもなんだが、それでも私が読者として想定した人々、つまり音楽を心から愛する人々は、本書からなにかしら得るものがあるのではと願っている。とりあえずは、現代のオーケストラがどのようにしてできあがったのか、という私の話に興味を持っていただければ十分だ。気の向くままに書いた本ではあるが、皆さんが気分を害することなく、楽しく読んでいただければ幸いである。

　これまで書いてきたのはすべて当たり前の話で、それこそよけいとしか言いようがないが、ここでちょっとした告白をしておきたい。本書は英語で書かれているが実は翻訳ではない。私が最初から英語で書いたのだ。* 決して「自分なら英語でも書ける」などという思い上がりからではない。ドイツ語世界への扉が閉ざされてしまった今、正確さやニュアンスを多少犠牲にしても、新たな友人の皆さんにはできるだけ直接自分の言葉で語りかける必要があると感じたからだ。翻訳者がどれほど器用に訳したところで、一番内容を熟知しているのは著者本人である。語り口は多少雑になったとしても、考えている内容はより明確に伝わるに違いない。

＊　著者のパウル・ベッカーはベルリン生まれのドイツ人だが、一九三四年、ナチスの台頭を受けて祖国を離れ、アメリカ合衆国に渡った。『西洋音楽史』をはじめとするベッカーの著書は当然ドイツ語で書かれているが、米国移住後の一九三六年に書かれた本書だけは著者の言葉にもあるとおり最初から英語で書かれている。ベッカーは翌一九三七年にニューヨークで亡くなった。

　その一方で、自分がやろうとしているのが大変な冒険だということはよくわかっていたつもりだ。友人たちの助けがなければ、決して英語で本を書こうなどとは考えなかっただろう。なかでもミセス・M・D・ハーター・ノートンには大変お世話になった。彼女のアドバイスと積極的な支援がなければ、本書が出版されることはなかっただろう。本書を彼女に捧げたのは、私の感謝の気持ちのほんの一部でしかない。

最後にもう一度、親愛なる「月」のせりふをお手本にしよう。「この英語は私の英語で、そのいたらぬ点は、私のいたらぬ点であります」

パウル・ベッカー

一九三六年九月　ニューヨークにて

1　前奏曲

――オーケストラの楽器の系譜

1

オーケストラの物語は旧家の系譜に似ている。より正確に言えば、数多くの旧家が敵対心を燃やして争った歴史によく似ている。最終的に彼らは共通の目的のために団結し、国の秩序を確立することになる。現時点でオーケストラを眺める私たちの目には、さまざまな楽器とそのグループ、つまり弦楽器や木管楽器、金管楽器、打楽器が集まり、しかるべき場所にきちんとおさまっているように映るだろう。しかしおびただしい数の楽器のなかから今あるものを選び、オーケストラに必要な機能をそれぞれが適材適所で発揮できるようきちんと配置する作業には、およそ一世紀半もの時を要した。この作業はおもに十七世紀初頭から十八世紀半ばにかけて行なわれた。今あるような組み合わせのオーケストラが姿を現わしたのは一七五〇年前後である。

　楽器はいつの時代にも存在していた。その種類は非常に豊富で、しかも昔のほうが今日よりも多かったかもしれない。歌の伴奏をするため、そして歌手がいないときはそれに代わるものとして楽器が演奏された。加えて、舞踊や兵士の行進のためにも使われ、やがて教会の礼拝に用いられるようになった。なかでも管楽器は古代から聖職者の職務に欠かせない楽器として使われてきた。「エリコの戦い」で有名な「七人の祭司たちが吹き鳴らした雄羊の角笛」（旧約聖書ヨシュア記）、そして聖書の中に登場するさまざまな「勝利の歌」を伴奏するシンバルやハープを思い浮かべる人もいるだろう。こうした楽器は、古代バビロニアやエジプトの彫像にも見ることができる。さらにはローマ帝国の祝祭では、ギリシアから来た楽器の名手たちがその腕前を披露した。

　楽器にはもともとさまざまなタイプがあったが、音の出し方の違いに基づいて、弦楽器、管楽器、打楽器などいくつかのグループに分類できる。しかし西暦一六〇〇年以前に使われた楽器が、そのまま現在でも演奏されているという例はない。現代の楽器のうち、弦を張った楽器の進化型であるヴァイオリンとその仲間は一六〇〇年前後に発明された。オーボエやファゴットなど現在も使われている木管楽器の歴史はさらに古いが、今のような楽器になったのは十七世紀に入ってからである。クラリネットが登場するのは十八世紀になってからで、ハイドンやモーツァルトも一部の曲でしかクラリネットを使っていない。演奏できる人間がいつも身近にいるとは限らなかったからだ。ホルンやトランペットが現在のような形になったのは、十八世紀から十九世紀にかけてである。フルートや打楽器の類は大昔から存在していたものの、その形状は現在とは大きく異なっていた。

　私たちになじみのあるオーケストラの楽器は、ルネサンスよりあとの時代になって初めて登場する。楽器を組み合わせて演奏する機会がだんだん増えてきたため、同じ楽器でも異なる大きさのものがつくられるようになった。そのお手本となったのは、ひとりひとり音域と音質が異なる人間の歌声である。たとえばヴァイオリン属はおもに三つのサイズがつくられた。ソプラノにあたるヴァイオリン、アルトにあたるヴィオラ、そしてテノールおよびバスにあたるチェロである。今日のオーケストラに含まれるコントラバスは、ヴァイオリン属の楽器ではない。同じ擦弦《さつげん》楽器でもヴァイオリン属とは異なる特徴を持つガンバ（ヴィオール）属の生き残りだ。ガンバ属もあらゆる音域に対応していて、かつては楽器の王とでもいうべき中心的なファミリーを形成していた。ところがその音はあまりにもソフトで、他の楽器と混ざるとあまりよく聞こえないのに対して、その後継者であるヴァイオリン属は細身である分、より複雑なテクニックにも対応しやすく、歌うような性格はガンバ属と同じだが、よく通る音と豊かな音量を持っていた。そのため、ヴァイオリン属がガンバ属に取って代わった。のちに弦楽四部のスタイルが確立した際、穏やかで深々と響く音色ゆえにコントラバスだけが最低音を担当する楽器として存続することになった。

　こうして弦楽器による「合唱隊」が完成し、それがモダン・オーケストラの土台となった。できあがったオーケストラは本物の合唱団をまねたものであるため、表現の多様さにおいても音域の面でも、ひとつひとつの楽器は人間ひとりひとりの歌声に匹敵するものでなければならず、またオーケストラには歌声と同じように、ハーモニー（和声）の変化を十全に伝えられるだけの能力が求められた。十七世紀には、このような目的にかなう楽器の開発が盛んに行なわれた。もちろん合唱団に匹敵するようなオーケストラづくりという明確な目標が存在していたわけではない。誰かが「オーケストラをつくるぞ」と言ったわけではないし、そのような考えを持つ人間がいたわけでもない。また器楽のために書かれた特別な作品があったわけでもない。洗練された音楽はすべて声楽作品であり、楽器は歌い手の手配がつかない声部を代わりに演奏する役割しか持っていなかった。しかし旋律を奏でるうえでの表現力と技術的な可能性が向上するにしたがって、代役にすぎなかった楽器は徐々に独立性を獲得していった。

2

ヴァイオリンの完成は、音楽史上におけるもっとも画期的な出来事のひとつである。ヴァイオリンの音は、驚くほど人間の歌声に似ており、しかも感情表現力においても引けを取らない。音だけでなく、そのメカニズムも完璧と言える状態に限りなく近づいた。その形状は芸術的かつ簡潔な美しさという点で文句のつけようがない。四本の弦は、和声の体系でもっとも重要な音程である五度に調弦されている。指板に指を滑らせ、特に高音で非常に広い音域をカバーできる。ヴァイオリンには出せない低音については、ヴァイオリン属の他の楽器、つまりヴァイオリンと同じ原理に基づいて作られた、より大きなサイズの楽器が補う。下はチェロから上はソプラノ・ヴァイオリン*まで、さまざまなヴァイオリン属の楽器を集めれば、広い音域をカバーする多彩な組み合わせが可能であり、その意味において人間の声の能力を凌駕する演奏集団を形成できる。ヴァイオリン属の音が、人の歌声と一番違うのは、言葉とのつながりが欠けている点だが、この明らかな欠点さえも、徐々に重要なメリットへと変化した。というのも、楽器を使って自由な演奏を繰り広げるうえで、言葉がかえって邪魔だと感じられる瞬間がやがてやってくるからである。

* 十六〜十七世紀に作られた、従来のヴァイオリンより四度高い楽器。

ヴァイオリン属の楽器は、十六世紀になると今の形状がほぼできあがった。最初の偉大な製作者はガスパロ・ダ・サーロ（ガスパロ・ベルトロッティ）とアンドレア・アマーティである。そして十七世紀に入り、アントニオ・ストラディヴァーリ（一六四四〜一七三七年）が比類のない楽器を作り上げてヴァイオリンを完成させた。その後、楽器の形状が変化することはなかった。これは人間の発明品としてはきわめて稀なケースである。改良の余地がまったくないうえに、その必要性もなく、改良自体望ましくなかったのだ。そのため、十八世紀に弓の構造が改良されたのを除くと、その後に起きた事件といえば、さまざまなタイプのヴァイオリン属の楽器を組み合わせた同質の響きを持つアンサンブルが完成したこと、演奏技術や様式の発展、そして、響きにアクセントをつけるため、アンサンブルに管楽器が徐々に加えられたことくらいである。

近代オーケストラの最大の特徴は、この合唱団を手本とするヴァイオリン属のアンサンブルが土台になっているという点である。**その後も、ヴァイオリン属はオーケストラ音楽において、中心的な地位を占めていくことになる。**

3

管楽器類は少しずつ時間をかけてオーケストラに加えられていった。はじめのうちは、弦楽器の演奏効果を高めるためにときおり使われるだけだったが、しばらくすると、音色面で弦楽器とのコントラストをつくりだすために使われるようになった。しかし弦楽器と比べ、管楽器類が完成を迎えるには、最初から多くの問題があった。というのは、ヴァイオリン属と違い、さまざまなタイプの楽器が存在したからである。管楽器ははっきりとふたつのタイプに分けられる。木を使う楽器と金属を使う楽器だ。管楽器の音色を特徴づけるのは、何よりもそれがどのような素材からできているかということであり、さらには、その素材がどのように振動し、どのくらいの倍音を含んでいるかが影響する。また形状や構造、吹き方なども重要な要素である。金管楽器は金属的な響きを持ち、木管楽器はそれぞれの素材の性格を反映したソフトな音色を持つ。したがって、素材の性格によって、管楽器の演奏の仕方や演奏技法は異なる。金属からは当然重々しい音が出るので、リズムにアクセントをつけたり、音の強弱の幅を広げるために使われる。金管楽器が昔から行進や儀式などの音楽に使われているというのも納得がいく。

管楽器の場合、最初から音の出し方にはふたとおりあった。唇で直接息を吹き込む方法と、リード、ないしはマウスピースを振動させる方法である。前者のやり方ではクリアで震えのない音が出るのに対して、後者の場合はこまかなヴィブラートがかかり、かげりのある音となる。もっとも複雑な機構を持つ管楽器であるオルガンはこのような音の違いを利用しており、他の楽器との大きな違いは、ふいごを使って送風する点だ。先程も述べたように管楽器は時間をかけてオーケストラに加わった楽器であり、大きく分けてふたつの種類——今日、木管楽器および金管楽器と呼ばれるもの——がある。金管楽器の構造はいたってシンプルで、マウスピースを用いて金属の管に息を吹き込んで音を出す。木管楽器の場合はさまざまなやり方がある。今では木製ではないものの、便宜上常に木管楽器として扱われるフルートの場合は、演奏者が直接管に唇をつけ、息を吹き込む。オーボエとその仲間であるオーボエ・ダモーレ、オーボエ・ダ・カッチャ、イングリッシュ・ホルン、そしてファゴットは、吹き口に取り付けられた「リード」と呼ばれる薄片が音を出す。そのため出てくる音にはこまかなヴィブラートがかかり、人の歌う声に近い性格を持っている。最後に、木管のなかでもっとも新しい楽器であるクラリネットは、十八世紀に入ってから発明された。リードの付いた、くちばしのようなかたちのマウスピースを用いて音を出す。そのためとりわけソフトな音を奏でることができる。

管楽器の場合は、技術的性能の向上と音質の改善を目指して、指孔を開閉するためのキー、（オルガンの）パイプの音色を変えるためのストップ、および金管楽器の管長を変えるためのヴァルヴといった機械装置が発明された。そのため発展過程を簡潔に説明するのは難しい。管楽器の構造には常に改良が加えられ、ヴァイオリン属のようにひとつの完成形にはいたらなかった。古典派以降目立った変化のない弦楽器と違い、絶え間なくその構造が変化し続けたのだ。

　弦楽器に管楽器を組み合わせるという考えは、オルガンの演奏を参考に生まれたのかもしれない。複数のパイプで異なる音色を出すアイデアと、和声的に重要な音にオクターヴあるいは完全五度を重ねる演奏法は、オルガンから始まった。このような音楽書法は、ドイツの作曲家・オルガニスト・理論家であったミヒャエル・プレトーリウス（一五七一〜一六二一年）の書いた理論書に体系的にまとめられ、それまでのポリフォニー（多声音楽）から、主旋律を和音の伴奏が支えるホモフォニーへと音楽形態の移行を促した。ポリフォニーでは、複数の声部が独自性を保って動くため、水平方向の動きが重要であったが、ホモフォニーでは和音を形成する縦のラインが重視された。この場合、和音をもっとも効果的に響かせることが第一であり、曲を構成するその他の要素はすべてこの目的に沿って決定される。和音を構成するのはおもに弦楽器であり、和音の中の重要な音には木管楽器が重ねられ、金管楽器によってアクセントがつけられる。さらに強調すべき音には打楽器が加えられた。ティンパニやベル（鐘）の類を除き、打楽器は一般的に一定のピッチ（音の高さ）をもたない。また、ピッチをもつ打楽器であっても、音の強弱やリズム的な要素を強調する目的で使われることが多い。

　したがって、オーケストラは、「弦楽合奏が生み出すハーモニーに木管楽器が彩りを添え、金管楽器と打楽器がアクセントをつけ加える」という考え方に基づいてつくられたと総括できる。最初のオーケストラはこのようにして生まれた。オーケストラの発展史を外側から眺めるとすれば、それは管楽器の機械構造が完成形へと近づいていく歴史であり、管楽器と弦楽器の音をよりうまく混ぜ合わせることを追求した物語だと言える。

4

オーケストラにおいて、弦楽器は他の楽器よりも一段高い貴族階級のような地位を獲得した。そしてハーモニーという法律に則り、少数独裁体制を敷いてオーケストラを支配した。しかし弦楽器による支配が確立するには、それなりの準備が必要であった。弦楽器のアンサンブルをつくりあげるにはある程度時間がかかったのである。その間、さまざまな楽器を取りまとめる役割を果たしたのはチェンバロだった。

ハープシコードとも呼ばれるチェンバロは、その名前が示すとおり弦楽器の一種であり、その祖先はリュートである。ひとつの音に対して一本の弦が張られており、鍵盤のキーを押すと機械装置によって弦がはじかれ、音が出るようになっている。よって、ヴァイオリン属などの弦楽器が（ダブルストップを使えばある程度は可能だが）ひとつの音しか出せないのに対して、チェンバロは複数の音を同時に出せるため、ハーモニーを奏でることができる。その意味において、オルガンによく似ている。つまり、オルガンが管楽器の集合体であるのに対して、チェンバロは弦楽器の集合体である。もっともチェンバロとヴァイオリン属などの擦弦楽器との間には根本的な違いが存在する。弦を弓でこすって音を出す擦弦楽器が好きなだけ音を引き伸ばせるのに対して、チェンバロの音は出た瞬間からしだいに弱くなり、やがて消えてしまうからだ。

弦楽器のアンサンブルを新たにつくるにあたって、同じ弦楽器でありながら容易に和音を出せるという特性を持つチェンバロがその土台となり、オーケストラの発展のうえでもある程度中心的な役割を担った。チェンバロの奏でるハーモニーの上に、ヴァイオリンがメロディー（主旋律）をつけるというかたちが生まれたのである。第二ヴァイオリンやヴィオラといった他の弦楽器群が内声部を担当するために独立し、より自由な動きをするようになるまで、チェンバロがこうした役割を担っていた。さらに、バス（最下声部または低音声部）を担当したのもチェンバロだった。時代が経つにつれ、これがチェンバロのもっとも重要な役割となった。というのも、バスそのものが徐々に主要な声部になってきたからだ。対位法に基づくポリフォニーからハーモニーを重視するホモフォニーへと音楽のスタイルが変化した結果、ひとつひとつの声部はその独立性を失い、全体の一部として基の音から派生し、全体の一部を構成するようになった。基礎となる音は通常バスだった。これにともない、楽譜の書き方も変化した。楽譜に記されるのはバスの旋律とメロディーだけになり、バスの音には構成和音を表わす数字がつけられた。演奏者はこの数字に基づいて和音を演奏するのである。

このような低音声部の書き方を「数字付き低音」または「通奏低音」と呼ぶ。この種の略式の記譜法は、十七世紀に入りポリフォニー様式の音楽が廃れ、ホモフォニー様式の音楽が勢いを増すとともに使われるようになった。その際、通奏低音を演奏する楽器にぴったりなのが、オルガンやチェンバロであるのは明らかだった。どちらの楽器もバスだけでなく、即興で演奏すべき内声部のかわりにもなり、メロディーを演奏するさまざまな楽器との相性も良かったからだ。

当時を振り返り、近代オーケストラの発展の様子を眺めてみると、最初にいくつかの楽器が候補に挙がり、そのなかでも人間の歌声と似た性質を持ち、より複雑なテクニックに対応し、広い音域での演奏が可能で、言語という制約に縛られない楽器として、ヴァイオリンがもっとも重要な地位を占めるにいたった経緯が見えてくる。一方、オルガンとチェンバロはさまざまな音を同時に出せるため、とりわけハーモニーを奏でる楽器としてすぐれていることが明らかになった。このふたつの鍵盤楽器の一方とヴァイオリンを組み合わせれば、メロディーとハーモニーを完璧に演奏できる。しかし時が経つにつれて、オルガンはその音色が管楽器に似ており、しかも簡単に調達できないため、チェンバロにその地位を奪われていった。チェンバロはオルガンよりも数が多く、手軽に調達できて、世俗的な用途に適しており、かつ音色が弦楽器的な性格を持つため、特にヴァイオリンとの相性がよかった。やがてヴァイオリン属の他の楽器がアンサンブルに加わるようになり、その種類と数が増えるにつれてチェンバロは少しずつ脇役へと追いやられ、弦楽器が絶対的優位を占めるようになった。最終的に不要となったチェンバロは、オーケストラから完全に姿を消してしまう。

　管楽器も徐々にオーケストラに加えられた。最初はごくわずかな数の管楽器（多くの場合は木管楽器）だけであり、その場合も管楽器同士には決まった組み合わせや序列があるわけではなかった。フルートが使われることもあれば、オーボエないしファゴットが使われることもあり、ときおりトランペットやホルンも用いられた。どの管楽器も弦楽アンサンブルに単独で加えられることもあれば、任意の、たいていはありあわせの楽器による組み合わせのこともあった。現在では、管楽器群は一定の序列に従ってグループを形成している。つまり、フルート、オーボエ、ホルン、ファゴットが、弦四部と同じような機能を持っている。その後、クラリネット、トランペット、トロンボーンが加えられた結果、オーケストラの管楽器セクションをすべて合わせるとオルガンによく似た構成となった。こうして種類の異なる楽器が集められ、音楽を奏でるためのひとつのシステムができあがった。このシステムは、チェンバロとオルガン以外の楽器には無理だった多彩な演奏効果を実現し、各声部を完璧に演奏できるだけでなく、自由な表現と音楽展開を可能にした。

5

オーケストラのかたちが整うには、約百五十年の時を要した。これはおよそ西暦一六〇〇年から一七五〇年にかけてのことであり、いわゆるルネサンス後期からバロック時代にあたる。この時代は、楽器、演奏様式、音楽形式など、音楽活動にかかわるあらゆる分野で数え切れないほどの発明がなされた時期でもあった。朗唱的なひとつの歌の旋律を和音の伴奏が支える「モノディ様式」がポリフォニーに取って代わった。極端に技巧的な書法を嫌い、和声的でシンプルな音楽を求める傾向が、対位法に基づく複雑な音楽を退けたのである。複雑な書法で書かれた古い様式の音楽では聴き取りにくくなっていた歌詞への関心が高まり、歌があらためて重要視されるようになった。

このような状況を受けて、一六〇〇年頃にフィレンツェで最初のオペラがつくられた。オペラの誕生にともない、オーケストラを編成するための最初の実験が行なわれた。もっとも、オペラとは無関係な音楽も新たな方向へと展開を始める。それまでは声楽の様式に縛られていた器楽の演奏は、ハーモニーを重視する音楽様式の誕生に大きな刺激を受けた。平均律の導入を受けて、それまでの教会旋法に代わり、長音階と短音階が使われることが多くなった。特に十七世紀は、何かまったく新しいものをつくろうとする人々の熱意に押され、新手法や新たなアイデア、新たな傾向が矢継ぎ早に、そして過剰なまでに生まれた時代である。

人類が知的進化を遂げる過程には、過去ばかり振り返り、何か行動を起こすにもその基準を過去の出来事に置いている時期がある。現代は、特に音楽において、まさにそういった時代である。その一方で、歴史を振り返ってみると、創造への衝動があまりに激しく抑えがたいがゆえに、人々の関心が目新しいものへと向かい、過去の記憶をすべて捨ててしまった時期もある。音楽の分野においては、一六〇〇年から一七五〇年にいたる百五十年間が、そういう時代だった。次から次へと新しいものが押し寄せるので、古い楽器と新しい楽器、古い様式と新しい様式が並存し、人々はこれを持て余していた。当時の人々は、あり余るおもちゃを抱えた子供にたとえられるだろう。英国王ヘンリー八世の礼拝堂には六四挺の弦楽器と二一五本の管楽器が所蔵されていた。エリザベス女王は四〇人の楽士からなるオーケストラを抱え、フランス国王は、十六世紀以降、グランド・エキュリーとプティット・エキュリーと呼ばれるふたつの楽団を持っていた。後者はおもに弦楽器で構成されており、宮廷で貴族のための音楽を演奏した。前者はオーボエ、トランペット、トロンボーン、太鼓の類で構成されており、民衆に人気のある踊りの伴奏を務めた。イタリアはもちろん、ドイツ各地の諸侯でさえ、自分のための特別なオーケストラを持っていた。そしてヨーロッパ中の貴族がこの例に倣い、楽士兼使用人を抱えていた。

　これより前の時代のおもな楽器と言えば、リュート、テオルボ*、レベック、ヴィオラ・ダ・ガンバなど擦弦楽器、フルート、コルヌミュズ、ヴァージナル、トランペット、トロンボーン、太鼓だった。なかでもリュート属の楽器は、これまで見てきたように、ヴァイオリン属の影響が大きくなり近代オーケストラが形成されていく過程においても、長い間中心的な地位を保ち、形状がほとんど変化しなかった。モンテヴェルディ（一五六七〜一六四三年）は一六一九年に『マドリガーレ集第七巻：コンチェルト』を出版し、そこでは、アーチリュート、ヴィオラ、ヴァイオリン、ヴィオラ・ダ・ガンバ、チェロ、ヴィオローネ、チェンバロといった楽器を含む三つのアンサンブルが用いられている。しかし楽器の組み合わせはその後も常に変化し、時には奇妙な楽器も加えられた。たとえば巨大なコントラバス、大砲などである。こうした楽器の一部は、ベートーヴェンの戦争交響曲『ウェリントンの勝利』で聴くことができる。

＊　テオルボはバス・リュート。レベックは十一世紀以降使われていた擦弦楽器で、棒状または洋梨形の共鳴胴を持つ。コルヌミュズはバグパイプ。ヴァージナルはチェンバロに似た小型の撥弦（はつげん）鍵盤楽器。

オーケストラの編成は、十八世紀に入り標準的なかたちがある程度できあがっても依然としてまちまちであり、場合によっては常軌を逸した編成もあった。一七五〇年頃、当時ドイツでもっとも重要なオーケストラのひとつであり、有名でもあったドレスデン歌劇場のオーケストラは、第一ヴァイオリン八、第二ヴァイオリン七、ヴィオラ四、チェロ三、コントラバス三というほぼ標準的な弦楽器編成に、フルート二、オーボエ五、ファゴット五、ホルン二、それにトランペットとティンパニが加わっていた。注目すべきはオーボエとファゴットの数の多さだが、これは当時の特徴である。一七八四年にウェストミンスター寺院で開催されたヘンデル記念演奏会のオーケストラは、フルート六、オーボエ二六、ファゴット二六を揃えていた。確かに弦楽器の数も多く、第一ヴァイオリン四八、第二ヴァイオリン四七、ヴィオラ二六、チェロ二一、コントラバス一五という編成であり、さらにトランペット一二、ホルン一二、トロンボーン六が参加していた。とはいえ、他の楽器と比較してオーボエとファゴットの数が多く、釣り合いが取れていないのは間違いない。

このようにあり余るほどの楽器を無頓着に使い、実験的な演奏が行なわれたのは、そうした楽器が演奏にどうしても必要だったからではなく、たまたま入手可能だったからである。そしてこれこそが、権力志向、贅沢や豪華さを求める風潮、新しいものへのこだわりといったバロック時代の主潮を端的に表わしている。手元にある楽器は、結果を顧みず演奏に使われた。オーケストラの役割は依然としておもに声楽の伴奏だったが、徐々に自由な演奏ができるようになった。モンテヴェルディの最初のマドリガル集は、無伴奏の声楽アンサンブルのための曲という体裁をとっているが、器楽による即興的な装飾を想定していたに違いない。十七世紀の作曲家グラツィアーニが自作の声楽パートにつけた伴奏は、完全に器楽奏者の即興にゆだねられている。

その一方で、オルガンの音の構成を参考にして、新たなタイプのオーケストラがいくつか編成された。バッハのオーケストラもそのひとつである。バッハは現代的な意味でのオーケストラ曲は書いていない。彼のブランデンブルク協奏曲は室内楽的な発想に基づく曲であり、その楽器構成は曲ごとにばらばらで、オーケストラ編成に関する首尾一貫した考え方に基づいて作曲されたわけではない。ヘンデルのコンチェルト・グロッソ（合奏協奏曲）や、その時々のニーズに応じて書かれたいくつかの器楽曲は、少人数の楽器群と全員の合奏による音量の対比を特色とする当時の「コンチェルト」の形式に沿った楽曲であり、弦楽器群に管楽器が加えられることもあった。しかしこの種の作品、そしてヘンデルのオラトリオ、さらにはバッハのカンタータや受難曲の器楽伴奏に共通して聴き取れるのは、作曲家が無意識のうちに模倣したと思われるオルガンの響きである。オーケストラの各声部、なかでもホルンやトランペット、オーボエを含む管楽器の各声部は、当時の作曲家たちが音をイメージする際の基準としていたオルガンの音色に近づけるため使われたと考えるべきだろう。

オーケストラ音楽の発展に大きく貢献したのは、コレギウム・ムジクムである。これは音楽愛好家の集まりで、特にドイツとスイスで盛んに活動した。当初は大学に籍を置く人々の集まりだったが、のちには市民が中心となった。一七〇〇年ごろには、大学のあるすべての都市にコレギウム・ムジクムがあり、やがてライプツィヒのゲヴァントハウス・コンサートのような自治都市での演奏会へとつながっていく。ロンドンでは、十七世紀の終わりごろ、企業家たち――バニスター、ブリトン、キングといった人々――が、娯楽として公開の場で人々に音楽を聴かせる機会をつくった。一七二五年にはパリで、作

ウェストミンスター寺院にひしめくオーケストラの演奏者たち。1784年、ヘンデル記念演奏会。

曲家フィリドールが有名な音楽集団「コンセール・スピリテュエル」を組織した。フランス国内ではこれが教会以外の場所で一般の聴衆が入場できる最初の演奏会であった。当時の「組曲*」または「パルティータ」と呼ばれる器楽曲は、おもに舞曲の形式を借りたものである。しかしその元となった舞踊は実際には廃《すた》れてしまったもので、言ってみれば空想の舞曲であるが、むしろそれゆえに理想化され、新たな知的エンターテインメントの礎となったのである。

* 舞曲楽章を連ねた曲集。

教会も礼拝とは切り離したかたちで公開コンサートを開催した。教会でのコンサートとしてもっとも有名なのは、十六世紀と十七世紀にアンドレア・ガブリエリ（一五三三～八五年）とその甥のジョヴァンニ・ガブリエリ（一五五四～一六一二年）がヴェネツィアで開催したものと、ジローラモ・アレッサンドロ・フレスコバルディ（一五八三～一六四三年）がローマで開催したものである。こうしたコンサートは、教会が十分な民衆を集め続けられる限り存続した。しかし教会が社会的な重要性を失うとともに、教会とは無縁の、娯楽を目的とする音楽活動にその座を奪われていった。英国では、演劇を伴わない宗教オペラの一種とでも言うべきヘンデルのオラトリオを上演するために、大規模な合唱団によるコンサートが開かれた。ドイツでは市民や学生が自分たちと家族の楽しみのために、楽器を演奏する集まりを開いた。また有力貴族のサークルも存在し、彼らは演奏者を召使いとして雇い入れて特別なオーケストラをつくり、自分たちだけのために演奏させた。指揮をするのは作曲家であり、彼らは伯爵や君主、あるいは大司教の求めに応じて曲を書く義務を負っていた。音楽活動の広がりとともに、器楽アンサンブルおよびオーケストラの演奏レベルは向上し、音楽の才能を持つ人材が広く世間から集められるようになった。十八世紀も中頃にさしかかると、各地を旅するヴィルトゥオーゾたちが登場する。彼らはおもにヴァイオリン、チェンバロ、オルガンの名手で、私的および公開の集まりでその卓抜した演奏能力を披露した。それも言ってみれば器楽コンサートのひとつの形態であった。

6

このように各地でさまざまなコンサートが開かれるようになった。しかしそれが独奏であれ合奏であれ、教会の内であれ外であれ、そして公開演奏会であれ私的な演奏会であれ、重要なのはどのような曲が演奏されるかではなくて、楽器を演奏するという行為そのものだった。人々の興味は、楽器を演奏してひたすら音を出すこと、あるいはそうした演奏を耳にして単純に楽しむことにもっぱら向けられていた。演奏される曲を批判的に鑑賞したり、楽曲を知的創造物と捉え、その形式に興味を抱いたりするなどといったことはあまり重視されなかった。また創作力に富む演奏家は当然自分の書いたメロディーを奏でたが、他人のメロディーを借用しても、誰からも文句は言われなかった。

器楽アンサンブルによる演奏がはじまった頃は、それより前の時代の声楽曲からさまざまなアイデアを得ていた。当初、声楽曲と器楽曲の区別は存在せず、楽譜にも楽器の指定はなかった。書かれているのは音符だけで、声でも楽器でも可能な手段を用いて演奏すればよかった。しかし声楽にはない、器楽ならではの演奏効果が認識されるようになると、それが新しい形式の誕生へとつながった。新たな演奏効果や形式を実現するには、厳密な記譜法が必要となる。そうしたなか、重要な演奏効果をもたらすものとして最初に注目されたのが「強弱法」つまり「デュナーミク」*である。これを最初に用いたのはヴェネツィアのガブリエリ一族の作曲家たちであり、サン・マルコ大聖堂内の向かい合う位置にある回廊にそれぞれ器楽アンサンブルを配置し、対照的な場所から音楽が聞こえてくる効果をねらったのが始まりであるとされている。デュナーミクはエコー効果の一種であり、小編成と大編成の器楽群を対照させることでも実現できる。コンチェルト・グロッソはこれを利用している。またひとつの器楽アンサンブルが、フォルテとピアノで交互に演奏しても同じ効果が得られる。こうした手法は次の時代から盛んに行なわれるようになり、それを利用してより洗練された演奏法が編み出されていった。当初は音の強弱による対照的な効果の実現自体が重要で、それを曲の内容にどう生かすかは二の次だったが、時代が下り、こうした効果が当たり前になると、曲の内容のほうに注目が集まるようになっていった。

＊　音の強弱を対照させることで音楽に表情を加える手法、ないしは音や音響の強度を表わす言葉。

次に新たに採用されたのは、音色の変化による効果である。これはさまざまな楽器を組み合わせたり、さまざまな楽器を独奏に用いて名人芸的な演奏をさせたりすることによってもたらされた。こうして生まれたのが一～三挺のヴァイオリンのためのコンチェルト・グロッソ、室内ソナタ、教会ソナタといった楽曲であり、アルカンジェロ・コレッリ（一六五三～一七一三年）、そしてアントニオ・ヴィヴァルディ（一六七八～一七四一年）による曲が知られている。この考え方を鍵盤楽器に初めて応用したのがバッハで、チェンバロ協奏曲を作曲した。また彼のブランデンブルク協奏曲もこのグループに属する楽曲であり、曲ごとにアンサンブルの編成を変えることによって、音色の変化による効果がもたらされている。

音量の強弱と音色変化という二種類のコントラストがもたらす演奏効果に続き、やがて三番目のもっとも重要な演奏効果が開発された。それは個性的な主題の創造というアイデアであった。もともと器楽は声楽をまねてつくられたが、徐々に音の強弱や音色変化といった器楽ならではの特色を見いだしていった結果、器楽のための新たな音楽言語が必要だと考えられた。それは和声に基づく音楽スタイルが必要としたものであった。つまり歌の要素を持つだけでなく、いろいろと融通が利き、楽器の進化によってもたらされたあらゆる可能性を実現するにふさわしい旋律素材である。

この三番目の演奏効果は、その後、主題の操作・展開を行なう「主題労作」と呼ばれる作曲手法と結びついて豊かな表現力を発揮する。最初は音の強弱や音色のコントラストに加えて器楽的な装飾音を加えることから始まり、表現力が徐々に高まるにつれて、主題は独自の個性を自由に発揮するようになった。さらには声楽や舞曲の「表現の型」を吸収することで、メロディーも変化し、ひとつひとつの主題の個性はさらに明確になっていった。かくして曲を聴く人々の頭の中に、新たなタイプの想像上の物語が浮かび上がるようになった。ただし、この物語においては登場人物は姿が見えず、筋書きは言葉では表わせない。それは純粋に音楽的な性格を持っており、表現者は音で、音と音のあいだの自然な関係だけを用いて具現化される物語だ。人間の創造力だけをたよりにつくられたこの劇は現実の壁を越えて膨らみ、それゆえに人々の想像力を刺激する。すると今度はその膨らんだ想像力が新たな活動の場を要求することになった。想像上の物語が内包する理想、傾向、成果の数々を集約し、体現したのが「ソナタ」である。

「ソナタ」の登場とともに、オーケストラの物語は単なる家族の系譜ではなくなる。その後はファミリーの物語から、多くの興味深い出来事と重要な登場人物を擁する歴史的な物語へと変貌するからだ。家族の結束が、ひとつの主権国家と呼ぶべきものを生み出した。近代オーケストラの誕生である。姿を変え、さまざまな道をたどりながら、オーケストラはついに自分だけの新たな目的を見いだした。本当に自分に合った職業を見つけるまで、おもしろくない仕事に手を染めざるを得ない若者のように、オーケストラはイタリア、フランス、ドイツ、イギリスなどヨーロッパ中を旅してまわった。ある時は踊りや歌の、またある時は教会の礼拝を手伝いながら、あらゆる場所で新たな刺激を受けた。そして今や独立した存在となることを可能にする公式を発見したのである。

この公式は、音楽上のアイデアや楽曲の組み立てに関する新たなタイプの方法論であり、そこから導き出される表現形式は、器楽、特にすべての楽器の集合体であるオーケストラにこそもっとも適した形式だった。オーケストラはついに、自分の居場所を確保できるまでに成長した。召使いとして他者に奉仕するのではなく、自分自身のために働ける場所を見いだしたのである。オーケストラは自らの明確なイメージを持って音楽の世界に打って出た。オーケストラが音楽の王国で成功を勝ち取り、（オペラを唯一の例外として）支配者の地位へとのぼり詰めるための武器としたのが「ソナタ形式」であり、オーケストラの「ソナタ」は「交響曲」と呼ばれた。

2　古典派のオーケストラ
——ハイドン

1

交響曲という器楽曲の出現とともに、今日私たちが考えるような本当の意味でのオーケストラの歴史が始まる。新たな道を切り開くことにつながる創造的な作品を発表した最初の大作曲家は、ヨーゼフ・ハイドンである。

ハイドンは、一七三二年、ハンガリーとの国境近くの村で、代々車大工を営む家に生まれた。彼はモーツァルトよりも二十四歳年長で、十八年後まで生きた。後半生においてはベートーヴェンの作曲の師匠となった。ハイドンが生まれたとき、バッハ、ヘンデル、ラモーはまだ四十代後半で創作活動の絶頂期にあり、グルックはまだ十八歳だった。一八〇九年にハイドンが死んだとき、ベートーヴェンは四十歳近くで、主要作品の多くをすでに書き終えていた。

以上の事実からもわかるように、ハイドンは十八世紀と十九世紀を直接つなぐ人物であり、音楽史において「古典派」と呼ばれる時代の中心に位置している。また、ゲレルト（一七一五年生まれ）、レッシング（同一七〇九年）、ヘルダー（一七四四年）といった詩人、ルソー（一七一二年）、ヒューム（一七一一年）、カント（一七二四年）といった哲学者と同時代人であり、理性を重んじ啓蒙思想を説いた世代に属する。ハイドン自身は詩を書いたり、哲学を究めたりはせず、音楽作品を書いただけだが、彼の音楽は同時代の詩人や哲学者の著作と同じ考え方の上に成り立っており、時代精神を共有していると言うことができる。ハイドンが近代オーケストラのために曲を書いた作曲家として、最初に広く認められた大家、あるいは創始者となったのは、こうした条件がすべてそろった時代に生を受けたからに他ならない。

　その音楽的才能を認めつつも、歴史的な観点からハイドンの作曲家としての重要性を過小評価する傾向が、いまだ散見される。彼の前にもソナタ形式の発展にともなうオーケストラの機能向上に寄与し、ハイドン登場までの道を切り開いた重要な作曲家は確かに存在した。また、彼のあとにはベートーヴェンが現われ、ソナタ形式を拡大するとともに、ハイドンが限界と考えた点をはるかに超えたところまでオーケストラの機能を引き上げてみせた。偉大な後継者の作品やそれほど有名でない先駆者の重要性を低めに評価する必要性はないが、だからといって、こうした事実がハイドン作品の根本的な重要性を減じるものではない。ハイドンの曲はそれ自体完璧な音楽作品である。前の時代の大家から多くの刺激を受けたとはいえ、ハイドンはそれを吸収し、完全に独自の手法で作品へと結実させた。自力で切り開いた道を通って完成形へとたどり着いたのであり、その作品に後世の人間が手を入れる余地はまったくない。ハイドン後の音楽は、すべてハイドンが見いだした新たな流れを受けて始まり、ハイドン以前の音楽で、ハイドンの出発点に達している音楽はない。ハイドンは自己完結的な存在であり、自らが定めたルールに従って、自分だけの目標に向けて努力を続けた。オーケストラの物語が単なる家族の系譜以上のものとなった時代に、ハイドンは器楽の世界で最初の絶対君主となった。彼に先行する征服者や発明家、彼のあとを継いだ君主は存在した。しかしそのうちの誰を引き合いに出したとしても、ハイドンの業績の重要性は揺るがない。

ハイドンは独学の人だった。もちろんウィーンのシュテファン大聖堂の少年聖歌隊員としていくらかの教育は受けたが、それは体系的な教育とは言えず、彼の最終目標の達成に寄与するものではなかった。彼の作品はおもに幸運か本能に導かれて生まれたのである。バッハやヘンデルのような天才は作曲法と楽器の扱い方に関する伝統を受け継いで成長し、彼らの音楽教育の中心にあったのはオルガンだった。彼らと違い、ハイドンには自分を導いてくれるものが何もなかった。ヴァイオリンとピアノを演奏したが、その習得に際して真に権威ある教師に教えを請うたことはなく、ほとんどは他人の演奏を聴いて模倣する自らの能力だけが頼りだった。聖歌隊員として耳にしたり歌ったりした音楽は、同時代のイタリアの作曲家の作品だが、いずれもさして重要性の高い作品ではなかった。十八歳の時に変声期を迎えてシュテファン大聖堂を去ったあとは、経済的な問題も音楽的な問題もすべて自分で解決しなければならなかった。歌については、引き続き有名な声楽教師であった作曲家のポルポラから当時一般的であった技法を習い、その弟子たちと行動を共にした。同時に器楽の作曲に関する勉強も続けた。特に参考にしたのはカール・フィリップ・エマヌエル・バッハの作品であった。大バッハの次男の作品は新しいスタイルの和声を用いた豊かな感情表現ゆえに、当時センセーションを巻き起こしていたのだ。

とはいえその頃のハイドンは、明確なプランに沿って体系的に音楽修行をしていたわけではない。手当たり次第何でも手がけ、音楽も家計もすべてにおいて、その日暮らしの生活だった。ハイドンの最大の望みは作曲を続けることであり、ピアノのためのソナタ、声楽曲、さらには注文を受けてオペラの作曲まで行なっていた。やがてその才能が、徐々に人々に認められるようになる。一七五五年、ハイドンはオーストリア、メルク郊外のヴァインツィーアルにあった音楽サークルから招待を受けた。そこには弦楽器と数本の管楽器からなる小規模なオーケストラがあり、彼はこのサークルのために最初の弦楽四重奏曲、そしてオーケストラのためのディヴェルティメント、ノットゥルノ、カッサシオン*といった曲を作曲した。ヴァインツィーアルは夏の避暑地だったので、夏が終わるとウィーンに戻り、音楽教師の職に就いた。だがしばらくすると、ルカヴィツェ（ボヘミア）のモルツィン伯爵が彼を指揮者兼作曲家として雇い入れた。モルツィン伯の死後、今度は有力貴族のエステルハージ侯が自分のオーケストラのためにハイドンを呼び寄せる。このオーケストラは当初アイゼンシュタットにあったが、のちに新たに建設された離宮エステルハーザに移った。

＊　いずれも多楽章の器楽曲で、名称ごとの明瞭な違いはない。「セレナーデ」も同様。

エステルハージ侯に雇われたことで、ハイドンは作曲を続けたいという自らの望みを実現した。そして一七六一年から九〇年まで、その後の生涯のかなりの部分をエステルハージ家とともに過ごした。ハイドンは外の世界と距離を置き、エステルハーザで入手できる材料だけを使って仕事をしていたため、完全な独立を保ちながら、作曲家として成長を遂げた。もちろんエステルハーザには多くの訪問者があり、そのなかには当時を代表する名演奏家たちがいた。また侯爵は冬になるとオーケストラを含む身の回りのすべての人間を引き連れ、ウィーンへ移り住んだため、ハイドンは同時代の著名な音楽家とはみな知り合いだった。そのなかで、ハイドンの称賛と愛情を勝ち取ったのがモーツァルトである。ウィーンでのさまざまな人間との出会いを別にしても、ハイドンはこれはという興味深い音楽作品については、すべて知っていた。郵便事情が劣悪で、広報活動などなかったにもかかわらず、当時の人々は注目に値する出来事や同時代の作品について、現代の私たちと同じくらい情報を得ていたのだ。なかでも音楽家は敏感で、出版物や新聞、鉄道がなかったにもかかわらず、彼らの専門領域での出来事に関する情報は、またたく間に各地に伝わった。ライプツィヒにいたバッハは、イタリアやフランスで当時有名だった作曲家たちの作品をよく知っていたが、同じくハイドンもアイゼンシュタットに居ながら、同時代の作曲家たちの器楽曲の楽譜に目を通していた。もし彼がそうした作品の手法を参考にしなかったとしたら、それは必要がなかったからである。ハイドンは独自の道を進み、新たな器楽音楽の世界において、一気にその頂点へと躍り出たのである。

　ハイドンの名声は、オーストリアとドイツのみならず、フランスや英国など音楽界のあらゆる場所へと広がっていった。一七八一年の時点で、すでにパリの「コンセール・スピリテュエル」のディレクターであるル・グロから招待を受け、フランスでは数多くの作品が出版されていた。同じく英国でも非常に早い時期からハイドンへの関心が高まり、一七八七年にはロンドン訪問を要請された。しかし、彼が実際に同地への長旅に出る気になったのは、エステルハージ侯が亡くなったあとの一七九〇年になってからである。ハイドンは結局三年間に二度英国を訪れ、音楽界の第一人者としてヨーロッパ中から称賛された。ロンドンでは有名な最後の一二曲の交響曲を作曲し、自らのライフワークの最終的な仕上げを行なった。その後二回目の英国訪問から戻ったハイドンは、ロンドンで聴いたヘンデルのオラトリオに刺激を受け、『天地創造』と『四季』というふたつの偉大な作品を作曲した。ハイドンの作品群の掉尾を飾るこれらの作品は、ベートーヴェンが第二交響曲を書いたのとほぼ同じ時期に完成している。

2

ハイドンの生涯をたどれば、その創造活動の発展の歴史がはっきりと見えてくる。当時ドイツの作曲家は、イタリアで教育を受けるのが当たり前であったにもかかわらず、彼は行かなかった。作曲家のグルックからイタリア行きを薦められたが、どうやら単に機会を逃してしまっただけのようだ。しかしハイドン自身はそれをさして気にしていなかった。「いったいイタリアで何をして、何を学ぶというのか」。意識的であったかどうかはともかく、そう自分に問いかけたのではないだろうか。自分のやるべき仕事は、音楽のまったく新たな領域を発見することだ、という自覚があったかどうかはわからないが、自分はオペラの作曲家たちとは別の道をたどらねばならないと感じていたのだろう。イタリア行きは不要だと直感的に悟っていたとしても、もし行っていれば心を乱され、本来の目的を見失っていたに違いない。いずれにしても、ハイドンはイタリアでより高度な音楽教育を受けることはなかった。実のところ、イタリアには彼の必要とするものなど何もなかったのである。

　同じ理由で、自分にふさわしい先生にも出会わなかった。これは貧困のためや生活費を得るために常に仕事をする必要があったからではない。まだ存在すらしていないものを、いったい誰が教えられるというのだろうか。ハイドンは、誰も知らないことを教えられる人間などいないという単純な理由で、独学の道をたどらざるを得なかったのだ。六十歳を迎えるまでアイゼンシュタットやエステルハーザで世間から距離を置いた生活を送ったため、それがまるで当然であるかのように、自分の意志だけを頼りに仕事を進めた。邪魔が入らなければ入らないほど実験がうまくいく発明家のようなものだ。

　バッハとハイドンの生涯には、明らかによく似た点が多い。ハイドン同様、バッハはイタリア行きの機会に恵まれなかった。彼もまた、地元の小さな音楽サークルのなかで作曲を続けた。アルンシュタット、ミュールハウゼン、ケーテン、ワイマール、そしてとりわけライプツィヒが彼の「地元」だった。バッハには自分の思いどおりの曲づくりが可能だった。ふたりとも作曲する際には、基本的な条件をひとつだけクリアすればよかった。差し迫った実用的な目的に曲がかなっていれば、それでよかったのである。曲をつくるにあたって、特別な思惑があったわけでもなければ、理想とする目標があったわけでもない。出版の意志も、広く認められたいという気持ちも抱いていなかった。翌週、あるいは次の祝日のため、必要に迫られて曲を書いたのだ。彼らの作品がその後有名になったのはある意味偶然であって、決して創作時からそうなることを狙っていたわけではない。

　というわけで、ハイドンが作曲する際の制約は、周辺の事情だけだった。彼はこうした環境を巧みに利用し、新たな手法を見いだしつつ、数多くの作品を生み出していった。また、新たな器楽曲を求める一般的な需要が作曲を支えた。ヴァインツィーアルには、貴族の田舎の別荘によくあるような、弦楽器とオーボエ二本、ホルン二本からなるオーケストラがあった。ルカヴィツェでは、モルツィン伯爵から一二〜一六名編成のオーケストラを任され、その中にはイングリッシュ・ホルンやファゴットの奏者が含まれていた。アイゼンシュタットのオーケストラはもう少し大きめで、その編成はヴァイオリン五、チェロ四、フルート一、クラリネット二（二年間のみ）、オーボエ四、ファゴット二、ホルン六、ハープというもので、さらにトランペットとティンパニを軍楽隊から借用することができた。オーケストラの団員のほとんどは屋敷内の家事を兼務していたが、仕事としては非常に人気があった。というのもエステルハージ侯がこの種の職業としては最高水準の給料を支払ったからで、ハイドンの名声とともにオーケストラの評判も急速に上がっていった。オーケストラの団員には傑出した音楽家も含まれており、なかでもトマジーニはヴァイオリンの名手として高く評価されていた。

礼拝やオペラには合唱が欠かせないため、仕事には声楽曲の作曲も含まれていた。しかし、ハイドンはミサ曲やオペラを何曲も書きながらも、特に自作のオペラについては彼自身あまり高く評価していなかったため、他の場所で上演を求められても、アイゼンシュタットだけの特別な条件に合わせて作曲したという理由で辞退した。この時期の宗教音楽については、ハイドンの曲づくりの特徴が現われているにしても、その才能が十分発揮されているとは言いがたい。声楽の分野でその天才ぶりが発揮されるのは、高度に組織的なオーケストラ書法を身につけ、それを合唱と組み合わせる技を覚えてからである。その時期は「ロンドン・セット」と呼ばれる一連の交響曲を仕上げたあとになってやっと訪れる。そしてふたつの偉大なオラトリオ、『天地創造』と『四季』というかたちで結実した。そもそもこのふたつの作品はヘンデルのオラトリオ同様、声楽曲の範疇には収まりきらない音楽であり、合唱と独唱を伴うことでより大きな表現力を獲得したオーケストラ作品だと言えなくもない。その意味では、作曲当時交響的作品に利用可能と思われる楽器をすべて用い、四〇人の奏者からなるオーケストラのために書かれた一二曲のロンドン交響曲こそが、ハイドンの全作品の頂点に立つ傑作である。

このようにハイドンの創作活動の中心は、おもに器楽曲にあった。器楽は、運命が彼に発見と征服、追求を命じた領域だった。彼の作曲家としての成長過程を見れば、器楽こそが自分に与えられた責務だと、はっきりと認識していたことがわかる。ハイドンは教師としての必要に駆られて、まずピアノ曲の作曲を手がけ、その後も折に触れてこの分野に戻ってきたが、ベートーヴェンのように終生変わらずピアノ音楽に対して特別な興味を抱いていたわけではない。ハイドンが次に手がけたのは室内楽で、これにはヴァインツィーアル、ルカヴィッツェ、アイゼンシュタットでの経験が影響している。当初ハイドンにとって、室内楽とオーケストラ音楽の区別はなかった。ヴァインツィーアルで書かれた、最初の弦楽四重奏曲とされる曲は、あるいは最初の交響曲であったかもしれない。しかし時が経つにつれて、ふたつの違いがはっきりしてくる。そしてハイドンが弦楽四重奏曲を四声のハーモニーによる代表的な楽曲と見なすようになると、それは彼の作品における基本的な形式となり、ある意味オーケストラ曲をもしのぐ重要性を獲得した。

　見方によっては、弦楽四重奏は音による完璧な構築物だと考えることができる。四つの楽器の音色が同質であるため、聴き手には四人がひとつの楽器を演奏しているように聞こえる。「ピアノのように自由にハーモニーを奏でられるヴァイオリン」と表現してもよいだろう。この楽器は旋律を歌う能力、さまざまな条件に柔軟に対応する能力、そして音を減衰させずにいつまでも響かせられる能力という点で鍵盤楽器よりもすぐれている。また、単独でひとつの完結した世界を表現できるとともに、各声部が互いに非常に親密な関係を持っている点で完全な調和を実現している。それは四つの部分から構成されながらも、決してひとつひとつに分けることのできない楽器である。そのため、音楽の様式がポリフォニーから新たな和声的な音楽へと変わっていくなか、弦楽四重奏はその変化を象徴する理想的な音楽形態となった。

　ハイドンの弦楽四重奏曲では、第一ヴァイオリンがリーダーとして絶対的な主導権を確立している。他の三つの声部は、第一ヴァイオリンの最上声部に対して伴奏をつけるのがその役割である。このように旋律的―和声的な曲づくりは、チェンバロの受け持つ通奏低音の束縛から自由になりたいという作曲家の意志を反映しており、ハイドンの弦楽四重奏曲は通奏低音《コンティヌオ》を伴わない独立したスタイルの器楽曲である。四つの声部のみで独自の世界を作り上げる弦楽四重奏という編成は、時にはひとつの楽器を演奏しているように聞こえるだけの機動性と音色の同質性を持つゆえに、主題の操作・展開を行なう「主題労作」と呼ばれる作曲技法を可能にしたのである。

3

ハイドンは主題労作の原型と基本ルールをカール・フィリップ・エマヌエル・バッハ（一七一四〜八八年）の作品、なかでもピアノ曲に見いだした。ヨハン・セバスティアン・バッハの次男であるフィリップ・エマヌエルは、ハイドンの時代には父親よりも有名だった。モーツァルトでさえ、「彼は父であり、私たちはその子だ」と述べているほどである。フィリップ・エマヌエルは古い世代の人々が信奉する厳格な対位法的様式による音楽教育を受けた。しかし、自らのピアノの腕前と和声的な音楽の持つ新たな可能性に触発され、やがて伝統的なポリフォニーの書法を捨てるか、あるいは捨てないまでもそれを和声的展開が支配する音楽に従属させる方向へと作風を変えていった。それまでフーガなどの楽曲で使われていた主旋律としての主題（subject）は、展開の素材としての主題（theme）に取って代わられた。新たな主題は楽器の性格や技術的制約を考慮してつくられる。主題の展開はもはや対位法のルールに縛られず、和声の構造から派生する一定の秩序に従うだけであり、音楽を自由に進行させることができる。そのため曲づくりの主たる目的は、和声の原理に基づいてひとつの構造物をつくりあげることにあり、フーガ主題の展開に深くかかわっていた声部進行は、今や和声的表現を豊かにするための手段にすぎなくなった。

フィリップ・エマヌエルは主題労作の原理、そして基本和声の上にメロディーをのせるための原則を確立しただけではない。父親である大バッハをはじめ、ドメニコ・スカルラッティ、ペルゴレージ、ドゥランテ、タルティーニ、ギャヴィニエといったフランスおよびイタリアの著名な大作曲家の楽曲を手本に、ピアノ・ソナタという形式をつくりあげた。ソナタは当初ひとつのフレーズを展開するだけの器楽曲だったが、時が経つにつれてより多彩な展開が行なわれるようになった。まず和声に変化をもたらすため、ふたつめの主題が付け加えられた。この第二主題は独立した個性を持ち、調性と旋律的性格の両面で第一主題と対照をなすようなものが選ばれた。たとえば第一主題が生き生きとした雰囲気を持つのであれば、第二主題は叙情的な性格を持つものが選ばれた。このコントラストがあることで、ソナタは「正反対な表情を持つ主題の対話」という性格を獲得する。それによって聴き手は説明的な歌詞がなくとも音楽を楽しめるようになり、器楽の新たな地平が開かれた。

しかし主題労作は新たに生まれた音楽スタイルのほんの一面を表わしているにすぎない。バス声部とソプラノ声部の和声的な関係から、メロディーと呼ばれる、歌うような最上声部が誕生した。これはバス声部中心の秩序がある程度保たれるということを意味しており、バス声部と最上声部は常に持ちつ持たれつの関係にある。つまりふたつの声部が一体となって和声の豊かな推進力を引き出しているのだ。この歌うようなメロディーは、きわめて叙情的な性格を持つ楽章で、特別な位置を占める必要があった。それがソナタの第二楽章である。

歌の形式に基づくこのような緩徐楽章は、曲の構造という点では主題労作の原則に従っている。しかしここではメロディーを奏でることが何よりも重要な目的であり、それがこの楽章の大きな特徴になっている。とはいえ旋律的でゆったりとした楽章で曲を終えるのは効果的ではない。そこで、第一楽章ほどの重要性は持たないまでも、同じように生き生きとしたリズムを持つ楽章をもうひとつ続けて演奏するようになった。

「ソナタ」と呼ばれる器楽の形式が整うには五十年以上の年月を要した。また完成するまでには他のさまざまな器楽形式からの影響があった。そのひとつとして、ドイツ、イタリア、フランスでそれぞれ独自の発展を遂げた「組曲」と呼ばれる一連の舞曲をまず挙げることができる。さらに「序曲」からも影響を受けた。「ソナタ」という名前はもともと「演奏される曲」という意味であり、これは「カンタータ」、すなわち「歌われる曲」と対照をなす言葉だ。「ソナタ」「序曲」「組曲」といった用語は歴史的にしばしば意味が変化したため、いずれもはっきりとした定義があるわけではない。アレッサンドロ・スカルラッティ（一六五九〜一七二五年）がつくったイタリア風序曲は、急―緩―急の三つの楽章から構成されている。リュリ（一六三二〜八二年）が完成したフランス風序曲の場合はその反対で、緩―急―緩になっている。後者のタイプの序曲は、時が経つにつれてオペラに限定されるようになった。一方イタリア風序曲から派生したのが、三つの独立した楽章を持つ協奏曲である。その第一楽章が徐々にソナタ形式へと発展し、やがて「ソナタ」は形式を指す言葉になった。

「ソナタ」の進化は、カール・フィリップ・エマヌエル・バッハによって一定の完成を見た。彼は自作のクラヴィーア・ソナタで典型的な「ソナタ」のかたちをつくりあげた。主題労作を行なうソナタ形式の第一楽章、歌謡形式で書かれ、旋律的でゆっくりとした第二楽章、そして軽やかな舞曲、もしくはロンド*によるフィナーレである。ハイドンはフィリップ・エマヌエルがつくった形式を継承した。彼は四つめの楽章となる「メヌエット」を付け加え、ふたつめと三つめの楽章の間に挿入したが、そこにはマンハイム楽派の作曲家からの影響があったと考えられる。この「メヌエット」は当時はやっていた舞曲のなかでも、もっとも特徴的な曲であったため、さまざまな社交の場で人気があった。そのため当然のように器楽で演奏される舞曲の仲間入りをした。アクセントの効いた三拍子のリズムゆえに、メヌエットは「ソナタ」の中では緩徐楽章と速いテンポのフィナーレの中間的な性格を持つ曲になった。

＊ 主題が何回も繰り返し現われる一種の「輪唱（round song）」。

4

カール・フィリップ・エマヌエル・バッハの楽器はピアノだった。時には交響曲も作曲したが、自由かつ効果的に自分を表現できるのはピアノ曲だった。音楽一家に育ち、教師の職に就くとともに、プロイセンのフリードリヒ大王のピアノ伴奏を務めた彼にとって、ピアノはもっとも身近な楽器だった。

一方ハイドンにとってピアノは、弦楽四重奏へと続く道の通過点にすぎなかった。弦楽四重奏こそは、他とは比べものにならぬほど豊かで生産性が高く、演奏上の制約が少ない音楽形態だと思われたからである。そのためハイドンの曲づくりは弦楽四重奏をベースにしており、管弦楽曲についてもその原則は変わらない。とはいえ、室内楽の場合とオーケストラを使う場合とでは、下敷きとなる弦楽四部の性格に著しい違いが生じる。室内楽の場合は、独奏者の集まりである以上、ひとりひとりの奏者により大きな演奏の自由が与えられる。なかでも第一ヴァイオリンとチェロにはヴィルトゥオーゾ風の演奏を求めることも可能だ。それに対してオーケストラの場合は、複数の奏者が同じパートを演奏するため、各奏者への要求にはどうしても限度がある。しかし、ハイドンのオーケストラは管楽器を徐々に参加させてこの欠点を補い、さまざまな演奏効果を新たに生み出していった。

同一声部を演奏する楽器の数の増加と木管楽器の参加によって、デュナーミク、つまり音の強弱の変化による演奏効果がもたらされる。同じフレーズであっても演奏する楽器の数を増減させて、音量を大幅に変化させられるようになった。この種の演奏効果は、それまでまったく使われていなかったわけではない。古い音楽でも声楽の場合は、すでにフォルテとピアノによるコントラストを利用しており、特に比較的短いフレーズを弱くして反復するエコー効果は有名だった。ピアノとフォルテの間で音量を徐々に変化させて得られる演奏効果も、よく知られていた。独奏の場合でもヴァイオリンは、フォルテとピアノの対比、あるいはクレッシェンドやディミヌエンドを利用していた。しかし複数の楽器が同じ旋律を一緒に演奏するようになったことで、デュナーミクの効果が著しく高まった。

演奏に加わるヴァイオリン属の楽器や木管楽器の数が増えたのは、デュナーミクの効果に対するニーズが高まったせいだと考えることができる。音楽の中心が声楽であったときには、音に強弱をつけるといっても比較的控えめであり、しかも多用するのは難しかった。しかし器楽だけが持つ演奏上の特性が広く理解されるにつれて、音楽の新たな魅力としてのデュナーミクに注目が集まるようになった。それにともなって、それまで声楽曲では不可能だった表現、つまり聴き手の興奮を一気に煽るような強弱の対比による表現方法の可能性が見えてきたのである。

音楽にダイナミックなものを求める傾向が強くなったことで、室内楽から管弦楽へのゆるやかな移行が促された。楽器の数の増加は、それまで予想もしなかったような結果をもたらした。ハイドンの場合は、はじめから彼の置かれている環境が制約となった。またハイドンのオーケストラ曲は、一貫して弦楽四重奏をベースにつくられたため、弦楽奏者の数は比較的少なめの人数にとどまり、木管楽器の数も弦楽アンサンブルの人数に合わせて決められた。そのため、彼のオーケストラのデュナーミクは、小規模の弦楽アンサンブルのデュナーミクに準ずるものとなった。

ハイドンによるソナタ形式の採用が、C・P・E・バッハの曲づくりと関係しているように、彼のオーケストラ書法の発展は、何人かの先輩作曲家たちの作品と無関係ではない。しかしこのふたつの関連性には際立った違いがある。ハイドンは、（直接会う機会はなかったものの）フィリップ・エマヌエルを自分の先生としてきちんと認めていたのに対して、一般にオーケストラ書法を確立した先駆者とされる人々については、まったく言及していない。どうやら彼らからの影響については、あまり評価していなかったようだ。そうでもなければ、多少なりとその功績について触れていたはずである。とはいえ、そうした作曲家、なかでも特に、シュターミッツ、カンナビヒ、リヒターといったマンハイム楽派の作曲家たちが、ハイドンが音楽活動を始める直前の時期に、オーケストラの演奏水準を飛躍的に進歩させていたという事実は否定できない。ソナタ形式の第一楽章に第二主題を挿入し、複雑な対位法的書法やチェンバロによる通奏低音を放棄し、主題労作を活用し、最終的に交響曲にメヌエット楽章を採用するといった新たな作曲様式は、どれもすでにマンハイム楽派の巨匠たちの作品にその先駆けを見ることができるからだ。マンハイムは、地理的にも政治的にもドイツとフランスをつなぐ位置にあったため、この時代には音楽の中心地となっていた。たとえばフランソワ・ゴセック（一七三四〜一八二九年）は、若い頃にマンハイム楽派の影響を受け、のちにパリでもっとも影響力のある指揮者のひとりとなった。マンハイム楽派の巨匠たちの作品はヨーロッパ中いたるところで演奏され、そのオーケストラ書法は当時もっとも権威あるものとして高い評価を得ていた。

ハイドンがマンハイムの作曲家たちの作品を知っていたのは間違いない。しかし、それについてまったく言及していない以上、彼らの助けをほとんど借りずに自らの道を切り開いたと信ずるしかない。それは不可能だと言う人がいるかもしれないが、果たしてそうだろうか。ふたつの出来事が同時に、または短い間隔を置いて起きた場合、片方は必ずもう片方の影響を受けていると考えるのはばかげている。機械の場合は、同じ発明が離れた場所で同時に行なわれるという事例がよくあるが、芸術の分野においても知らない者同士が同時に革新的なアイデアに行き着く可能性はある。この場合重要なのは「そのアイデアを発展させ、活用できるのは誰か」ということだ。そう考えた場合、マンハイム楽派の作曲家は過去の人だと言わざるを得ない。彼らの作品はすぐに忘れ去られ、今では歴史的な興味が持たれているにすぎない。その一方でハイドンはと言えば、マンハイムでの活動からなんらかのヒントを得たかどうかは別として、こうした新しいアイデアをすべてくみ上げ、歴史的に重要であるとともに永遠の価値を持つ作品へと昇華させたのである。

　洗練された形式を持つハイドンのオーケストラ曲は、交響曲と呼ばれるようになった。ハイドン自身は「序曲」という名称をよく使っていた。「コンチェルト」、「組曲」、「ソナタ」同様、「交響曲」（symphony）という名称もまた、初期においては複雑な歴史を持っている。その語源は「共に鳴り響く」という意味であり、やがて対位法に基づきながらも、和声的な響きを持つ楽曲を指す言葉になった。その後、ドイツで盛んに作曲された「組曲」の最初の楽章を意味するようになったが、最終的にはオーケストラのためのソナタを指す言葉となった。したがって交響曲という名がついたのは偶然であり、それが重要な器楽曲と見なされるようになるには時間を要した。その地位を確立したのが、フィリップ・エマヌエルとマンハイム楽派の作曲家たちであり、最終的にはハイドンである。「交響曲」を定義づけるにあたって、決定的に重要なのは言葉の意味ではない。ピアノあるいは弦楽四重奏のソナタがオーケストラのソナタへと移行し、当初弦楽四部のアンサンブルであったものが、徐々に管楽器が加わることでデュナーミクの幅が広がり、より豊かな演奏効果を実現した。こうした曲の本質にかかわる発展の歴史こそが重要なのである。

5

ハイドンは全部で一〇四曲*の交響曲を書いた。弦楽四重奏曲を上回る数だ。さらに、ディヴェルティメント、ノットゥルノ、カッサシオンなどと呼ばれる楽曲を多数残しており、そのうちの何曲かは、のちに弦楽四重奏曲に転用された。こうした曲は、当初、ふたつのメヌエットを含む五楽章構成だったが、その後楽章の数は四つに絞られるようになった。オープニングはアレグロで、ゆったりとした導入部をともなう場合もあり、その次に歌謡形式か変奏曲のアダージョまたはアンダンテが来て、さらにメヌエット、そしてロンド形式のフィナーレが続くといった具合だ。オーケストラの編成は、作曲時に利用可能な楽器の種類によって左右された。しかし驚くべきことに、ハイドンは必ずしも手元にある楽器をすべて使ったわけではない。使える楽器のなかから選択し、少しずつ編成を変えるというやり方を好んだ。常に変わらないのは弦楽四重奏をモデルとした弦楽四部、ないしはコントラバスがあれば弦楽五部だった。この弦楽器群は、バロック時代のコンチェルト・グロッソがそうであったように、独奏と総奏のグループに分かれることもあった。

* 現在はその後発見された三曲を加え、一〇七曲とされることが多い。

オーケストラの土台となる弦楽アンサンブルには、さまざまな管楽器が加えられた。アイゼンシュタット時代までの初期の交響曲では、おもに二本のオーボエと二本のホルンが使われている。ハイドンはこうした管楽器を使って、ハーモニーにふくらみを持たせたり、重要な音やフレーズを際立たせたりしたため、管楽器は本来補助的な役回りであるにもかかわらず、全体の中で常に目立つ存在になった。もっともオーボエ二、ホルン二という編成が一般的というわけではなかった。ハイドンは実験を好み、一曲ごとに、前の曲とは違う個性的な響きを追求した。たとえば、弦楽合奏と二本のフルートのために書かれたアダージョがあるかと思えば、（一七六六年に書かれたある交響曲のように）ヴァイオリンとチェロが一緒に主旋律を奏でることで、まったく新しい演奏効果を実現した曲もある。また別の交響曲では、フィナーレが変奏曲になっていて、オーボエとフルート、ホルンが順繰りに主旋律を演奏する。さらにはファゴット、ホルン、フルートのソロを含む曲、弦楽合奏とオーボエだけの曲があるかと思えば、トランペットとティンパニが加わる例も複数存在する。また、木管楽器を含む編成で書かれた交響曲にもかかわらず、アダージョは弦楽合奏だけで演奏されるといったように、曲の中でもしばしば楽器の組み合わせが変化する。ハイドンはエステルハージ家の副楽長に就任した一七六一年に、「朝」と名づけられた交響曲を書いたが、この曲には当時の器楽曲としては珍しい「レチタティーヴォ」という楽章がある。これはソロ・ヴァイオリンが他の弦楽器群を伴奏にレチタティーヴォ風の旋律を奏でるもので、ベートーヴェンの作品三〇の二のヴァイオリン・ソナタ（第七番ハ短調）や作品一一〇のピアノ・ソナタ（第三一番変イ長調）、そして第九交響曲のフィナーレに登場するレチタティーヴォを先取りしている。

管楽器の組み合わせが曲によって変わるように、その使い方もまた絶えず変化した。ハーモニーを奏でるだけの目的で使われる場合もあれば、ソロとして重要な役割を果たす場合もある。あるときは弦楽器のサポートにまわり、またある時は弦楽器と対話を交わすことで曲にコントラストをつける。管楽器の役割はまことに多様で、例を挙げればきりがない。ロンドン・セットの交響曲によく見られるフルート、オーボエ、クラリネット、ファゴット、ホルン、トランペット、ティンパニ、弦楽器という編成、つまり後輩の作曲家たちからフルオーケストラの基本的な編成とみなされるようになる組み合わせを確立した晩年においても、ハイドンはこうした多彩な試みを継続した。その生涯を通じて、オーケストレーションに決まった型はなかった。ハイドンにとって、楽器はどれも独立した存在であり、必要な時にはアンサンブルに加えられるが、必要でなければまったく使われなかった。

各パートのなかでは第一ヴァイオリンが当然主要な声部を担当し、弦楽器は全体として常にアンサンブルの土台となった。それ以外の楽器は、ハイドンが適切だと思う時に限って採用された。オーケストレーションは、常に新機軸と多様性を求めるハイドンの姿勢を反映している。大変な数の曲を書いたにもかかわらず、同じアイデアが繰り返されることはなかった。常に新しい演奏効果を求め続けたハイドンは、その晩年、「木管楽器を自在に扱えるようになったのは、かなり歳を取ってからだ」と大いに残念がった。

ハイドンの旋律、なかでも緩徐楽章の旋律は、歌の旋律を模したように聞こえるかもしれないが、実際には真に器楽的なスタイルへと書き換えられている。テンポの速い楽章の主題は弦楽器の特性に合わせてつくられ、その旋律としての輪郭は、和音において重要な音程である五度、三度、オクターヴを中心に決定された。こうした音は弦楽器だけでなく、ときには代わりに主題を担当する管楽器にとっても演奏しやすい音である。また、ひとつの楽章の中だけでなく、曲全体として複数の調性を使う場合にも、重要な音にアクセントを置くことで、豊かなハーモニーを響かせられるようになった。

曲づくりにおいて常に新たな創意工夫をこらしていたハイドンの特徴は、標題的なアイデアを自作に持ち込んだ点にも現われている。オラトリオ、特に『天地創造』での描写は有名で、世界ができる以前の混沌とした状態（カオス）や日の出、さまざまな動物の様子が楽器によって描かれている。この種のアイデアは器楽曲にも好んで取り入れられた。先に「レチタティーヴォ」を取り入れた交響曲として紹介した「朝」は、「昼」「夜」というふたつの交響曲とセットになっている。同じような標題的なアイデアを採用した例は他にもたくさんあり、「告別」交響曲のように単純で説明的なケースもある。この曲の最終楽章では、オーケストラの奏者がひとりずつろうそくを消して会場から出て行ってしまうが、これはエステルハーザの離宮から家族の待つアイゼンシュタットへ一刻も早く帰りたい音楽家たちの気持ちを代弁し、エステルハージ侯に暗に示すためのアイデアであった。

一見すると、このような標題的要素を使った訴えかけは、やや子供じみているように思えるかもしれない。しかし、これは融通が利くとともに、めったなことには動じないハイドンならではの美学の表われである。彼はオーケストラを使って、さまざまな実験をした。どのような手法を用いても危なげなく、その結果生まれるすばらしい演奏をいつも楽しんでいた。想像力に限界はなかった。ハイドンの下でオーケストラはかつてない明晰な響きを獲得したため、器楽による言語のほうが、通常の言語よりも、平明かつ適切な表現が可能なのではないかと思われるほどだった。

6

自分の表現したいことをすべて表現できるような水準まで、ハイドンがオーケストラの能力を高めたとすれば、ここでひとつ疑問が生じる。「表現したいことをすべて」という時の「すべて」とは何を指すのだろうか。ハイドンのオーケストラはどのような知的環境下で活動を始めたのだろうか。また古いさまざまなタイプの表現手段に代わって、オーケストラという新たな表現手段が選ばれたのはなぜだろうか。

ワーグナーによると、ハイドンの交響曲は舞踏を洗練させた音楽だそうだ。それが正しい指摘であったとしても、実際に当てはまるのはメヌエットの第三楽章とフィナーレの第四楽章くらいだろう。第二楽章は、速度記号がアンダンテであれ、アダージョであれ、あるいはラルゴであったとしても、舞曲の範疇には入らない。初期の交響曲や弦楽四重奏曲も含め、緩徐楽章の音楽は純粋な「歌」である。このように声楽的な旋律を持つ音楽は、作曲家ハイドンの成長にともない、よく登場するようになるが、特にモーツァルトの音楽を知ってからは、その傾向がいっそう顕著になった。一方、第一楽章は舞曲のリズムから一番遠い世界である。その形式は知的な展開を含み、非常に複雑な構成をともなうことが多い。なかでも後期のゆったりとした導入部は、重々しい雰囲気を持ち、舞踏の精神とはどうにも結びつかない。というわけで、ワーグナーの言葉をそのまま受け止めるべきではない。ハイドンの音楽には何かに夢中になったり、陽気に浮かれ騒いだりといった人間的感情の入り込む隙はない、と言うべきかもしれない。ハイドンが自分の音楽で表現しようとしたのは、「感情」ではなかった。たまに真剣に考え込んでも、すぐに楽しい空想の世界へと舞い戻ってしまう、いつも陽気な「パパ・ハイドン」だと思い込んでいる人がいるとしたら、それは大間違いだ。

確かに、音楽家としてのハイドンは陽気な性格だった。ふさぎ込んだり、いらいらしたりすることはほとんどなかった。だからといって、それを勝手に解釈してはいけない。その陽気さは、うわべだけの明るさではない。真の芸術家であるハイドンの音楽は、すべての現実的事象を超越したところで成立しており、そこから生まれる心の平穏が、明るさとなって表われているのだ。ハイドンは酒と女性をことのほか愛していた。彼は日々の生活に感謝していたが、それはこの世界が善き秩序の上に成り立っているという確信があり、個人の苦悩など取るに足らない問題だと思っていたからである。この種の古典的な合理主義は、理性のルールに則った調和的秩序の存在を前提にしている。理性は神聖なものであり、宗教と理性は同一視された。神こそが理性的な存在なのだ。したがって、ハイドンは敬虔なクリスチャンであったにもかかわらず、理神論を掲げるフリーメーソンへの入会にためらいを感じなかった。

彼ら合理主義者にとって、理性は人間が持つ最高の能力であり、私生活においても芸術活動においても、絶対的な規範である。器楽という音楽言語はこのような考え方にぴったり合致すると考えられた。この卓越した言語は、あらゆる人間の感情を表現できる。しかも、人間が心で感じたものを理想的なかたちで表現できるが、言葉と声によって興奮気味に語られる現実からは距離を置いている。こうした観点からすれば、器楽言語は通常の言語よりすぐれており、それを奏でる楽器は、人間の声が昇華したものだと解釈できるだろう。

そのため楽器は、そしてオーケストラは、理性による支配を実現するのにうってつけの手段だと考えられた。あらゆる情熱を、感覚を、情緒を表現できると同時に、そうした人間の感情につきものの世俗的なよごれを浄化できるからだ。オーケストラは実用主義の産物かもしれないが、その実用主義を支配しているのもまた理性なのである。

これまで述べた事柄から見えてくるのは、まったく陰りのない、完全にバランスのとれた世界であり、この世界は人間の苦しみと悲しみをすべて受け止めたうえで、それを乗り越えることができる。したがって最後に姿を現わすのは見事に秩序のとれた世界に他ならない。**人間の感情は理性によって支配**

される。そこにはファウスト的な苦悩は見当たらない。調和こそが世界の基礎であり、目的である。その世界では、すべての争いごとが解決される。

ハイドンの芸術の根幹にあるのはこのような考え方である。音楽形式も、オーケストレーションも、個々のあるいは全体としての楽器の扱い方も、すべてはこの考え方に基づいている。彼の芸術は実際のところ一種の新興宗教であり、新たな信仰を求めるすべての人に対して呼び掛けている。従来の音楽と対立するものではないが、より高度に発展し、洗練されたかたちを示している。この新しい信仰は急速に広まっていった。最初はヴァインツィーアルやルカヴィツェといった田舎貴族の小規模な音楽サークルに限られていたが、時とともにエステルハーザへ、ウィーンへ、そしてパリへという具合に、より大きな社会に広がっていった。そして最終的にはロンドンにおいて、ハイドンの音楽は一般民衆との出会いを果たすのである。

聴衆の規模が大きくなるにつれて、ハイドンの曲の規模も、表現の幅も、オーケストラの規模も大きくなっていった。オーケストラそのものの発展、なかでも物質的な面での発展を促したのは、ハイドンの新たな作品群である。今まで見てきたように、ハイドンが楽長に就任した当初、彼の自由になったのはごく少数の音楽家であり、そのほとんどは貴族の館に召使いとして雇われていた。オーケストラ音楽がその洗練の度を加えるにしたがって、こうした音楽家たちは、純粋な音楽活動だけで十分に忙しく働けるようになった。ドイツ国内には公共のオーケストラが設立され、十九世紀に入ると、ヘンデルのオラトリオを演奏するためにロンドンで合唱協会が組織されたように、ハイドンのオラトリオを演奏するための演奏団体がつくられた。

かくしてハイドンは時代を代表する作曲家となり、ドイツ、オーストリア、英国だけでなく、フランスをはじめとするヨーロッパ各地で尊敬され、聴衆からの支持を得た。しかし世間から広く認められても、ハイドンの私的生活や芸術に変化は見られなかった。それどころか、こうした世間的な成功は、単にハイドンの創作活動を支配している「内なる法則」がもたらした表面的な成果にすぎない。そしてこの内なる法則は、彼の時代の知的な雰囲気をも支配していた。この法則によれば、感情を支配するのは理性であり、音楽を支配するのはハーモニー（調和）である。そしてそのハーモニーを奏でるのが器楽曲の雄たる交響曲というわけだ。すべては、神聖なる啓蒙思想に則って人間の活動が生み出した最高の成果たる、**合理主義**への賛歌なのである。

3　オペラのオーケストラ
――モーツァルト

1

コンサート・オーケストラが新たな音楽形態と新たな聴衆を生み出しつつ、器楽の新たな担い手として発展を遂げていく一方で、オーケストラ音楽のもうひとつのジャンルにおいては、また別の道を模索する動きがあった。オペラのオーケストラである。このオーケストラは、コンサート・オーケストラほど独立した存在ではない。歌と演技に伴奏をつけるという実用的な目的を果たすうえでの制約があったからだ。そのため、一般的には重要性の低い補助的な地位にとどまり、オペラという全体の一部を構成する要素でしかない。この「全体」は、それを構成する各部分、なかでもオーケストラに対してはさまざまな制約を課した。一般的な条件に加え、「歌声」に対する特別な配慮が必要だった。その結果、オペラの歴史をひもとくと、時とともに「歌声」とオーケストラのあいだの対立関係が激しさを増していったことがわかる。しかしその一方で、この「歌声」と「演技」に対する配慮が、創造的なアイデアを生むための刺激となり、それが純粋器楽としてのオーケストラ音楽の発展に結びついたという事実を見逃すわけにはいかない。

作曲形式や楽器の演奏法の発展だけでなく、オーケストラのテクニックや合奏技術の向上についてもこれは当てはまる。共同作業にともなう新ルールから、新たな芸術が生まれたのである。器楽アンサンブルを組織するためには、合唱団をつくる場合とは異なる基本ルールや下調べが必要となる。共通の目的を達成するために集まった個人の集団である点は合唱団もオーケストラも同じだが、合唱団の場合はひとりひとりが発する音は同質であるのに対して、器楽アンサンブルの場合はそれぞれの奏者が出す音は異質である。そのため、オーケストラという個を超越した新たな楽器を創造するためには、構成員ひとりひとりの個性を犠牲にする必要があるからだ。多彩な個性を持つ集団をひとつにくくり、各個人をオルガンのストップ（音栓）やチェンバロのキーボードのキーのような存在、つまり歯車のひとつに変えてしまわなければならない。

この重要な作業をこなすには、教育的能力を持った第一人者が必要である。それが指揮者だ。問題の存在に最初に気づき、根本的な解決策を見つけた音楽家は、フランス王ルイ十四世の宮廷指揮者にしてパリ王立オペラの監督でもあったジャン＝バティスト・リュリである。音楽家として絶対的な権力を手にしたリュリは、「国王のヴァイオリン合奏団」と呼ばれる王室オーケストラの訓練を行なった。また作曲家としての才能を発揮し、モンテヴェルディのイタリア・オペラを下敷きにして、フランス・オペラの基礎を築いた。リュリは自らヴァイオリンを弾くとともに、役者や踊り手としても活躍し、音楽に関するあらゆる分野に通じていた。そのため、配下の器楽アンサンブルを、「モダン・オペラ・オーケストラ」とでもいうべき、真に統制のとれた演奏団体へと発展させることができたのである。

そもそもオペラのオーケストラのルーツは、フィレンツェで行なわれた最初のオペラ公演の際に集められた演奏集団までさかのぼる。彼らはアマチュアの弦楽器奏者で、客席からは見えない舞台の袖で、ごくおおざっぱな伴奏をつけた。ヴェネツィアでオペラを書いた最初の大作曲家であるモンテヴェルディは、弦楽器とテオルボ、ハープ、チェンバロからなる合奏団に、さらにオルガンとトロンボーン、コルネット*を加え、オーケストラの重要性を高めた。とはいえ、初めて器楽にトレモロを持ち込んだことで有名なモンテヴェルディのオーケストラの場合、その役割はまだ伴奏にとどまっていた。オペラにおいて、オーケストラが単独で演奏する唯一の機会である序曲は、まだ生まれていなかった。オペラは通常歌手によるプロローグか、オーケストラによる短いプレリュードで開始された。モンテヴェルディの『オルフェオ』（一六〇七年）の場合は、ファンファーレ風の簡単なトッカータがハ長調で三度繰り返し演奏される。

＊　トランペットに似た金管楽器ではなく、十五世紀から十七世紀にかけて用いられた円錐管の木製楽器。

2

オペラの分野でモンテヴェルディの後継者となったのは、リュリとアレッサンドロ・スカルラッティのふたりである。リュリは若いうちにパリに出て、またたく間に宮廷作曲家の地位にのぼり詰めた。スカルラッティは、声楽における技巧的なパッセージの発展に寄与したナポリ・オペラ楽派の祖である。そのため、ナポリ楽派のオーケストラは、伴奏者としての地位にとどまった。一方、フランス・オペラは舞踊と歌唱の混合体として成立した。フランス語という言語とその発音の性格が特殊な環境をつくった結果、フランス・オペラの歌唱スタイルはイタリア風の技巧的な歌唱法とは、かけ離れたものとなった。劇中には歌とともに感情を雄弁に表現するレチタティーヴォが配置された。歌とレチタティーヴォは劇的な気分を大いに盛り上げ、さらにはオペラに欠かせない要素として舞踊が挿入された。レチタティーヴォと舞踊というふたつの特徴が、フランス・オペラにおけるオーケストラの役割をある程度決定づけることになる。このようなオーケストラの担い手として、リュリはまさにうってつけの人物であった。彼は必要な音楽を作曲するだけでなく、演奏者を教育し、歌と踊りが同じ程度の重要性を持つフランス・オペラに適したオーケストラをつくりあげた。

　舞踊のための音楽があるおかげで、オーケストラは曲がりなりにも声楽から独立し、単独で演奏される機会を与えられた。リュリは舞曲の作曲に熱心に取り組むだけでなく、「序曲」というものをつくった。これはご存知のとおり、オペラの幕が開く前にオーケストラのみで演奏される曲である。リュリの序曲は、フーガの形式で書かれた動きの速い音楽が、ふたつのゆったりとした部分に挟まれている。これがいわゆる「フランス風の序曲」である。やがてこの序曲はさまざまな舞曲と組み合わされて、「フランス風の組曲」として独立したオーケストラ曲となり、オペラとは別に演奏されるようになった。

　一方ナポリのスカルラッティも、器楽のみで演奏されるオペラの導入曲が必要だと感じていた。ただし、彼はリュリとは正反対の曲づくりをした。つまりふたつの動きの速い音楽でゆったりとしたテンポの中間部をはさみ、これを「シンフォニア」と名付けたのだ。フランス風の序曲では悲愴感あふれる雰囲気が強調されたのに対して、イタリア風の序曲ではゆったりとした挿入部分によってコントラストをつけながらも、軽い導入部としての性格が強調されている。どちらの形式も、のちの序曲の発展に影響を与えたが、芸術性においては当初からフランス風の序曲が勝っていた。というのも、イタリアのシンフォニアが気楽な即興的性格の楽曲にとどまったのに対して、フランス風の序曲の場合は厳粛な雰囲気が際立っていたからである。その背景には、歌と踊りを等しく取り入れたフランス・オペラの特色に合わせて、オーケストラにより高度な演奏と重要な役割が求められたという事情がある。

　こうした事情に合わせてオーケストラに教育を施したのがリュリだった。絶対君主と同じく専制的な権力を行使したリュリは、杖のように巨大な指揮棒で床をたたいてリズムを取り、自分の楽団を指揮した。言い伝えによると、こうしたやり方で指揮をしている最中に誤って足を傷つけたことが、リュリの直接の死因だという。現代の私たちには、何ともやぼったい、あるいは乱暴な指揮法だと感じられるかもしれない。しかし舞曲的な性格とそれにともなうリズミックなアクセントが際立つフランス・オペラの音楽を考えると、指揮棒で床をたたいて重要な音符を強調するという方法は、実はそれほど耳障りではないのかもしれない。いずれにしても、正確で統制の取れた演奏を目指すには、これは非常に確実なやり方だった。

　イタリア、そしてドイツでも、指揮者（通常は作曲家）はレチタティーヴォの伴奏用に置かれたチェンバロの前に座り、リズムを刻んだ。この種の指揮法は耳障りでない代わりに、合奏を整えるための手段としてはやや正確さに欠けた。このやり方が採用された理由のひとつは、チェンバロのみを伴奏とする「セッコ・レチタティーヴォ」にある。これ

ジャン=バティスト・リュリ（Wikimedia Commons）

は、感情に走らない*物語風の語りで、イタリア・オペラ特有のものだ。フランス・オペラの場合は、このような「乾いた」レチタティーヴォを採用しなかったので、必ずしもオーケストラにチェンバロは含まれなかった。そのため、その前に座って指示を出すという「ゆるい」指揮法ではなく、指揮杖で床をたたくという正確さを重視した指揮法が採用されたのである。もうひとつのやり方は、ヴァイオリンのトップに座るコンサートマスターが弓を使って指揮するというものだが、これが慣習的に行なわれたのはコンサートの場合だけだった。アイゼンシュタット時代のハイドンはおもにこの方法を採ったが、後年のロンドンではチェンバロの前に座って指揮をした。その場合、演奏者に対する信頼が前提となる。フランス風の指揮法のほうが、より明快かつ軍隊式であり、その正確さが近代オーケストラの技術力を向上させるためには非常に重要だった。

＊　したがって「乾いた」という意味のイタリア語である「セッコ（secco）」という語が使われた。

一方、当初舞台の袖に置かれていたオーケストラは、舞台の前へと徐々にその位置を移していった。もともと「オーケストラ」というのは、古代ギリシアにおいて、舞台と客席のあいだのコロス*が配置される場所を示す言葉であった。私たちがこれを今日の意味に使うようになったのは、その場所に楽団が置かれるようになったからだと思われる。しかし譜面台の照明や奏者たちの見苦しい動きによって、客席前に置かれたオーケストラが、オペラという劇的イリュージョンの効果を損なうおそれはなかったのだろうか。この問題を初めて取り上げたのもまたフランス人であったという事実は、非常に象徴的である。このフランス人、正確に言うとフランス在住のベルギー人作曲家、アンドレ＝エルネスト＝モデスト・グレトリーは、（オペラ発祥の地フィレンツェではオーケストラが舞台の袖に置かれていたという事実には一切言及せずに）オーケストラを聴衆から見えない場所に配置するというアイデアを発表している。リュリの死後五十年ほど経った一七四一年に生まれたグレトリーは、ワーグナーの生年である一八一三年に死んだ。そのワーグナーが、のちにグレトリーの考えを実行に移すことになる。

＊ 群衆役の合唱団。

歴史的に見た場合、オーケストラ演奏に関する実践的な技術をもろもろの面で発展させたのはフランス人だった。オーケストラのかたちを整えるのにもっとも功績のあった人物はリュリで、彼は芸術的な面においても実務的な面においても、すべてを管理監督した。オーケストラをコントロールするにあたって、ヨーロッパの社会体制にそのモデルを求めたリュリが最終的に手本としたのは、当時の絶対王政であり、その代表的な人物として強烈な個性を発揮していたルイ十四世である。ルイ十四世とその支配体制は、ヨーロッパ諸国の政治、社会、芸術の各分野におけるさまざまな活動のモデルとなった。同様にリュリのオーケストラは、よく整えられた器楽アンサンブルの最初の例として、他のヨーロッパの宮廷オーケストラのモデルになった。影響を受けたのは当初オペラのオーケストラだけだったが、芸術的水準の高さゆえに、やがてその影響はコンサート・オーケストラへも及んでいった。

3

リュリの伝統がもっともしっかりと根付いたのは、当然ながらフランスである。彼の後継者であるラモーは、（一七五〇年頃に）五十年後にベートーヴェンが採用するものと同じ編成のオーケストラを使ってすでに作曲しており、時にはクラリネットさえ使用していた。オペラ・オーケストラが発展を遂げる途上で配慮されたのは純粋に芸術的な事柄だけではない。オペラにおける演劇的要素もまたオーケストラの構成に影響を与え、時にはコンサート・オーケストラでは通常使用されない楽器、たとえばトロンボーンなどが用いられることもあった。グルックが『アルチェステ』に地獄の神を登場させ、そのお告げを音で表現しようとしたとき、神々しい響きを持つトロンボーン以上にふさわしい楽器は考えられなかった。同じような事情でモーツァルトは『ドン・ジョヴァンニ』にトロンボーンを採用したが、この場合は石像の姿をした騎士長の亡霊の登場を印象づけるのが目的だった。さらに『魔笛』では、僧侶たちの呼びかけという厳粛な場面で使われている。

　打楽器がときおり使われたのも、未開の部族の登場を印象づけるといった演劇的な要素が背景にある。グルックの『トリドのイフィジェニー（タウリスのイピゲネイア）』に登場するスキタイ人の描写などはその一例であり、ほかにも『魔笛』でパパゲーノが奏でる鈴の素朴な音を表現する手段として使われている。その他の打楽器も、オペラの台本に登場するさまざまなエピソードに関連して用いられた。グルックの『アルミード』では、女魔法使いアルミードの魔法の庭に入り込んだ十字軍戦士ルノー（リナルド）が、小鳥のさえずりや井戸のつぶやきについて語る場面でいくつかの楽器が使われている。このようにして舞台上で繰り広げられるさまざまなエピソードのおかげで、オーケストラの表現手段の多様化と楽器の描写能力の活用が促された。さらに反乱や逃走といったドラマティックな出来事を音楽で表現する必要が出てきたため、オペラの作曲家たちは、器楽でその種の事件を表現するための手法を次々と考案していった。

　楽器の音で目の前に情景が浮かぶような効果を追求する傾向は、よりリアルな演劇表現を求める傾向と相まって高まっていった。さらに、声楽においても声の力で圧倒するような表現に代わって、歌詞の意味をきちんと伝える歌唱スタイルが好まれるようになると、オーケストラの重要性はどんどん大きくなっていった。劇的な表現を行なうための器楽的効果には、当然デュナーミクも含まれる。雷鳴と稲妻をともなって近づく嵐、あるいはグレトリーの歌劇『二人の守銭奴』の中の有名なトルコの行進のように、群集がおしよせたり引いていくようすなどは、クレッシェンドとデクレッシェンドを利用する絶好の機会となった。予想外の出来事が起きて登場人物が驚愕する様子は、音楽がピアノに、またはフォルテに突然変化することで劇的に表現できる。興奮状態が徐々に高まっていく様子は、音楽が徐々にクレッシェンドすれば聴衆に伝えられるし、その一方でディミヌエンドを使えば、緊張が和らいでいくさまを伝えられる。

かくしてオペラの舞台での出来事に合わせて、オーケストラがそれにふさわしい響きをつくるという関係ができあがった。作曲家のほうもまた、オーケストラならではの演奏効果が活きる台本をさがすようになった。オーケストラの描写能力に対する演劇側の期待と、オーケストラを使って印象的な効果を出したいという作曲家の願いがひとつになり、相乗効果が生まれた。重要なのは、歌と演劇がオーケストラと協力関係を結べば、持続的な推進力が生まれるという事実だ。推進力がどこから生まれてきたのかといったことは、この際どうでもよい。協力関係によって、歌も演劇もオーケストラもすべてが利益を得たが、もっとも得をしたのは豊かな表現力を秘めていることが明らかになったオーケストラである。その過程でオーケストラは、オペラから離れ、舞台の制約を受けない場所でも通用するような表現方法を少しずつ開発していった。その後もオペラの発展とともに、オーケストラはめざましい成長を続けたため、主従の関係は徐々に逆転へと向かう。そして、最終的にはオーケストラが音楽界の専制君主となり、すべてを支配下におくのである。

4

しかしオペラの世界でオーケストラにもっとも重大な影響を与えたのは、舞台上の動きでもなければ、筋書きでもなかった。それは変わることない声楽との緊密な関係である。声楽との密な関係があればこそ、メロディーが無味乾燥で抽象的なスタイルに陥らずにすんだのである。それは声楽からの独立直後に器楽が迎えた危機であった。実際のところ、器楽のメロディーなどというものは現在にいたるまで存在しない。すべては声楽のメロディーをまねたものだった。それでも器楽は、声楽と比べ制約もあるが、楽器のもつ独自の利点を生かして、独立した音楽世界を切り開くよう運命づけられていた。

個々の楽器特有の演奏技法が確立したあとでも、器楽は長い間その表現において声楽を手本にしていたが、その一方で、声楽もまた器楽から影響を受けた。両者は持ちつ持たれつの関係にあり、声楽は器楽伴奏があるところで、より自由に、より容易に表現できたし、器楽は声楽から数限りない刺激を受けた。従属関係ではなく、両者が同じレベルで補い合えるときに、最高の協力関係が築かれるのである。

器楽が単なる声楽の伴奏である段階を脱し、ある時は歌に自由な活躍の場を与え、またある時は器楽が主導権を取るといった具合に、模倣、補完、対立に基づく声楽との自由なやりとりが可能になると、オペラの表現力はいっそう豊かになった。こうして器楽はメロディーの泉とも言うべき声楽との緊密な関係を維持していった。メロディーを忘れて、リズムやデュナーミク、音色、名人芸の魅力のみにこだわり、その結果聴き手から見放される、といった事態は回避されたのである。

その点、オペラのオーケストラの発展に対するモーツァルトの貢献度は、他のいかなる作曲家よりも高い。もちろん、モンテヴェルディからリュリ、スカルラッティ、ヘンデル、ハッセ、ラモー、グルックにいたるオペラの作曲家たちはみな貢献をしてきたのだが、モーツァルトは別格である。彼の作品は、オーケストラが音楽界において支配的な地位を確立しようとしていた時期に書かれている。ハイドンはオーケストラに一定のスタイルをつくりあげ、彼の器楽曲は、オペラと同等ないしはそれをしのぐとさえ言えるような音楽作品に仕上がっている。交響曲がオペラに取って代わることはないので、ふたつのジャンルが競争関係にあるわけではない。しかしこの新たに生まれたシンフォニックなスタイルはいったいどのようにしてオペラに取り入れられていったのだろうか。また、オペラと交響曲が結びついたとき、両者はそこからどのような刺激を受けたのだろうか。

モーツァルトの音楽は、もともと交響曲という形式が持つ純粋に器楽的な性格とは相容れないものだった。彼はあらゆる楽器に通じており、ピアノの名手であったにもかかわらず、その音楽的才能は常に声楽によって養われた。主題労作の原則はよく知っていたが、ハイドンの合理主義は、彼にとっては異質だった。知的かつ抽象的な方法によって音楽を組み立てるにしても、音楽の歌としての性格が失われてしまっては元も子もないと考えていた。器楽の場合は、それが交響曲だったとしても、モーツァルトのつくる主題は、主要三和音に基づくハイドンの簡潔な主題とはずいぶん異なっている。ハイドンの主題はその後の交響的展開に適しているが、モーツァルトの主題はその源が歌であることを聴き手に常に意識させる。そして旋律的であるがゆえに、彼の音楽は動機をいじくりまわすというより、美しいフレーズが次々と繰り返されるかたちで進行する。一般に『ジュピター』と呼ばれる交響曲の終楽章のフーガや『魔笛』序曲のアレグロ部分の対位法的な音楽であっても、展開上いったん主題をばらばらにしたあとでもメロディー・ラインが途切れないよう、そのための配慮が常に働いている。曲を分析的に捉えようとする器楽作曲家としての衝動は、曲全体をひとつの流れとして捉える声楽作曲家としての性格によって、常にコントロールされているのだ。

5

モーツァルトがハイドンよりあとで生まれて先に死んだと聞くと妙な気がするが、これは、音楽の歴史的発展という見地からはことのほか重要な事実である。一七五六年にモーツァルトが生まれたとき、ハイドンはすでに二十四歳になっていた。後年ウィーンで出会ったふたりは、お互いを高く評価した。おそらく自分たちの作品がそれぞれ異なる場所から生まれ、異なる方角へ向かっていると感じていたので、特に相手をうらやむことなく、お互いに称賛し合い、そして学び合えたのだろう。モーツァルトはハイドンから、オーケストラ全般と調性の効果的な使い方に関する新しい考え、そして器楽アンサンブルに適応可能な形式に関する理論を学んで刺激を受け、自作に役立てた。ハイドンの影響が模倣というかたちで表われることはなかったが、モーツァルトの音楽の中でそれは（ふたりが共にイタリア音楽から受け継いだ）メロディー重視の伝統的スタイルと見事に融合した。

オーケストラの編成や技術的な面で、モーツァルトはハイドンが行なったような革新的変化とは無縁だった。セレナーデ、ノットゥルノ、交響曲などを作曲するにあたって、彼はハイドン同様、その場で調達できる楽器を使用した。モーツァルトが最晩年に書いた交響曲は、弦楽器とフルート、オーボエもしくはクラリネット、ファゴット、トランペット、ホルン、ティンパニという、当時としては標準的な二管編成で書かれている。モーツァルトのオーケストラが持つ独特の性格は、技術的な工夫ではなくて、楽器の使い方から生まれたものだ。モーツァルトは各楽器から歌い、演技する能力を引き出したが、彼はそうした楽器の使い方をオペラのオーケストラで学んだのだ。オペラの場合、作曲家は、人間の歌声と競わせたり、曲にコントラストをつけたりする目的で楽器を使いながら、同時にそれぞれの個性を発揮させる必要がある。オペラのオーケストラに必要なのは機敏な反応と簡潔な表現であり、登場人物や状況、劇的な出来事、特殊な雰囲気を即座に描写する能力が要求される。このような要求は、舞台上でのリアルな演技を重視する当時のオペラ界の新たな傾向と相まって生まれた。モーツァルトの『後宮からの誘拐』『フィガロの結婚』『ドン・ジョヴァンニ』『コジ・ファン・トゥッテ』『魔笛』はそうした傾向を反映した作品だ。舞台上で演じるのは、もはや神話の中の人物ではないし、現実離れした内容のアリアを歌うわけでもない。彼らは生身の人間であり、自然な音楽の流れの中で自分たちの感情を表現するのである。

　こうした変化を受けて、言葉や雰囲気、感情をはっきりと聴衆に示すために、楽器が利用されるようになった。タミーノのフルート、パパゲーノの鈴、オスミンのトルコ風リズム、ドン・ジョヴァンニのマンドリン、さらには騎士長のトロンボーンなど、すべては演技との兼ね合いで必要になったのである。そのほか叙情的なシーンでも楽器は効果的に使われた。たとえば『フィガロ』の「手紙の二重唱」で、伯爵夫人とスザンナに寄り添い、一緒に歌うオーボエとファゴット、『魔笛』のパミーナのアリアで表情豊かなソロを聴かせるオーボエなどの例が挙げられる。モーツァルトのお気に入りの楽器のひとつにクラリネットがある。クラリネットの音は人間の声に似ていることから、歌手のメロディーに応答するような感じでしばしば用いられたが、それだけでなく、弁者とタミーノが言葉を交わすシーンや謎めいた三人の童子の存在が告げられる場面など、厳粛な雰囲気を醸し出す場面でも好んで使用された。

モーツァルトはアルト・クラリネットの一種であるバセットホルンを特に気に入っていた。ひたむきさと愁いを帯びた表情を併せ持つ楽器を、晩年の作品のいくつかで使用したが、なかでももっとも印象的な使い方をしているのは『魔笛』である。

モーツァルトのオペラでは、オーボエ、ファゴット、フルート、さらにはホルンやトランペットが、ここぞというタイミングでアンサンブルに加わってくる。そして、登場人物の情感あふれる歌と各楽器の特性がうまくからみ合うことで特徴的なフレーズが奏でられ、劇的なシーンが演出される。モノスタトスの好色な性格を描写するのはピッコロである。嫉妬にさいなまれるフィガロが歌うアリアでは、ホルンのからかうようなフレーズが聴かれるが、これは彼の運命をコミカルに暗示するヒントだ。もっとも彼は楽器を贅沢に使うようなことはしなかった。『フィガロ』の最初の五曲ではクラリネットは使われず、ケルビーノのアリアで初めて登場するが、すると今度はフルートとオーボエが省略される。曲によって管楽器の構成はみな異なっている。組み合わせはオーボエとファゴットとホルン、あるいはフルートとクラリネットなど、さまざまだ。一番重要な場面でのみ、すべての管楽器が動員される。モーツァルトは劇中のシーンに合わせて、オーケストラの配役も決定していたのである。

そのため、モーツァルトのオーケストラ編成は流動的で、ソロ楽器をいろいろと組み合わせたものだと言えなくもない。個々の楽器が芝居の内容や歌唱にあわせて個性的な音色を披露するのが特徴で、そこに彼のオペラのエッセンスが反映されている。同様に、オーケストラにおける楽器の組み合わせは、劇中の登場人物のからみに似ている。声楽も器楽も、彼のオペラではそれぞれが独立した動きをすることで最高の力を発揮する。その結果生まれる見事なアンサンブル――アンサンブル自体は放っておいてもなんとかまとまりがつくとモーツァルトは考えていたようだ――は、全体としてみた場合、彼の考え方が最初から正しかったことをあっさりと証明している。

　というわけでモーツァルトは、特殊な音色効果を生み出すために、木管楽器ないし弦楽器をひとつに束ねるといったことはほとんどしなかった。『フィガロ』序曲の冒頭で聴かれる弦のユニゾンのように、あえてそうするときは、緊張感を生み出して、そのあとで個別の楽器の音色を際立たせるための準備をしている。各楽器が、音のかたまりに飲み込まれずに個性を発揮しようと必死になるからだ。こうしたやり方がもっとも大きな効果を生むのは、舞台とオーケストラが同じ目的に向かって協力関係を築くオペラの世界である。モーツァルトは先輩の作曲家たちがつくりあげたものを参考にして、声楽と器楽が等しく重要性を持つオペラをつくりあげた。モーツァルトのオーケストラはもはや歌の伴奏にとどまらず、歌手のパートナーとして歌に寄り添い、盛り立てる役割を担うようになった。

6

　こうしたやり方の効果がもっとも顕著に表われるのは序曲である。序曲はイタリアの作曲家の手にかかれば楽しげな前奏になり、フランスの作曲家の手にかかると重々しい序章になる。しかしこうした違いがあるにしても、もともとは単なるイントロダクションにすぎなかった。従来の序曲はそれに続くオペラ本編の主題やメロディーを先取りしているわけではないため、劇の内容を直接示すような要素を含んでいないからだ。本編の先駆けとしての序曲を最初に考えたのはグルックである。彼は後期の作品で、いくつかのタイプの序曲を試みている。一七六二年に作曲され、彼のいわゆる「改革オペラ」の最初の作品とされる『オルフェオとエウリディーチェ』には序曲がない。一七七九年に書かれ、最後の傑作とされる『トリドのイフィジェニー』では、オレステスをトリドの岸辺へと押し流した嵐を描写する短い前奏曲があるだけだ。その間に書かれた『アルチェステ』と『アルミード』では、フランス・オペラ風の序曲が採用されており、これらはオペラ本編の主題を含まない自由な前奏曲になっている。ただし『アルチェステ』の場合は、そのまま切れ目なくオペラの最初のシーンへと移行する。

ところがグルックのオペラのなかでももっとも有名な序曲を持つ『オリドのイフィジェニー（アウリスのイピゲネイア）』では、オペラ本編からの直接の引用が見られる。曲はアガメムノンの祈りの音楽を引用した、ゆったりとしたテンポの導入部から始まる。展開部に入っても、これから始まる劇の展開を直接予感させる要素はないが、これがもはや劇の導入部としての一般的な前奏ではなく、オペラ本編の音楽的要素を取り入れ、劇の内容を先取りした音楽である点が重要である。もちろん、聴き手はそのことに気づかない。まずはオーケストラによってオペラの筋書きが暗示され、本編に入ってからはじめて言葉によってはっきりと説明されるというわけだ。

グルックによって、序曲はオペラ本編とのつながりを持つようになった。モーツァルトはこの原則を受け継いだ。彼のよく知られたオペラのうち、『後宮からの誘拐』序曲は、急緩急のイタリア序曲風の構造を持っており、ゆっくりとした中間部は、コンスタンツェに対する燃える思いを表現するベルモンテのアリアを先取りしている。『フィガロの結婚』序曲の場合は、特にオペラ本編からの引用はなく、単に終幕の幕切れシーンのイメージを膨らませたような、テンポの速い音楽である。それが聴き手に強い印象を与えるのは、劇の理知的な背景を代弁しているからにほかならない。『コジ・ファン・トゥッテ』序曲は、オペラの中で男性陣三人が「女はみんなそうしたもの」と歌うモットー主題で始まり、形式的にはフランス・オペラの序曲に似ている。

モーツァルトは『ドン・ジョヴァンニ』と『魔笛』の序曲でも意図的にフランス・オペラ風の序曲を採用した。どちらもゆっくりとしたテンポの導入部で始まるが、いずれも劇中のもっとも印象的な場面の音楽を引用している。『ドン・ジョヴァンニ』の場合は、騎士長が登場するときの神秘的なハーモニーが、『魔笛』の場合は、僧侶たちの登場を促すトロンボーンの荘厳な響きが元になっている。『ドン・ジョヴァンニ』序曲は、グルックの『オリドのイフィジェニー』序曲と同じように、そのまま切れ目なく第一場へとなだれこむ。『魔笛』序曲では、ゆったりとした導入部の繰り返しが曲の終わりよりもかなり手前に挿入されており、オペラ本編と同じように祝祭的なクライマックスを形成するフーガ風のアレグロで曲を閉じる。

序曲の変化が、オペラのオーケストラの発展に重大な影響を与えたとしたら、それは形式上の工夫からではない。本編のもっとも重要な場面の音楽を序曲に取り込んだことが影響している。劇中の叙情的な要素が、もともと純粋に音楽的な発想に基づいてつくられた序曲の中に入り込んだわけである。オペラが器楽的な語法の発展に特別の影響を及ぼしたのは明らかだ。劇中のさまざまな事件や登場人物の感情の動きに常に寄り添い、さらには歌手の歌声と一緒になって音楽をつくりあげていくうちに、器楽は器楽なりの表現言語を見いだした。あるときは模倣し、そしてまたあるときは声楽的な表現手法からヒントを得て、デュナーミクと音色の変化により表現の幅を拡大していった。最初のうちは、オペラ本編のエピソードに基づく回想や先取りといった手法がほとんどだったが、声楽とのつきあいが長くなればなるほど、器楽はより力強く明快な表現力を身につけていった。

オペラのオーケストラも、コンサートのオーケストラも、こうした表現力を手にしたことで、次なる目標が生まれた。明晰さや感情表現の力を犠牲にせず、説明手段である言葉から独立するという目標である。言葉は不要になり、その背景にある概念やイメージへと純化された。音楽の持つ想像力は、言語と人間の声の制約から解放され、卵からかえったばかりのひよこのように歩きはじめた。作曲家は声楽的な表現モデルを完全に捨て去り、声楽から学んだものと、新たに発見した器楽の表現能力を融合させることに積極的に取り組んだ。

　ハイドンは器楽の独立を成し遂げ、合理性に基づいてオーケストラをまとめ上げた。モーツァルトは「歌」の特性を取り入れてオーケストラに刺激を与えた。次にはベートーヴェンが登場し、ハイドンとモーツァルトがオーケストラの発展にもたらしたものをすべて活用しつつ、さらに新たな考えをつけ加えて、オーケストラの帝国を築いていくことになる。

4　ダイナミックなオーケストラ
――ベートーヴェン

1

ベートーヴェンのオーケストラは、モーツァルトやハイドン晩年のオーケストラと比べて、基本的な違いはないように思われる。常にアンサンブルの基礎となる弦楽器群に、フルート、オーボエ、そして今や欠かせないメンバーとなったクラリネット、ファゴットという木管楽器群、さらにはホルン、トランペット、ティンパニを加えた二管編成である。ただし、ベートーヴェンはときに編成を拡大することがあった。交響曲第三番『英雄』ではホルンを三本、第九番ではホルン四本だけでなく、第二楽章と第四楽章で三本のトロンボーンを、そして第五番ではトロンボーンとコントラ・ファゴットを使っている。さらに歌劇『フィデリオ』ではコントラ・ファゴットが、その序曲では二本のトロンボーンが、『シュテファン王』序曲では四本のホルンとコントラ・ファゴットが、そして『献堂式』序曲では四本のホルンと三本のトロンボーンが必要となる。

もっとも、こうした変更にはその場限りの特別な理由が必ず存在したし、変更があったにしても、初期の古典派のオーケストラとの根本的な違いはない。ベートーヴェンはデュナーミクをいっそう際立たせるために、弦楽器の数を増やす傾向があったが、のちにベルリオーズやワーグナーが行なったように、その数を厳密に指定したわけではない。一方、演奏機能の効率化という面ではオーケストラに新たな要求を突きつけた。第五交響曲のスケルツォ楽章のトリオにおける低弦の動き、第九交響曲の有名な弦のレチタティーヴォなど、それまでは控えめな使い方しかされなかったヴィオラとチェロ、コントラバスに、独奏風の演奏をしばしば求めている。管楽器についても、木管、金管を問わず、難しいソロをあてがった。例としては、第九交響曲のアダージョにおけるホルンのきわめて難しいソロや、第五交響曲第一楽章でのレチタティーヴォ風のオーボエ・ソロが挙げられる。

第一ヴァイオリンはハイポジションで演奏することが非常に多くなり、すばやい動きを頻繁に求められた。もちろん、ベートーヴェンの場合、一般的に弦楽四重奏に比べて交響曲のほうが作曲の書法はシンプルである。それでも、『レオノーレ』序曲第二番と第三番のコーダのように、技術的な難しさだけでなく、アンサンブルとしての難しさが加わる輝かしい弦のパッセージでは、ほとんどヴィルトゥオーゾ的なレベルにまで要求が引き上げられている。しかしこれらはおおむね例外であり、個々の曲の事情に基づく違い以上のものではない。原則としては、当時の伝統的なオーケストラの枠をはみ出ることは決してなかった。しかし、ベートーヴェンはハイドンと違い、指揮者ではなかったので、オーケストラと年中顔をつきあわせている必要はなかった。もし年中指揮をしていたら、要求を多少和らげたり、一定の制約を自分に課そうとしたりする気になっていたかもしれない。いずれにしても、彼は従来のやり方を出発点としつつ、どの曲でも自分自身のアイデアに沿って作曲を進めた。

ベートーヴェンは自分の作品を演奏するオーケストラを、演奏会のたびに編成しなければならなかった。最初のうちはプロとアマチュアの演奏家が混ざって演奏していたが、これは貴族の私的なコンサートでは当たり前だった。時が経つにつれて、ベートーヴェンの音楽が奏者に要求する技術水準が高くなった結果、アマチュア演奏家は姿を消し、プロが大半を占めるようになった。演奏会場もまた変化した。貴族の邸宅の応接間では、もはや交響曲のコンサートに必要な音響条件を満たすことができなくなったため、そうした場所は独奏会や室内楽の会場にあてられ、オーケストラのコンサートは徐々に公の場で、入場料を取って行なわれるようになった。このような変化は十八世紀初頭からすでに始まっていた。本書でも触れたように、英国では聴衆から入場料を取って行なわれる興行が十七世紀末にはもう事業として成り立っており、その中心となったのが、ヘンデルのオラトリオや協奏曲の演奏会である。ハイドンが一七九一年にロンドンを訪れた時点では、ふたつのオーケストラ・コンサートが互いに競うようにシリーズで開催されていた。パリでは一七二五年以降、「コンセール・スピリテュエル」が活動を続けていた。ドイツでも、受難曲やその他の宗教音楽を演奏する教会でのコンサートに加え、公の場での音楽興行が準備されるようになった。また各地を渡り歩くヴィルトゥオーゾたちがコンサートを開き、やがておもにアマチュアからなる市民オーケストラがそうしたコンサートに便乗して何曲か演奏するようになった。ウィーンでは「楽友協会」が成長を続ける音楽業界の中心的存在となり、シーズンを設けて公の場所で定期的にコンサートを開催するようになった。

　というわけで、ベートーヴェンの作品が公の場で演奏されたとしても、それはまったく目新しい出来事というわけでもなければ、作曲家の稼ぎ方としても特に珍しくはなかった。新しかったのは、ベートーヴェンの曲自体が、その内に秘めた力を最大限発揮するためには、公の場で演奏される必要性があったという事実である。そのためベートーヴェンの作品を中心にコンサートを運営する組織が育っていった。『英雄』交響曲は一八〇四年にロプコヴィッツ侯爵邸で初演されたが、これはパトロンである侯爵への一種の社交辞令であったに違いない。第一と第二の交響曲は、それぞれ一八〇〇年と一八〇三年に公開のコンサートで初演された。その後大作の初演は、おもに一般の聴衆を対象としたコンサートで行なわれ、また他の作品とペアで披露されることも多かった。第五は一八〇八年に第六と共に同じコンサートで初演が行なわれ、第七は一八一三年に初演されたのち、翌年の第八の初演の際に一緒に演奏された。一八二四年の第九の初演に際しては、『ミサ・ソレムニス』の中の三曲が同時に初演されている。当時の聴衆は、新しいものに対して及び腰にはならなかった。それどころか、コンサートとは、むしろ最新の音楽作品を聴くための絶好の機会だと受け止められていた。

オーケストラは、プロ音楽家の集団として、そして音楽愛好家のみならず、音楽に多少なりとも興味のある一般の人々から注目を集める公の団体として発展していった。こうした変化は、オーケストラを取り巻く環境が十八世紀の貴族中心の社会から、十九世紀の市民中心の社会へと移行するのに並行して起きた。音楽の分野では、この主要な転換点を象徴するのがベートーヴェンの交響曲だったのである。

2

ベートーヴェン自身がこうした変化を認識していたとは思えないし、交響曲を作曲する際に彼が意図的に公共的な要素を取り入れたと考えているわけではない。彼の作品を耳にして、その内容と構造に注目すると、自然に変化の必要性が見えてくるのである。では、音楽的に見た場合、実際にはどのような変化が起きていたのだろうか。ベートーヴェンの交響曲の持つどのような部分が、楽曲形式のみならず、聴衆の質や演奏会場のあり方を変え、さらには音楽の作り方と受け止め方の双方に影響を与えたのだろうか。つまるところ、当時の音楽活動を一変させた原因は何だったのだろうか。

ベートーヴェンという人間がその知性と気質において、他の人とは大いに異なっていたという点を別にすれば、彼の音楽の最大の特徴は、**デュナーミクの幅の広さ**に求めることができる。それが楽器の用法にも、形式に対する考え方にも、アイデアの展開の仕方にも決定的な影響を与えている。さらに作品が演奏される環境にも、一定の影響を与えたと言ってよいだろう。

デュナーミク、つまり音の強弱を対照させることで音楽に表情を加える手法は、感情表現の一種である。ベートーヴェンの音楽では、ハイドンの合理性を重んじる音楽や、モーツァルトの個を重んじる音楽に、感情という要素が入り込んでくる。これがベートーヴェンの音楽の基本的な性格だ。感情表現が音楽に入り込む要因をつくったのは、当時の人々があらゆる分野で繰り広げていた社会的な活動、なかでも社会と政治に大きな影響を与えた「革命」であり、そうした事件によって喚起された、精神的エネルギーの噴出である。

青年ベートーヴェンはフランス革命の影響を目の当たりにした。そして人間愛、コスモポリタニズム、自由、平等、友愛といった新たな考え方に共感を覚えた。ところが、こうした新しい考え方は、前の時代が理性や個人主義を重んじたことを考慮すれば、いわば当然の帰結であったが、完璧な明晰さと客観性を重んじる音楽語法で表現しきれるものではなかった。というのも、こうした考えは漠然として捉えどころのない衝動や欲求、つまりは思いもかけない興奮状態をともなって刻々と変化する人間の感情がその源だからだ。感情を音楽で表現するには、同じように不規則な変化を再現できる手法が必要になる。求められているのは、形式がもたらす合理的な具体性よりも、あいまいな流れであり、明確に定義された客観性ではなくて、感情の起伏を伴う絶え間ない変化を常に意識することだった。

これを音楽で実現するには、デュナーミクがもっとも有効な手法である、したがって、デュナーミクをさまざまな方向へと発展させることが、ベートーヴェンの音楽の主要な目標となった。その意味で、彼は十九世紀の幕開けを飾る最初のロマン派作曲家であったと言える。しかし、そのダイナミックなロマン主義は、十八世紀から受け継いだものの影響下にあった。つまり、ハイドンの合理主義とモーツァルトの個人主義に代表される古典主義という遺産である。そのため、知らないところでデュナーミクの幅が大きくなりすぎて、枠組みからはみ出しそうになると、理性と個人主義に基づく合理性がその限度を察知して、最終的に限界を超えないようこれを押さえつける力が働く。ベートーヴェンの歴史的重要性と偉大さを特徴づけているのがこのセルフコントロールである。ダイナミズムを重視し、それを本能的に受け入れながらも、合理性に基づく枠組みに敬意を払い、それを常に守っているという事実からは、彼が十八世紀の作曲家であったことを確認できる。こうして彼は、理性と感情、形式とデュナーミクの間のバランスを上手に取ったのである。かくしてベートーヴェンは最後の古典派であると同時に最初のロマン派の作曲家となった。それまでの時代の音楽を総括し、それを新しい時代へとつなげつつ、並ぶ者なき創造者としてふたつの時代にまたがって君臨した。そして、いまだ解き放たれていない未来のパワーを引き寄せ、それを利用して、過去のエネルギーを増幅させることに成功したのである。

3

ベートーヴェンの音楽家としての一般的な資質を見れば、なぜ器楽が彼の音楽活動の主要な部分を占めるに至ったかがわかるはずだ。彼は歌曲、オラトリオ、カンタータ、ふたつのミサ曲だけでなく、オペラさえも一曲書いている。しかしこうした曲は、その作品リストの中では主要な楽曲とは言いがたく、またどの曲も基本的には器楽のルールと機能に沿って作曲されている。器楽パートはもはや単なる歌の伴奏や、声楽パートと対等に刺激し合うだけの存在にとどまっていない。むしろ声楽パートが器楽的な扱いを受けている。それぞれの声楽パートはレオノーレやフロレスタン、ドン・ピツァロといった名前で呼ばれたり、ミサ典礼文や「歓喜の歌」、あるいは夫婦愛をたたえるオペラの歌詞を歌ったりするかもしれないが、こうした歌の表現様式を支配しているのは、常に器楽のルールである。

　そしてなんと言ってもベートーヴェンの作品の中核をなすのは純粋な器楽曲だ。彼のおもな器楽曲は、ピアノ曲、管弦楽曲、室内楽という三つのグループに分けることができる。これはハイドンと同じだと思われるかもしれないが、そこにはいくつかの重要な違いがある。『天地創造』と『四季』は、ハイドンの作曲活動の掉尾を飾る代表作であり、声楽パートとオーケストラが一体となった作品である。それに対して、ベートーヴェンのオーケストラは声楽パートに対して完全に優位な立場にあり、声楽パートは器楽パートに従属しながら存在しているにすぎない。ハイドンのピアノ曲は、室内楽や管弦楽曲を書くための準備でしかなかった。一方音楽家としてのキャリアをピアノのヴィルトゥオーゾとして始めたベートーヴェンにとっては、難聴のために演奏ができなくなってからでさえ、自分にとってもっとも個人的でなじみの深い楽器として、ピアノが常に重要な位置を占めていた。弦楽四重奏を土台に自分のオーケストラをつくりあげたハイドンは、室内楽を一種の下書きとしてとらえ、自らの音楽活動の頂点をなす作品としてオーケストラ曲を書いた。一方ベートーヴェンの室内楽曲は、オーケストラ曲への第一歩として書かれたわけではない。それどころか、それは一種の最終形であり、オーケストラのエッセンスが昇華したものだと考えられる。特に弦楽四重奏曲の場合は、オーケストラ曲とほぼ同じような発想に基づいてつくられているが、それをより高度でより客観的なレベルにまで引き上げた結果だと考えることができるかもしれない。オーケストラ曲で大胆に利用されたデュナーミクは、より繊細な楽曲である弦楽四重奏においても同じように特徴的な使い方がされているが、ここでは曲が表現しようとする精神的な衝動のエッセンスのみに純化されている。

ベートーヴェンのオーケストラ曲は、彼の創作活動の原点ではない。かといって、その頂点でもない。前者に相当するのはピアノ・ソナタであり、後者に当たるのは弦楽四重奏曲だ。しかしながら、オーケストラ曲は、彼が作曲家として円熟の度を深めていくのにあわせて、生涯にわたってつくられた。年代別作品リストを見ると、一八〇〇年から一八二四年にかけて、つまり彼が三十歳になる年から五十四歳になる年にかけて作曲されていることがわかる。つまり、最晩年まで弦楽四重奏曲の作曲に熱心に取り組んでいたという事実を今日私たちがどれほど重く受け止めようと、彼が晩年には「オーケストラ曲はもう卒業だ」と思っていた、というふうに読みとる必要はまったくない。

ベートーヴェンのオーケストラ曲は三つのグループに分けられる。ひとつはオーケストラのみの曲だ。ふたつめは声楽とオーケストラのための曲で、ここには歌劇『フィデリオ』、ふたつのミサ曲、オラトリオ『オリーヴ山のキリスト』、そしていくつかのカンタータ（そのなかには、一八一四年のウィーン会議にともなうお祭り騒ぎの最中に上演するため書かれた『栄光の瞬間』が含まれる）である。最後のグループは独奏楽器とオーケストラのために書かれた曲で、五つのピアノ協奏曲、ヴァイオリン協奏曲などが含まれる。その他にも、『ウェリントンの勝利、またはヴィットリアの戦い』という不思議な作品がある。これはもともとメトロノームの発明者として知られるメルツェルがつくったパンハルモニコンという楽器のために書かれた曲だが、のちにオーケストラ用に編曲された。大砲の音などを使い、きわめてありふれた手法を用いて戦闘シーンを描写した曲である。ところが、これがベートーヴェン最大の成功作となり、一曲で九つの交響曲すべてを合わせた分を上回る名声を得た。さらに驚くべき事実がある。作曲者自身、自作のなかでもこの曲を特に気に入っていて、ほとんど他の交響曲と同じくらい高く評価していたのだ。

この事実は非常に重要である。というのも、ここからベートーヴェンの標題音楽に対する姿勢がわかるからだ。十九世紀の音楽界では、いわゆる絶対音楽との比較で、標題音楽というものがどこまで許されるかという問題が盛んに議論されたが、そんなことはベートーヴェンにとってはどうでもよかったのだ。彼は妥当性を認めればいつでも、どこでも標題音楽を書いたが、必ずしも何かを描写するために作曲したわけではない。彼にとって標題（プログラム）とは、おもに心の状態のあらましを示すものであり、自分の他の作品と比べて、標題音楽の価値を見下したりはしなかった。どの場合でも重要なのは、曲の中で扱うアイデアであり、それが何よりも重要だったのだ。

ベートーヴェンの作品の多くに標題音楽的な考え方が含まれているのを認めないわけにはいかない。それは『ウェリントンの勝利』や『田園』交響曲、『告別』ソナタ、『エグモント』、『コリオラン』序曲、『レオノーレ』序曲第二番、第三番といった明白な例ばかりではない。標題を持たない作品にも、標題を思わせる表記を見かけることがある。たとえば、作品一八の六の弦楽四重奏曲には「ラ・マリンコニア」というタイトルがついた楽章があるし、偉大なるイ短調の弦楽四重奏曲（作品一三二）の第三楽章には「リディア旋法による、病より癒えたる者の神への聖なる感謝の歌」という言葉が添えられている。また、「ermattend（疲れたようになって、弱まりつつ）」や「sentendo nuova forza（新たな力を感じて）」というような発想記号も同様である。しかも、ベートーヴェンが楽譜に書き込む指示のほとんどは、通常の強弱記号と標題的な指示の中間的な意味合いを持っている。こうした作品中の指示は、年を経るごとに数が増え、またその繊細な表現方法は洗練の度を加えていった。もし後期のピアノ・ソナタか弦楽四重奏曲から一曲選んで、その指示を集めてみれば、それは一編の込み入った物語になっており、デュナーミクの指示にしか見えないものが、実は一連の明確な思考の名残であることに気づくだろう。

4

実際のところ、ベートーヴェンの音楽を、標題音楽かそうでないかという通常の分類法で区分するわけにはいかない。彼にとって、すべての音楽はデュナーミクにかかわる問題である。曲によって、彼の心に潜むダイナミックなものへの欲求を解き放つ方向が違うだけなのだ。きわめて具体的な構想としてまとまることもあれば、言葉で表現できないような抽象的な概念になることもある。時には『英雄』交響曲の場合のように、具体的なものと抽象的なものが混ざり合っている場合もある。もっとも『英雄』の場合、第二楽章の「死せる英雄のための葬送行進曲」という表現以外に何かが明示されているわけではない。第九交響曲の最終楽章冒頭についても同じようなことが言える。第九では、先行する三つの楽章のテーマがそれぞれ演奏されると、すぐさま低弦（チェロとコントラバス）のレチタティーヴォによって否定される。やがて「歓喜」の主題が登場するが、それを演奏するのも低弦である。さいわい、ちょっとした偶然から残された曲のスケッチには、作曲時にベートーヴェンが低弦のレチタティーヴォの下に自らの考えをしたためた書き込みがあり、それを見ればレチタティーヴォが「否定」の意味なのは明らかである。したがって、この部分が標題的な性格を持っているという点に疑問の余地はない。

ベートーヴェンの標題付きの音楽が本当に標題音楽なのか、それとも標題は慣習的につけられただけなのかという点、あるいはこうした作品が「詩的な発想」から発展したものなのか、それとも純粋な音楽的構築物なのかという点については、激しい議論が交わされてきた。「詩的な発想」と「構築物としての音楽」という考え方を対比したり、彼の創造への欲求がそのどちらか一方から生まれたに違いないといった議論を続けたりしている限り、どちらの解釈も間違っているように思われる。実はベートーヴェンの創造への欲求は、常に感覚的刺激からもたらされた。感覚というほの暗く神秘的な領域にあった欲求はやがて成長し、まばゆい光の下で明確なかたちを獲得する。『田園』交響曲のスコアに彼自身が書き込んだように、「単なる田園の情景の描写ではなく、感情の表現」へと変化を遂げるのだ。スケッチブックに書かれた言葉からある程度想像をめぐらせれば、創造への欲求の道案内をし、発展の方向性を決定づける力は、「アイデア」ないしは「詩的な発想」と呼ぶべきものだろう。**この「詩的な発想」は、実際には創造にかかわるダイナミックなものへの欲求が具体的なかたちをとって現われたものにほかならない。**したがって「詩的な発想」という言葉は、特定の詩に基づくアイデアを指すのではなくて、ベートーヴェンの音楽全体にあふれている知的意識を意味しているのである。

ベートーヴェンが詩人の手法をまねしようとしたと言いたいのではない。音楽の創造プロセスが、詩人の創作プロセスを支配する法則とよく似た法則の影響下にあることに、彼は気づいていたのだ。意識下の世界から自覚のある世界へ、感覚のあいまいさから具体性の明確さへ、感情が支配する原始の闇から知力の勝利へ、という変容を支配する法則である。概して、創造的プロセスはすべてこのような変化をたどるはずであった。ところが、バッハもヘンデルもハイドンもモーツァルトも、誰ひとりとしてこのプロセスを自分の目標達成への道筋として取り上げることはなかった。ベートーヴェンよりも前の時代に芸術を支配していた原則に従った彼らは、明確になったあとの段階から、それぞれの創作活動を開始したのである。バッハがその作品でキリストの死と復活を描く場合も、ハイドンが混沌とした闇から光ある昼が生まれるさまを描写する場合も、ふたつの決して交わることのない対照的な要素が聴衆の目の前に唐突に並べられるだけである。しかし、ベートーヴェンは**変容のプロセス自体を描こうとした。**ゆえに、彼はレンブラントに例えられるだろう。レンブラントもまた光と闇の間のさまざまな段階を描くことに挑戦し、それを創作の原点として、人の心を揺り動かすような、生き生きとした絵画を生み出したのだ。

変容のプロセスは、ダイナミックなプロセスである。ある曲を演奏する場合、ベートーヴェンは、その時求められている条件に応じて、曲の全体的な形式、および楽器とその用法を決めた。演奏に関する指示、そして時には標題さえ、その場のニーズに合わせて変えることがあった。ベートーヴェンの標題は、実はデュナーミクの変化が生み出す推進力を生かして、どのように演奏し、表現するかに関する指示記号の一種にすぎない。形式、楽器編成、演奏に関する指示（演奏記号による指示と標題的な言葉による指示の双方）がすべて合わさって、ダイナミックな音楽が生まれ、それによって作曲家の創作意図が、きわめてはっきりと具現化されるのである。

曲の基本的なアイデアは毎回異なるため、ベートーヴェンは自分の作曲意図を具体化するためにさまざまな手法を用いた。ハ短調交響曲（第五）はそのもっともシンプルな例である。この曲は第一に短調と長調のコントラスト、第二に音の強弱のコントラストに基づいて作曲されている。このうち強弱のコントラストはクライマックスをかたちづくる目的で使われるため、曲の後半まで取って置かれる。それにしても注目すべきは、デュナーミクの幅（音の強弱の幅）である。そのスケールの大きさには驚きすら感じる。徐々に音量を増していくようなクレッシェンドは使われない。何小節にもわたってピアニッシモが延々と維持され、それによって期待と興奮がつのり、緊張が高まって限界に達しようとするまさにその瞬間、音楽は突然クレッシェンドして、ハ長調のフォルティッシモへとなだれこむ。ピアニッシモの部分では、低弦の控えめな動きと同じく音量をおさえたティンパニ、そして徐々に上昇していくヴァイオリンのフレーズ、それだけですさまじいまでの演奏効果がもたらされている。この交響曲はまた、核となる非常に短い動機が第一楽章から第三、第四楽章へと展開していくことでも有名だ。また、最後のふたつの楽章が切れ目なく演奏され、しかも第三楽章が最終楽章の途中で回帰するというアイデアは、ベートーヴェンの天才を如実に示している。とはいえ、曲全体が、ダイナミックなものへの欲求が生み出す推進力に奉仕するよう構成されているため、前述のめざましい演奏効果もそれ自体が目的となってしまうようなことはない。それは目的ではなくて、あくまで作曲家のダイナミックな意図を実現するための手段にすぎない。

　ハイドンが用いた主題労作やモーツァルトの個々の楽器を際立たせる手法が、ベートーヴェンの音楽では特別重要な意味を持たなくなっているという点は、心にとめておいたほうがよいだろう。ベートーヴェンがこうした手法を用いなかったわけではないが、曲の性格に応じて利用されるデュナーミクの圧倒的存在感の前では、影が薄くなってしまった。デュナーミクはさまざまなかたちで現われる。ハ短調交響曲や『エグモント』および『レオノーレ』序曲のコーダで用いられるクレッシェンドだけではない。他の例では、イ長調交響曲（第七）のフィナーレのように、デュナーミクの力の行使を執拗に引き延ばすためだけに用いられる。この楽章の中でも、低弦の響きは強くなったり弱くなったりを繰り返すが、それはあくまで終盤に訪れる「バス（低音部）の狂乱状態」ともでも言うべき新たなクライマックスを準備するためのエピソードにすぎない。また同じ交響曲の第二楽章では、ゆったりと歩みを始めた音楽が中間部で大きな盛り上がりを見せ、やがてもとのゆったりとした歩みに戻る、という展開も見られる。ベートーヴェンにとって興味があったのは、ピアノからフォルテへ、ないしは逆方向への単なる変化ではなく、光と影が織りなす絶え間のない変化だった。彼の曲のいたるところで見られる、このような気まぐれな変化こそが、型にはまるのをふせぎ、楽曲に柔軟な機動性と刻々と移り変わる表情を与えるのである。

5

こうした曲づくりを心がけるなかで、ベートーヴェンはメヌエットに代わってスケルツォを採用するという決断をした。これは彼が交響曲の形式に関して打ち出した、数少ない新機軸のひとつである。ハイドンのメヌエットもモーツァルトのメヌエットも、リズムの面でおとなしく、あまりにも控えめであり、活力あふれる音楽をさまざまな方法で追求するベートーヴェンにとってはどうしても物足りなかった。メヌエットは礼儀正しくステップを踏む踊り手たちのいくつかの動きを際立たせるためだけにつくられた舞曲の型である。彼はその型から音楽を解き放ち、代わりにダイナミックな楽節の持つ力を自由に発散させられるような音楽を用意して、新たなクライマックスをつくりだした。かくして真の爆発力を持つ楽章が生まれたのである。第一交響曲からすでにこの新しいタイプの楽章が取り入れられており、第三交響曲も同じ路線を取っているが、第二、第四、第六、そして第七交響曲のスケルツォはそれぞれ凶暴さがやや影を潜め、自由で動きのある舞曲の性格をとどめている。新たなタイプの楽章であるスケルツォの頂点をなすのは、第九交響曲の第二楽章だ。嵐を思わせる激烈な開始からティンパニのソロ、弦による対位法的な展開を経て、荒々しいホルンの咆哮へと徐々に盛り上がりを見せたあと、急に雰囲気が変わり、トリオにいたって牧歌的な美しい旋律が登場する。しなやかな動きの中に、電光のようなひらめきを見せるこのスケルツォ楽章こそは、ダイナミックな構想が、とりわけ見事に生かされた音楽の一例である。

　このようにベートーヴェンの音楽において、デュナーミクは楽器の使用法や主題労作の手法だけでなく、個々の楽章の組み立て方や楽曲全体の形式にも決定的な影響を及ぼした。デュナーミクの可能性が最大限に追求された結果、楽曲の規模はより大きくなった。なぜなら、このような楽曲展開を受け入れる余裕を持つのは、規模の大きな曲だけだったからだ。初めてベートーヴェンの曲に接する聴衆は戸惑いを見せた。かくも巨大な作品に出会ったことがないうえに、曲全体を支配する創作原理がすぐには理解できなかったからである。ベートーヴェン自身、ある種の自制が必要だと感じていたように思われる。というのも、その規模においても彼のもっとも大胆な作品となった第三交響曲のあと、交響曲が巨大になりすぎないよう心がけたからだ。第四から第七に至る交響曲には、抑制する力が働いている。第五交響曲が凝縮された簡潔さを追求している一方で、『田園』交響曲が長めに感じられるのは、全体的にテンポの遅い楽章で構成されているのがおもな原因である。第八交響曲は意識的に初期の交響曲モデルに回帰した作品であり、現代の作曲家であれば「古いスタイルの」交響曲とでも名付けるところだろう。

第八交響曲の十二年後に完成した第九交響曲だけが、あらゆる点で途方もない大きさを見せている。その楽曲構造を見ると、器楽による三つの楽章に、独唱と合唱を加えたフィナーレを合わせた楽曲全体の規模は、『英雄』交響曲さえも上回っている。ベートーヴェンの交響曲は、先輩作曲家の作品に比べ、一般的にはるかに規模が大きい。番号付きの交響曲だけを見ても、モーツァルトが四一曲、ハイドンが一〇四曲作曲しているのに対して、ベートーヴェンが九曲しか書かなかった理由は、この規模の違いによって説明できるかもしれない。各交響曲が表現しようとする内容もまた、その規模や形態と同様大きな違いがある。それは一貫した計画に基づいてつくられたわけではない。ベートーヴェンの音楽はどれも、底にあるダイナミックなものへの欲求が生み出す、ほとばしり出るような力が基になっているのである。

6

ベートーヴェンの交響曲の骨組みを決定するうえで重要な要素がふたつある。ひとつは、楽章のタイプであり、それに応じて表向きの構造やテンポが決まる。もうひとつは、曲の中心となる調性と各楽章の主音の関係である。ベートーヴェンが手本としたのは、四つの楽章――アレグロ、アンダンテまたはアダージョ、メヌエット、アレグロ（フィナーレ）――からなる交響曲である。これはイタリアのシンフォニアないし序曲を手本とする急緩急の三楽章に、メヌエットが付け加えられたかたちだ。原則としては、これは常に守られた。ただし、「古いスタイル」を模倣した第八交響曲を除き、他の曲ではメヌエットがスケルツォに置き換えられている。一方、第九交響曲では楽章の順番を入れ替え、スケルツォを第二楽章、アダージョを第三楽章にしている。それ以外の点では伝統的な形式から逸脱することはなかった。その一方で、個々の楽章の性格は大きく変化した。第一楽章のゆっくりとしたテンポの導入部――フランス風序曲によく似た始まり方であり、ハイドンがすでに採用していた――は時に非常に長大になり、その結果第二、第四、第七では独立した楽章に近い重要性を持つにいたった。しかしこれが基本形になったわけではない。第五、第六、第八には導入部はなく、第三の導入部はわずか二小節で、調性が確立されるにすぎない。第九の導入部はその後に続く主部と独自の関係を持っており、第一主題の材料を提供する。

　ベートーヴェンの交響曲の第一楽章は一般的なソナタ形式で書かれているものの、そのルールをきっちり守っているわけではない。『英雄』では第三主題が導入され、展開部は大幅に拡大され、ふたつめの展開部が挿入されている。もともとは短い終結部にすぎなかったコーダは、新たなクライマックスをかたちづくる場所へと格上げされた。第二楽章の形式は曲によって大きく違っているが、多用されたのは変奏を伴う歌謡形式である。だがこの場合の「歌」は、曲ごとにその性格が大きく異なる。シンプルでメロディアスなアンダンテの第一に始まり、アダージョの第二と第四、のんびりとした「小川のほとりの情景」を描いた『田園』、「葬送行進曲」を含む『英雄』、アレグレットの第七などさまざまである。最後の第九では二種類の変奏が交互に現われる壮大なアダージョが登場する。

　最終楽章には、従来の交響曲とのもっとも重大な違いが見られる。もともとフィナーレはロンド形式を取る場合が多かった。ロンドは舞曲から派生した軽めの音楽で、そのまま喜ばしい気分で曲を終えるのが普通だった。ベートーヴェンも第一、第二、第四、第七、第八では基本的にこのかたちを踏襲している。しかしその場合でも、フィナーレは力強いクライマックスを築く音楽へと変化し、そのため従来の性格とはうって変わって、音楽的にも聴かせどころとなった。第五ではこの聴かせどころが、それまでの楽章で積み上がった緊張感を一気に解放する勝利の瞬間としての性格を持っている。この曲では、終楽章とスケルツォが切れ目なく続く構造になっていて、しかも終楽章の途中でスケルツォの音楽が戻ってくるという独特の展開を見せる。しかしなかでも、とりわけユニークなフィナーレを持つのは、『英雄』と第九である。ふたつのフィナーレはどちらも形式的には変奏曲で、第一楽章と肩を並べるような偉大な音楽である。つまり四つの楽章中、もっとも重要な楽章になっている。実際、その演奏効果は絶大であり、それぞれの第一楽章を凌駕している。曲の最後に壮大なクライマックスが形成され、音楽の持つ力がここで解放されるのだ。

ベートーヴェンが交響曲をつくるにあたって採用したさまざまな形態を見るにつけ、私たちはふたたびそこに、ダイナミックなものへの欲求がもたらす力を見いださずにはいられない。この力が全体的な形式だけでなく、各楽章の性格を決定している。それまでの交響曲の組み立ては、解決に向かう流れを象徴していた。主要部分としての第一楽章から、リリカルな性格を持つ緩徐楽章（第二楽章）を経て、メヌエット、フィナーレへと軽さを加えていく流れである。モーツァルトの『ジュピター』交響曲のフィナーレは数少ない例外のひとつだが、ここでも祝祭的な気分は踏襲されている。一方ト短調交響曲のフィナーレは解決ではなくて、先行する楽章の性格を引きずりつつ、より情熱的で落ち着きのない雰囲気の音楽になっている。それに対して、ベートーヴェンのフィナーレは、新たな世界を切り開く。それは意図的に新たな展開を目指したものだ。これは曲のダイナミックな要素が生み出す、人を奮い立たせるような刺激によってのみ達成可能なクライマックスであり、ダイナミックな要素は、すべての楽章を内側から結びつける力を生み出すとともに、曲を締めくくるフィナーレに特別な重要性を与えているのである。

7

楽曲の構造に見られるこのような有機的な結びつきは、各楽章の調性関係によって強化されるとともにより確実なものとなる。ベートーヴェンが調性を非常に重んじ、ピアノ曲でさえ移調するのを嫌ったという事実はよく知られている。しかも当時の美学として、調性の重要性が一種の信条のようになっていたことも確かだ。そこで、ベートーヴェンのオーケストラ音楽の中で、この調性重視の原則が曲づくりにどのように反映され、そして楽曲の中でどのような意味を持っているのか、調べてみよう。

一般的に、彼の交響曲の第一、第三（スケルツォ）、そして最終楽章は、主調で書かれている。第五や第九のように、主調が短調である場合にはフィナーレが長調に置き換えられるくらいである。これに対して、緩徐楽章は主調と近親関係*にある調性で書かれており、属調（第二）、下属調（第一、第六、第八）、平行短調（第三）、平行長調（第五と第九）、さらには同主調（第七）などいろいろなケースがある。緩徐楽章の調性については、どうやらこれといった原則がなかったようだ。交響曲を見る限り、主調の選択についてさえ、果たして原則があったのか、あやしく思えてくる。実際に見てみると、ハ調の曲が二曲（第一と第五）、ニ調が二曲（第二と第九）、変ホ調（第三）、変ロ調（第四）がそれぞれ一曲、ヘ調（第六と第八）が二曲、そしてイ調（第七）が一曲である。おもな序曲のうち、『プロメテウスの創造物』、三種の『レオノーレ』、『コリオラン』、『献堂式』の各序曲がハ調、『エグモント』がヘ調、『フィデリオ』がホ調で作曲されている。調性の選択と楽曲の性格の間に、美学的な意味での関係性は本当にあるのだろうか。私たちは、『田園』と第八でヘ長調を使ったのだから、ベートーヴェンの頭の中では、ヘ長調は牧歌的な意味合いを持っていたに違いないと考えがちである。しかしながら、ヘ長調はとても牧歌的な題材とは思われない『エグモント』の序曲でも使われている。実際のところ、ヘ調がホ調やニ調、ハ調よりも牧歌的であるとする理由は見つからない。

＊　属調――ハ長調に対するト長調のように、元の調の完全五度上の調。
下属調――ハ長調に対するヘ長調のように、元の調の完全五度下の調。
平行調――ハ長調とイ短調のように、調号を同じくする調。
同主調――ハ長調とハ短調のように、主音を同じくする長調と短調。
近親関係――二つの調の音階に共通する音が多いほど近親性が強いとされる。

交響曲と序曲をすべて調べても、結果は同じだろう。特定の調がもともと他の調とは違う特別な重要性を持っているという意味であれば、調性間に違いは見いだせない。しかし楽器を使って演奏する段になると、決定的な違いが存在する。なかでも弦楽器と金管楽器の場合は楽器の構造上、（弦楽器であれば）弦を指で押さえずに（開放弦で）出す音と指で押さえて（押弦で）出す音では音色に違いが生じるし、金管楽器でも、たとえばホルンの場合、ベルを手で一部ふさぐゲシュトップ（ストッピング）奏法を使わずに出せる音と使わないと出せない音では音色が異なる。開放弦を多用すればするほど、楽器の個性が際立ち、あまり使わないと、やや人工的でどちらかというと個性を抑えた音色になる。当時の交響曲はニ長調で書かれることが多かった。というのも、オーケストラの中心となる弦楽器は通常、ハ（C）―ト（G）―ニ（D）―イ（A）―ホ（E）に調弦されるため、（音階内の多くの音で開放弦が使えるという意味で）ニ長調は弦楽器の演奏に適した調性だからだ。ハイドンが嬰ヘ短調で弦楽四重奏曲を書いたのは、開放弦を避けるためだったようだ。

管楽器の重要性が増すにつれて、楽器の構造上、曲の中で使われる管楽器がもっともよい音で響く調性が選ばれるようになった。変ロ長調の曲がロ長調の曲よりも英雄的に響くというようなことはまったくないが、ホルンの音は特に変ロ長調で豪快に響き渡り、その音色は英雄的な表現にふさわしい特徴を備えている。というわけで、ホルンが英雄的に響くという理由から、変ロ長調は英雄的な内容を表現するのにもっともふさわしい調性と見なされるようになった。同様にハ長調は嬰ハ長調よりも勝利を表現するのに適しているわけではないが、ハ長調はトランペットが演奏しやすい調性である。そのトランペットは勝利や祝祭の雰囲気を醸し出すのが得意であるため、第五交響曲や『レオノーレ』序曲のようにトランペットが勝利のクライマックスを盛り上げる楽曲では、ハ長調が選択されたというわけだ。

当時作曲家は個人的な趣味で自由に調性を決めていたわけではない。彼らはデュナーミクの幅を大きく取るために、さまざまな楽器を採用したが、そうした楽器の特性が調性の選択を左右したのだ。作曲家の頭の中に、これから作曲しようとする楽曲の構想が浮かぶと、次にはデュナーミクの扱いはどうしようかという課題が生まれてくる。ベートーヴェンは、英雄的な雰囲気を醸し出すのにもっとも適した音色を持つ楽器はホルンだと思っていた。そのため『英雄』交響曲ではホルンの音色を中心に据えて曲をつくった。そしてホルンが一番朗々と響くのは変ホ長調であることから、変ホ長調が『英雄』の調になった。同じような例は他にもある。ベートーヴェンにとって、勝利の雰囲気をつくるのにもっとも適していると思われた楽器はトランペットだった。そこで第五交響曲や『レオノーレ』序曲についてはトランペットの音色を念頭に作曲を行なった。トランペットの効果を最大限引き出せるのはハ調であったため、第五と『レオノーレ』序曲の調性はハ調になった。こうした例は数多い。どの例を見ても、ベートーヴェンが調性を決めるにあっては、曲の中で中心的な役割を果たす楽器が演奏しやすい調性は何か、という点が決め手になっていることがわかる。

　曲の調性だけでなく、ベートーヴェンが主題として選ぶ動機の性格にも、楽器の特性が大きくかかわっている。この点については、オーケストラにおいて管楽器の比重が徐々に高くなってきたことが、もっとも大きな要因である。ハイドンやモーツァルトの主題は、ほとんどの場合弦楽器で演奏されることを前提としていた。こうした主題は、ヴァイオリンをもっとも効果的に響かせるための技術と欲求から生まれ、管楽器は一定のアクセントをつけるために使われたにすぎない。ハイドンやモーツァルトの場合は、ほとんどの場合、弦楽器の奏でる主題が曲の性格を決定づけた。ベートーヴェンの第一、第二交響曲は弦楽器のアンサンブルを中心に曲が組み立てられているため、同じように弦楽器に適した主題が採用されている。ところが『英雄』交響曲で状況は一変する。管楽器が優勢になり、その結果管楽器がもっとも表情豊かに演奏できるような主題が用意されるようになったのだ。

　だからといって、ベートーヴェンの主題がすべて管楽器向けだということではない。第五や第六、第七の主題は、弦楽器で演奏されれば弦楽器向けの主題に聞こえ、管楽器で演奏されれば管楽器向けに聞こえる。このような主題の多面性が特に顕著に表われているのが第七交響曲のアレグレットである。低弦を中心に、ゆったりとしたテンポで始まった曲は、弦楽器と管楽器の音域をいっぱいに使って徐々に盛り上がると、やがて沈み込むように弱まっていく。そして各楽器群が切れ切れに旋律を奏でるなか、最後は消え入るように曲が終わる。ベートーヴェンは作曲を続けるうちに、ますます弦楽器にも木管楽器にも金管楽器にも合うような主題をつくるようになっていった。第九交響曲のアダージョは、さまざまな楽器の音色が持つ多彩な魅力を最大限引き出せるようつくられた完璧な音楽の一例である。

ベートーヴェンが管楽器を多用したのは事実としても、弦楽器の使い方に無関心になったり、弦楽器を管楽器の添え物として使ったりすることはなかった。弦楽器は常にもっとも重要な声部であり続け、特にリズム的な活力は失わなかった。その一方で、管楽器は単にアクセントをつけるだけの役割から脱し、完全に独立した重要性を持つ声部となった。これまで見てきたように、ひとつの楽章、あるいは曲全体の性格は管楽器の音色によって決定づけられることが多く、主題を核とする音楽に一定の枠組みを提供した。楽器の音色はベートーヴェンの作品の性格を決める主要な要素であり、彼の独創的なアイデアがもつダイナミックな資質とも大いにかかわっている。ベートーヴェンの作品はもっぱら主題労作によって組み立てられていて、オーケストレーションは二次的な重要性しか持っていないと考えられがちである。もちろん作曲する際、主題の展開と楽器の使用法のどちらがベートーヴェンの頭に最初に浮かんだか、科学的に証明することなど誰にもできないだろう。このふたつは同時に発展していくのであって、主題の展開だけをまず抽象的なかたちで検討し、あとでオーケストレーションを行なったわけでは決してないはずだ。そのような解釈では、ベートーヴェンのオーケストラにおける楽器の音色という要素の基本的重要性を過小評価し、彼の創造力を突き動かしているダイナミックなものへの欲求がもたらす影響を無視することになってしまう。

8

以上のことからも、「ベートーヴェンはオーケストレーションが下手だ」という意見には根拠がないことがわかる。特に「難聴が原因で晩年には自分の耳で実際に確認できなかったため、楽器の使い方に無理がある」という意見は受け入れられない。彼のオーケストレーションが、ときに主題労作の明晰さを阻害しているのは事実だ。たとえば第八交響曲の第一楽章再現部が始まる部分では、迫力のあるクライマックスが築かれ、すべての楽器がフォルティッシシモでヘ長調への回帰を強調する。この部分は主題がチェロ、コントラバス、ファゴットのみで奏でられるため、当然ながら他の楽器にかき消されてあまり聞こえてこない。しかしこれは何を意味しているのだろうか。それまで二十年にわたりオーケストラ曲を書いてきた経験を持つベートーヴェンが、主題が聞こえないであろうことに気づいていなかったと考えるのはナンセンスである。しかも、実際にオーケストラを鳴らしてみないとわからないような微妙な箇所ではない。ここから読み取れるのは、ベートーヴェンにとっては主題の展開よりも、デュナーミクの推移のほうが大事だったということである。主題が聞こえなくても、再現部はどうしてもフォルテ三つで力強く始まる必要があったのだ。ここで低弦の奏でる主題が聴衆に聴き取れるよう、他のすべての楽器を弱めに演奏するというのは、指揮者の身勝手な浅知恵である。そのような解釈をしていたら、副次的な効果を上げるためにもっとも重要な演奏効果を犠牲にしてしまう。

　ベートーヴェンのオーケストレーションはできが悪いと言う人は、彼が作品の構想を練るにあたって、常にデュナーミクの変化がもたらす推進力を前提にすべてを組み立てたという点を、きちんと理解していないからに違いない。デュナーミクを中心に使用する楽器を決めていたので、当時の管楽器、特にホルンやトランペットに技術的な制約があり、自然倍音しか演奏できなかったとしても、ベートーヴェンにとっては障害でも何でもなかった。それどころか、こうした制約はむしろ新たな力を生み出す源になった。はじめから制約を計算に入れていたので、彼の曲に登場するホルンやトランペットはそれまで聴いたことのない、そしてその後もなかなか聴けないような輝かしい音で鳴り渡るのである。

しかしホルンやトランペット、あるいは他の楽器のいずれかが、ベートーヴェンの曲づくりにおいて特別な地位を占めていたわけではない。第四交響曲の導入部では弦楽器がユニゾンで厚みのある音を奏で、管楽器は脇役に回っている。一方、第七の導入部では立場が逆転する。ベートーヴェンが曲の中で使う楽器はどれも自由を獲得し、その個性を最大限に発揮していて、主題を奏でる際も、交響曲という作品の中での位置づけにおいても、同じように重要な役割を担っている。それは真に民主的な組織からなるオーケストラであり、交響的な表現をするための手段であるだけでなく、このようなオーケストラをつくりあげることは交響的な表現における目的そのものになっている。そこでは、ハイドンの合理性に基づく原則と、楽器が持つ個性と歌う性質を解き放とうとしたモーツァルトの試みが結びつき、ダイナミックなものへの欲求がもたらす創造力がそれらを融合させて、新たなオーケストラが生まれたのである。

このオーケストラでは、それまでのオーケストラが持っていた貴族的な性格や個人主義的な性質は無効になった。あらゆる芸術的手段は、ダイナミックな精神の支配に従い、クライマックスは新たな意味を獲得した。こうした考え方に基づいてつくられたベートーヴェンの音楽は、形式、音響、規模において従来の制約を打ち破った。その音楽は、あらゆる意味で、もはや一部の限られた社会の聴衆に向けられたものではない。感情の奥深くまで入り込んだ音楽は、そこから卓越した知見へとのぼり詰めるのである。ベートーヴェンの音楽が持つ精神性は、自由、友愛を謳う思想や個人責任を求める運動と結びつき、自由な社会におけるすべての個人の解放と人類の融和という理想を完璧に反映している。

これがベートーヴェンの交響曲の、偉大なふたつのミサ曲の、そして『フィデリオ』の結論である。物語の結末がレオノーレのもたらしたような本物の勝利であれ、エグモントのような想像の中の勝利であれ、そしてコリオラヌスのような非業の死であれ、数々の序曲のねらいもそうした世界を表現することにある。彼が掲げた新たな理想は、単に芸術、社会、政治、宗教にかかわるものだけではない。すべてをひとつにまとめて新たな理想をつくることが彼の究極の目的であり、音楽の王国においてこうした理想をすべて内包し、完璧な形式をともなって表現できる組織体がオーケストラだったのである。オーケストラはその後さまざまな変化を遂げるが、その完成度においてベートーヴェンのオーケストラほど理想に近づいたものはない。

5　ロマンティックな幻想のオーケストラ
——ウェーバー、シューベルト、メンデルスゾーン、シューマン

1

ベートーヴェンがこの世を去ったのは一八二七年だが、すでにその数年前から新たなタイプのオーケストラが育っていた。実際には育つどころか、ベートーヴェンの生きている間に一定の完成形に達していた。新しいオーケストラをつくった三人の作曲家のなかで一番の年長者はカール・マリア・フォン・ウェーバーであり、彼はベートーヴェンより一年早く、一八二六年にその生涯を閉じた。二番目は、一七九七年生まれのフランツ・シューベルトで、ベートーヴェンが没したあと、わずか一年で世を去った。最年少者は一八〇九年生まれのフェリックス・メンデルスゾーン＝バルトルディで、一八四七年まで生きたが、彼のもっとも重要なオーケストラ作品のひとつであるシェイクスピアの戯曲『夏の夜の夢』への序曲は、一八二六年に完成している。というわけで、ベートーヴェンがまだ生きて仕事をしていた時代に、新たなタイプのオーケストラはすでに完全な形で存在していたことになる。

こうした作曲家の新作のなかには、ベートーヴェンが何らかのかたちで耳にしたり、楽譜を見たりし

た作品もあった。ウェーバーの作品では、『魔弾の射手』と『オイリュアンテ』を知っていたが、『オーベロン』は聴いていない。シューベルトの場合もいくつかの作品を耳にしたが、オーケストラ作品は含まれていない。メンデルスゾーンの作品には接したことがなかったようだ。もちろん、ウェーバー、シューベルト、メンデルスゾーンの他にも、ルイ・シュポーアのように彼ら三人と同じ傾向の作品を書いた作曲家がいた。シュポーアは当時もっとも有名であるだけでなく、高く評価されていた音楽家のひとりで、ヴァイオリンのヴィルトゥオーゾとして、そしてオペラやオラトリオ、器楽の作曲家として非常に重要な人物である。だがこの時代に作曲の世界で、さまざまな新しいアイデアを発展させ、それをひとつの流れへとまとめ上げたのは、なんといってもウェーバー、シューベルト、メンデルスゾーンであった。この三人はそれぞれ独自のスタイルを身につけており、まとめるとドイツ・ロマン派と呼ばれる新たな音楽的潮流の全貌が見えてくる。

　ロマン主義については、それこそさまざまな観点から説明できるだろう。超自然的な力や死者の霊、魔法の力を信ずることによる現実から空想世界への逃避。精霊や妖精、小鬼《ゴブリン》などの存在によって豊かな生命感を与えられた自然の世界の魅力。不思議なおきてに支配される人間が住む遠い異国へのあこがれ。潜在意識の基本にある、民族の伝説にあらわれているような、民族精神に則った生活への回帰。どれもがロマン主義の一面を表わしていると言えるだろう。ロマン主義の全体像は、純粋な感情の噴出という言葉で表わせる。ほとばしり出た感情は、理性や合理的な思考の枠を超え、計り知れない、制御の及ばない幻想の王国の扉を開けるのである。

　人々の現実世界に対する強い不満は、自分の力ではそれを改革する力がないためにさらにふくれあがり、そうした鬱屈した気持ちが精神的な領域や芸術の分野へ広がっていった。こうしてつくられた想像の世界を表現するのにうってつけのジャンルが、音楽には三つあった。歌曲、オペラ、オーケストラ曲である。ロマン派の詩の世界を音楽の力でより鮮やかに表現するのが歌曲であり、ロマンティックな物語を舞台上で再現するのがオペラである。オーケストラは現実を超越し、神秘的な音の力だけで幻想的な雰囲気を表現できる。ロマン派歌曲の代表的作曲家がシューベルトであり、ロマン派のオペラを代表するのがウェーバー、そしてロマン派のオーケストラ曲は、メンデルスゾーンの手によってつくられた。しかしオーケストラ曲の分野ではメンデルスゾーンだけでなく、ウェーバーも自作のオペラでの必要性から、ロマン派的なオーケストラ手法を発展させた。またシューベルトは当初歌曲とピアノ曲を中心に作曲していたが、やがて交響曲の分野に進出し、新たな器楽の手法を生み出すうえで重要な貢献をした。しばらくして、この三人の偉大な先駆者たちに加わったのが、ローベルト・シューマンである。シューマンはロマン派を代表するピアノの詩人であったが、特にメンデルスゾーンから刺激を受けて、自らその表現領域をオーケストラの世界へと拡大していった。

2

一見したところ、ロマン派のオーケストラとベートーヴェンのオーケストラとの違いは、それほど大きくないように思われる。アンサンブルの中心は依然として弦楽器で、フルート、オーボエ、クラリネット、ファゴットからなる二管編成が守られており、トランペットも二本使われている。確かにベートーヴェンでは特別な場合にのみ採用されたホルン四本の編成が当たり前になり、トロンボーンが正規のメンバーとしてオーケストラの仲間入りをしたという違いはある。一般的に、ベートーヴェンの曲としては例外的に大きな編成であった第九交響曲のオーケストラが、ロマン派では一般的となった。ただし、編成がこれを超えてさらに大きくなることはめったになかった。メンデルスゾーンが『真夏の夜の夢』序曲で使ったキー付きの低音金管楽器「オフィクレイド」は、バス・テューバの代用としてときどき使われたが、これはどちらかというと例外のひとつである。

ベートーヴェンとロマン派でオーケストラに違いがあるとすれば、それは楽器の数や種類ではなく、その使い方にある。技術的な違いに加え、楽器の音色の重ね方や特定の音質を強調するやり方に特徴があるのだ。ウェーバーのオーケストラは、こうした点でまったく新しいタイプのオーケストラを代表しており、それゆえにロマン派の作曲家全員にとってお手本となった。特に、ウェーバーが亡くなった頃に活動を開始したメンデルスゾーンが参考にしたのは間違いない。『真夏の夜の夢』序曲は、ウェーバーがロンドンで彼の最後のオペラ『オーベロン』を完成したちょうどその頃に作曲されている。メンデルスゾーンの序曲の第二主題は、『オーベロン』の人魚の歌に酷似しているが、これは早すぎる死を遂げたドイツ・ロマン派オペラの創始者へささげる賛辞だったのだろう。ウェーバーより十二歳ほど年下のシューベルトも、『魔弾の射手』を耳にしていたかもしれないし、ましてやウィーンで演奏された『オイリュアンテ』については聴いていた可能性が高い。もっとも、オーケストラの響かせ方について、彼がウェーバーから影響を受けたかどうか、そして受けたとしてもそれをどの程度参考にしたのかについては、よくわかっていない。シューベルトのオーケストラ作品は生前に作曲者の前で演奏される機会がなく、死後何年も経ってからやっと演奏された。それらは言ってみれば自らの胸の内を明かすような、親密な雰囲気を持つ作品であり、同時代の作曲家たちに影響を与えなかった。シューベルトの死から十年後にハ長調交響曲を発見したシューマンは、シューベルトのオーケストラ手法から学んだ最初の作曲家だが、そのシューマンでさえ、未完成のロ短調交響曲については何も知らなかった。未完成交響曲が初めて演奏されたのはそれからさらに三十年近く経った一八六五年のことである。

3

ウェーバーのオーケストラを古典派のものと比べたとき、もっとも違いが際立つ点、それは、オーケストラをひとつの楽器として響かせようとする傾向があったベートーヴェンに対して、ウェーバーが一定の楽器を協奏曲の独奏楽器のように扱ったことである。後世の私たちの耳には、彼が古い時代の楽器の使い方に戻ろうとしているように聞こえる。ウェーバーは、ベートーヴェンのようにオーケストラからひとつに融合した音色を引き出そうとはしなかった。楽器の音色をよく研究したうえで、ソロとして扱った場合にのみ得られる演奏効果を強調したり、ヴィルトゥオーゾ並みのテクニックを要求したりして、一定の楽器に新たな重要性を与えた。ヴィオラやクラリネット、オーボエ、ホルンといった、それまであまり顧みられなかった楽器に注目が集まるよう仕向けたのである。『魔弾の射手』ではヴィオラのために高度なテクニックを必要とするソロを書いているし、さらにエンヒェンが「お化けの正体は番犬ネロだった」というユーモラスな歌を披露する場面では、オーボエにも同様のソロを用意した。また、『オイリュアンテ』序曲のゆったりとした中間部や『魔弾の射手』の「狼谷」の場では、ヴィオラのトレモロや低い音域での持続音が、印象的な効果を生み出している。さらにウェーバーは当時名手として有名だったベールマンのために曲を書いた経験から、クラリネットという楽器を熟知していた。そのため、『魔弾の射手』序曲の中程で変ホ長調に転調する有名な部分では、クラリネットの歌う能力を十分に発揮させ、それまで聴いたことのないようなソロイスティックな輝きを引き出している。ウェーバーは、クラリネットの低音域が持つ、とりわけ神秘的な響きの魅力を発見した最初の作曲家でもあった。「狼谷」の冒頭部分では、トロンボーンとクラリネットの低音、それにヴァイオリンとヴィオラによる暗い音色のトレモロを重ねて、嬰ヘ短調の和音をピアニッシモで響かせている。これなどは、楽器の組み合わせとしてまったく斬新かつ大胆なやり方であり、不気味な情景から受ける印象が和音の暗い音色によって見事に表現されている。また、カスパルの名アリア「静かに、黙ってろ」で、ティンパニとホルンの低音が一斉に「D（ニ）」の音を奏でる部分を聴けば、ホルンの低音でも同じような効果を出せることがわかる。それとは逆に、カスパルの邪悪な性格が明らかになる「酒盛りの歌」では、ふたつのピッコロの非常に高い音によって、同じように聴き手をどきどきさせるような効果が生み出されている。

　こうした例を見ていると、ウェーバーが極端に高い音や低い音を好んで求めているように聞こえるかもしれない。事実彼は楽器にぎりぎりの音域で演奏させ、性格的な音色を引き出すことで、新たな演奏効果を多数見いだした。高音と低音のコントラストの強調から生まれる演奏効果は、ウェーバーの歌劇の筋書きが持つ雰囲気とよく一致した。彼のオペラはいつもおとぎ話や伝説に基づいていて、幽霊、良い守護霊と邪悪な守護霊などが登場して、人間を守ったり、窮地に陥れたり、あるいはその運命を左右したりする。楽器の超高音や超低音は、こうした超自然的な存在が出現する場面にぴったりの響きを持っていた。

　ウェーバーはまた楽器を使って牧歌的な雰囲気を醸す術を心得ていた。『魔弾の射手』序曲冒頭のホルンによる四重奏は、そうした意味で、この楽器の音色からそれまでは知られていなかった活用法を見いだしたものである。そのため大きな変化が起きた。ベートーヴェンにとってホルンは英雄的な響きを持つ楽器であり、そのため『英雄』交響曲、『エグモント』序曲をはじめ、あらゆる場所で英雄的な使い方をした。ウェーバーの頭の中では、楽器と曲のアイデアが今までとは違う結びつき方をしたようだ。彼にとってホルンの響きは森を、そして広い意味では自然そのものを象徴していた。ホルンは狩人の楽器であり、『魔弾の射手』序曲の冒頭を聴けば、それが森の雰囲気を表わしていることに疑問を抱く人間はひとりもいないだろう。こうした印象をもたらしているのはホルンの四重奏の独特な響きであり、それがあまりに強い印象を残すので、のちに歌われる狩人の合唱もホルンの四重奏で始まる。ホルンの四重奏がこれほど印象的なのは、ひょっとすると当時ホルンには出せる音や音の出し方に制約があり、おのずと自然倍音が強調されたという事情もあるのかもしれない。いずれにしても、ホルンの四重奏と男声合唱は相性が良いが、それはそれぞれがお互いの特徴を増幅し合い、どちらも自然との直接の結びつきを具体化しているからである。『オイリュアンテ』に登場するホルンも同じだ。また『オーベロン』では、主人公が吹き鳴らすホルンが序曲の冒頭から全編にわたって聞こえてくる。その音は言わば魔法の公式のようなもので、妖精の世界のドアを開けるとともに、オペラに登場するすべての精霊たちを呼び寄せる声なのである。

新たに登場したロマン派のオーケストラは、各楽器から生き生きとした表情を引き出すため、さまざまな試みを行なった。管楽器――特にフルート、クラリネット、ホルン――の最高音や最低音がよく使われるようになり、使用音域が拡大した。神秘的な雰囲気を醸し出すためにトロンボーンが今まで以上に用いられるようになった。さらに、自然らしさ、または自然の力を象徴するためにホルンが多用されるようになった。そして、オーケストラの楽器は、音を奏でるという基本的な機能に加え、詩的な意味を持つようになった。つまり魔法の世界の具現化である。これはいくつかの楽器の個性的な音色が混じり合うと、有機的なつながりを感じさせる独特な響きが新たに生まれるという性質を利用したものだ。主題の展開に基づく形式は維持されたが、それは全体の枠組みを提供するだけになった。響きの雰囲気が生みだす音の幻想が、従来とは決定的な違いを持つ演奏効果をもたらしたのである。「音楽は古典的な形式の持つ芸術的客観性を失い、音色というキラキラと輝く実体なき世界へと運ばれていった」とでも表現すればよいだろうか。このふたつの世界の違いは、美術で言うならば、彫刻と絵画に例えられるかもしれない。

　この新しい世界で、もっとも重要な地位を占めたのはもちろん管楽器だが、弦楽器ものけ者にされたわけではなかった。弦楽器のミュート（弱音器）について言えば、アルチェステが死者の国へと向かう場面などで、グルックが使った例が若干あるとはいえ、一般的な古典派のオーケストラでは使われなかった。ウェーバーは、『オイリュアンテ』の亡霊が現われるシーン――この音楽は序曲の中間部にも引用されている――や、『オーベロン』序曲冒頭で妖精の国の存在が暗示される部分において、神秘的な効果を出すための切り札としてミュートを利用した。ウェーバーはまた弦楽器の補強も行なった。ただしこれは数を増やしたということではなく、第一、第二ヴァイオリンをさらにこまかく分割したり、ヴィオラをふたつのグループに分けたりしたのである。過去にはケルビーニがチェロのパートを四部に分けた例がある。また、微妙な陰影の移り変わりを表現するための手法を追い求め、楽器の組み合わせをめまぐるしく変えつつ、その音色をこまかく重ねることで可能にした。しかしその一方で、光り輝くように明るい音色を強調するのを忘れなかった。それを可能にしたのはおもにヴァイオリンで、『魔弾の射手』『オイリュアンテ』『オーベロン』の各序曲では、ヴァイオリンを使って、すばらしく活気のある音楽をつくりだしている。三つの序曲はこうした手法を用いたせいで、オーケストラに大変な名人芸を要求する作品となり、輝かしさという点ではベートーヴェンの序曲をもしのぐ仕上がりになっている。

ウェーバーのオーケストラでは、色彩の効果という詩的な要素を、デュナーミク重視の器楽の世界へと入り込ませることで、ロマン派的な考え方とそれまで理想とされてきた器楽語法の融合が図られた。その結果、非現実性、つまりは幻想的な物語が重要なテーマとなり、器楽は想像の世界を表現する手段となったのである。

若い頃に交響曲やソナタをいくつか書いたとはいえ、ウェーバーが何よりもオペラの世界で自分に課せられた仕事を発見したという事実はなんとも特徴的だ。劇的な要素とその雰囲気が彼に必要な刺激を与えたのだ。刺激を受けたウェーバーは、音色を重視するロマン派の語法を自在に駆使できるオーケストラをつくりあげた。そのため彼のオーケストラは現在にいたるまで、この種の音楽表現を目指す際の手本になっている。ウェーバーはまた、自分の意図を明確にするため、最終段階で現実的な手段に訴えた。『魔弾の射手』の狩猟の場面では、鎖がガチャガチャいう音や鞭のピシッと鳴る音、馬が足を踏みならす音やいななき、犬の吠える声などを付け加えた。視覚的効果とあわせて採用されたこの種の聴覚的効果を担当したのはオーケストラだった。非現実世界という前提を基本としながら、その範囲内でウェーバーは徹底的にリアルな効果を追い求めたのである。ウェーバーの姿勢は、『ローエングリン』や『ヴァルキューレ』の「騎行」のシーンなどで、馬の駆ける音を再現することに特別な執念を燃やした彼の後継者、ワーグナーを思い起こさせる。

こうした写実的な手法の先に、ロマン派的なアイデアの行き着く先が見えてくる。それは非現実が現実に取って代わることだ。魔法の世界という枠組みは物語全体に圧倒的な力を及ぼすため、すべてをこれに合わせねばならない。したがって夢のようなアイデアだけが残り、現実は幻のように消え去るしかなかった。

4

オペラは非現実世界への道をひたすらたどり続ける運命にあった。その際、もっとも重要な役割を担ったのがオーケストラであり、オーケストラはオペラにとっては手放せないガイドとなった。しかしその一方でオーケストラはオペラからの刺激に頼らず独力で変化を遂げ、ベートーヴェンのデュナーミクが支配する世界に背を向け始めた。詩的な発想が器楽的な表現法と結びついた結果、音色の効果が注目を集めるようになり、その影響はオペラほどではないにせよ、オーケストラ曲へも波及した。数々のソナタや八つの交響曲を作曲したとき、シューベルトが手本としたのは、曲の構造においても、また曲づくりに対する考え方においても、ベートーヴェンがつくりあげたモデルではなかった。そこにはもはや、ダイナミックなものへの欲求に従って論理的に主題労作を行なったり、オーケストラの楽器から一体となった響きを引き出そうとしたりする意図は見られない。新たに生まれたロマン派の交響曲の構造はゆるやかで、主題の展開がクライマックスをかたちづくることもなくなった。曲はある意味幻想の世界を再現するための手段であり、それはハーモニーの変化や楽器の音色の変化によって実現される。そこでは、ハーモニーそのものが音色の変化を生み出す手段だと見なされた。長調から短調への微妙な変化、そして急降下する低音部が、聴衆の目の前に新たな景色を映し出した。シューベルトが曲の中で突如違う表情を見せるためにしばしば利用したのが半音階的転調であり、これは聴衆にとって驚き以外の何物でもなかった。

半音階的転調は事実シューベルトお気に入りの作曲技法だった。彼の主題は、未完成のロ短調交響曲や偉大なハ長調交響曲の主題を思い浮かべればわかるとおり、最初に現われた瞬間から完成している。それは叙情的な歌のメロディーであり、シンフォニックな力強さは持ち合わせていない。シューベルトの旋律に必要なのは繰り返しであって、展開ではない。そしてその繰り返しは、シンフォニックなエネルギーがあたかもそこに存在するような幻想を呼び覚ます。

それを可能にするため、シューベルトはウェーバーと同じく、木管楽器とホルン、神秘的なトロンボーンの低音、そして弦楽器のすばやい動きによる輝かしい音色を好んだ。ハ長調交響曲はホルンの旋律で始まり、ハ長調とロ短調のふたつの交響曲で緩徐楽章を支配するのは、常に表情を変化させながら歌を紡ぐ木管楽器である。未完成交響曲の冒頭部分は、聴き手に特に強烈な印象を与える。そこはかとない不安を感じさせる主題が低弦とささやくようなヴァイオリンによって奏でられ、その上を木管楽器が次々と入れ替わりながら哀愁に満ちた響きを重ねるのだ。このような音楽はそれ以前には例がなかった。オーケストラに実際に接する機会が非常に少なく、しかも自分のすぐれた交響曲を実際に耳にできなかったシューベルトがこれをやり遂げたというのは、実に驚くべきことである。彼は想像力だけを頼りにこのような響きをオーケストラから引き出して見せた。その際、ピアノの演奏技法をある程度参考にしたのは間違いない。特に未完成交響曲の第二楽章で、シンコペーションが弱まりを見せるなか、木管楽器の歌に弦楽器が寄り添うところなどは、ダンパーペダルを踏んだときの効果に似ている。ピアノの影響が表われているのは、シューベルトのオーケストラ曲だけではない。シューマンの場合もピアノ奏法が大きく影響している。ピアノの演奏スタイルの発展にともなって、こうした傾向はますます強くなり、ピアノでもオーケストラ同様、テクニックとハーモニーによって音色の効果を強調するようになった。

シューベルトはオーケストラの使い方を実践的に身につけたわけではなく、頭の中で考え出した。そこには革新的な技術や実験的な楽器用法は見られない。聞こえてくるのは、リリカルなハーモニーである。ハーモニーは際限なく広がり、そこから互いに関連性のない複数の主題、というよりはむしろメロディーが、ぼんやりと現われる。シューベルトのオーケストラは、ウェーバーのオーケストラ同様、考えようによっては機能面で前の時代に戻っている。人によっては、それは崩壊の過程の始まりであり、「ベートーヴェンが自らの観念や感情を、高度にモデル化された揺るぎない構造とともに表現したのに対して、シューベルトはロマン派の多彩な音色のパレットから、音色変化のさまざまな可能性を引き出して、ムードや感覚を、あいまいに揺れ動く表情とともに表現した」と言うかもしれない。このような流れは、ロマン派初期の作曲家たちの精神構造に共通する特徴である。彼らは心の中で、明瞭から不明瞭へ、昼の光からたそがれへ、芸術としての客観性の獲得からその喪失へ、というようにすべての面でデクレッシェンドする（弱まっていく）ものを求めた。こうした傾向は音楽の分野に見られるが、他の芸術分野ではそれほど顕著ではない。この時代の作曲家はもっとも重要な作品を生涯の早い時期に作曲している。ウェーバーは四十歳近くまで生きるのが精一杯だった。シューベルトは三十一歳で世を去り、シューマンは四十四歳の時に精神に異常をきたした。デクレッシェンドな方向性は、彼らの創作を支配する原則に、作品のあり方に、そして作曲家の個人的な運命にさえ、はっきりと表われている。

偉大な古典派の伝統とそれを解体しつつあったロマン派の幻想とのあいだでうまくバランスを取ったのは、フェリックス・メンデルスゾーンただひとりだったようである。彼もまた早熟で、短命だった。最初の重要な作品である『真夏の夜の夢』序曲を作曲したのは一八二六年、十七歳の時だ。そして三十九歳でその生涯を閉じた。彼は、この世代のロマン派の作曲家のなかでオペラを書くことに興味を示さなかった（劇や物語への「付随音楽」はまた別の話だ）唯一の人物だが、作曲を始めた当初からピアノ曲やオーケストラ曲を中心に器楽の発展に貢献した。彼に霊感を与えたのは言葉ではなく、詩的な雰囲気であった。それは彼が自作のピアノの小品集につけた、『言葉のない歌（無言歌）』という有名なタイトルを見ればよくわかる。

彼の器楽曲は「言葉を持たない音楽による詩」と呼んでかまわないだろう。シューベルトの器楽作品に比べると、明確で客観的な姿勢が保たれている。シューベルトのものは深みのある感情表現や豊かな想像力という点ではよりすぐれているが、あいまいなところのない理知的なスタイルの音楽という意味ではメンデルスゾーンのレベルには達していない。詩的な想像力、ロマンティックでやさしい雰囲気、そして形式に対する造詣の深さによって、メンデルスゾーンはロマン派を代表する作曲家のひとりでありながら、演奏効果を誇張したり、形式をゆるやかにしたりする方向へと傾くことはなかった。常に古典派の伝統に忠実で、そこに新しく音楽の詩的な解釈をもちこんだ。そのインスピレーションの源はおもに、風景から受ける印象（『フィンガルの洞窟（ヘブリディーズ諸島）』序曲）、民謡（『イタリア』『スコットランド』といった交響曲）、伝説（『美しいメルジーネの物語』序曲）、あるいは戯曲（『真夏の夜の夢』序曲）だった。

「メンデルスゾーンの後期の作品は若き日の名曲のヴァリエーションにすぎない」、「高い水準を保つ作品とは言えない」、「彼は天賦の才能を初期の偉大な作品で使い切った」と言ってしまっては作曲家に対して少々手厳しすぎるだろう。とはいえ、初期の作品には彼の作曲家としての個性がすべてはっきりと刻印されており、芸術家としてのエッセンスがすべて含まれていることも確かである。その後の作品が、特定のジャンルでより高い完成度を見せていたとしても、本質的な部分で創作力が向上しているとは思えない。

事実十七歳で彼が書いた序曲『真夏の夜の夢』は、その最初のいくつかの音符だけで新しい魔法の領域を切り開いたと言ってよいだろう。冒頭の引き伸ばされた長めの和音を奏でるのは二本のフルートだ。なんと独創的な始まり方だろうか。ふたつ目の和音にはクラリネットが加わり、楽器の種類が増えていくが、導入部は四つの和音だけである。このように魅力的な前奏を持つオーケストラ曲はそれまで書かれなかった。まことに魅力的である。ウェーバーの曲を聴いた直後であったとしても、おそろしく斬新なインスピレーションを感じさせる作品だと思うに違いない。この四つの和音で、タイテーニアが目覚め、妖精の王国の魔力がすべて解き放たれる。音楽は素朴かつ自然に進行し、どこか見えないところで踊る妖精たちのブンブンという羽音が低く、ソフトに響いたと思うと、それが徐々に大きくなる。「あれはブヨの羽音であって、妖精ではない。ウェーバーのオーベロンを聴いてみたまえ。あれこそが本当の妖精の羽の音だ」とワーグナーは言う。確かにふたつの音楽には違いがある。しかし、だからといってメンデルスゾーンの音楽のほうが劣っているわけではない。ウェーバーがオペラを書いたのに対して、メンデルスゾーンが書いたのは交響的な序曲である。したがってウェーバーの場合はより実在感のある曲に仕上がっていて、メンデルスゾーンの場合は気品のある曲になっている。どちらも自分に課せられた仕事をこなしたまでだ。第一、どんな芸術であっても、何かを表現する際に、実現可能な方法がひとつしかないなどということはありえない。

この不朽の名曲を耳にする人はみな、目の前に劇中のさまざまなシーンが浮かんでくるような気がするに違いない。シーシュース公の宮廷や機屋のボトム、踊る道化たち。そしてオーベロンの別れの言葉がよみがえり、それはロマン派オペラの尊敬すべき創始者であるウェーバーに対する、若きメンデルスゾーンの感謝を込めた別れの言葉だと思えてくる。何よりも称賛に値するのは、演劇的な要素を含むさまざまなアイデアを、メンデルスゾーンが器楽の形式にすっきり納めて見せたことだ。シェイクスピアの戯曲の内容をすべて曲の進行によって表わすのではなく、オーケストラの多彩な音色を用い、純粋に器楽的な手法によって表現している。導入部での木管のハーモニーがその一例だ。ときには賑やかなピッツィカートを挿入しながら、弦楽器のパートをこまかく分け、幾層にも重ねることもある。繰り返しでは、オフィクレイドを含むいくつかの楽器の低音によって、亡霊のつぶやきのような効果を出している。弦楽パートがこのように細分化されたのは初めてではないが、作品の主題を扱う中心的な部分で、これほど印象的に使われた例はない。その意味で革新的だと言ってよいだろう。

しかしメンデルスゾーンがこのように神秘的な効果を打ち出すのは実は非常に珍しい。超自然的な要素は、通常彼の曲の構想には入り込んでこない。淡い色彩を好むため、それにふさわしい音色を持つ木管とホルンの重要性が増した。序曲より何年もあとに書かれた『真夏の夜の夢』の他の曲が、こうした傾向を物語っている。木管が飛び跳ねるようなスケルツォ、ホルンがメロディーを奏でるノクターン――これも森の象徴としてのホルンを使ったウェーバーを思い出させる――などが例として挙げられる。『フィンガルの洞窟』『美しいメルジーネの物語』『海の静けさと幸ある航海』の各序曲でも、オーケストラの印象的な使い方を耳にできる。メンデルスゾーンはフルートを特に好み、しばしば木管の中心的楽器としてソロ風に扱っている。彼のオーケストラのトゥッティ（総奏）はどちらかというと軽めだが、これは金管の使い方が控えめであったためだ。彼は力強さを前面に押し出すのを嫌い、淡い色合いを好んだ。有名な「結婚行進曲」のように金管群がオーケストラの中心にあって全体をリードするような音楽は例外である。

　メンデルスゾーンはウェーバーのような大胆で筋金入りの独創的な作曲家ではなかったが、これまで述べた事実から、非常に器用で、音色の効果と楽器の技術的な潜在能力について、実践的で深い知識を身につけていたことがわかる。

　この知識のあるなしが、メンデルスゾーンとシューマンの違いを際立たせている。シューマンもまた器楽における詩的要素の重要性をよく心得ていた。しかし、それが伝わってくるのは、ハ長調交響曲（第二番）の第三楽章で耳にする、悲しげに歌うオーボエやトリルを奏でながら下降するヴァイオリンのような、いかにもシューマン的な表現が聴かれる瞬間に限られる。また、変ロ長調交響曲（第一番）のトランペットの呼び掛けや同じ曲のフィナーレの陽気なフルートについては、彼の頭の中に実際に浮かんできたフレーズに違いない。だがシューマンは基本的に「オーケストレーション」、つまり頭に浮かんだ抽象的な音のアイデアを一定の楽器によるフレーズと結びつけて全曲のスケッチをつくり、それをあとでオーケストラのスコアにするという創作法を行なった最初の作曲家のひとりである。

　シューマンは常にピアノをベースに曲を考えていたので、交響曲を書くようになってもピアノの音が頭を離れなかった。これはウェーバーとは正反対で、ウェーバーのピアノ曲はオーケストラ曲のため

白水 図書案内
No.918／2022-2月　令和4年2月1日発行

白水社 101-0052 東京都千代田区神田小川町 3-24／振替 00190-5-33228／tel. 03-3291-7811
www.hakusuisha.co.jp/ ●表示価格は消費税 10%が加算された税込価格です。。

FTAの基礎と実践
――賢く活用するための手引き

ジェトロ海外調査部
伊藤博敏・朝倉啓介・吾郷伊都子［編著］
A5判■3300円

FTAの意義や歴史的変遷をおさえ、市場アクセスとビジネス・ルールの両面から、協定の活用方法、制度実態を解説するガイドブック。

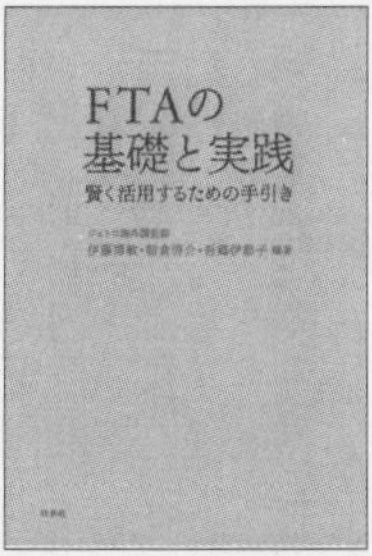

ノブレス・オブリージュ イギリスの上流階級

新井潤美
四六判■2420円

複雑な称号の体系、後継ぎと他の子供それぞれの苦労など、「イギリス人にとってのアッパー・クラス」の背景事情をわかりやすく解説。

メールマガジン『月刊白水社』配信中

登録手続きは小社ホームページ www.hakusuisha.co.jp/ の登録フォームでお願いします。

新刊情報やトピックスから、著者・編集者の言葉、さまざまな読み物まで、白水社の本に興味をお持ちの方には必ず役立つ楽しい情報をお届けします。（「まぐまぐ」の配信システムを使った無料のメールマガジンです。）

チェルノブイリ

——「平和の原子力」の闇

アダム・ヒギンボタム［松島芳彦訳］

「チェルノブイリ後」、そして「フクシマ後」を生きる試練とは？　体制のあり方に事故の深層を探り、未曾有の災厄の全体像に迫る！

（2月下旬刊）四六判■5720円

アジアの脱植民地化と体制変動

——民主制と独裁の歴史的起源

粕谷祐子［編］

なぜ、アジアには民主制と独裁が混在しているのか？　17カ国の脱植民地化・脱占領の過程に着目し、解明した記念碑的著作。

（2月下旬刊）四六判■4180円

ヴェルサイユ宮殿に暮らす［新装版］

——優雅で悲惨な宮廷生活

ウィリアム・リッチー・ニュートン［北浦春香訳］

18世紀、豪華絢爛なヴェルサイユ宮殿には、王を頂点に千人以上がひしめきあって暮らしていた。雅びにみえる

新刊

「その他の外国文学」の翻訳者

白水社編集部［編］

翻訳大国日本において「その他」とくくられる言語がある。学習者の少ない言語をあえて学び、広める翻訳者に「その他」の深さを尋ねる。

（2月中旬刊）四六判■2090円

日本でわたしも考えた

——インド人ジャーナリストが体感した禅とトイレと温泉と

パーラヴィ・アイヤール［笠井亮平訳］

4年に及ぶ東京暮らしのなかで、インド人作家が驚愕と新発見の日常に溶け込んでいく自身の姿を描いたユーモアあふれる日本滞在記。

（2月下旬刊）四六判■2530円

エクス・リブリス

ケンジントン公園

ロドリゴ・フレサン［内田兆史訳］

『ピーター・パン』の作者J・M・バリー×「スウィンギング・ロンドン」＝？　十五か国で翻訳されたアルゼ

李先生の中国語ライブ授業 1 入門クラス

李軼倫

先生と生徒の会話で進む、すいすい読める入門書。発音も文法も、よくある質問に答えながら、わかりづらいところを丁寧に解説します。
《音声ダウンロード》

（2月下旬刊）A5判■1980円

アラビア語文法ハンドブック ［増補新版］

新妻仁一

アラビア語学習の基本図書がさらにパワーアップ。アラビア語の文法用語や索引を新たに加え、最新の知見をもとにしたコラム多数掲載。

（2月下旬刊）A5判■4840円

フラ語動詞、こんなにわかっていいかしら？ ［増補新版］

清岡智比古

動詞活用はフクザツ……そこで、大胆不敵なオール読みがな付き！ 音源もあって楽々覚えられます。動詞ドリル100題もプラス！
《音声ダウンロード》

A5判■1760円

ラ語ボキャブラ、単語王とはおこがましい！ ［増補新版］

岡智比古

BT、SDGs、SNS用語などなど、〈イマ〉と〈セカイ〉を語れる語彙もたっ
プラス！ これであなたも「単語王」！
声ダウンロード》

A5判■2090円

国語検定対策４級問題集 ［三訂版］

洋雄編著

問を分析し、狙われやすいポイントを解説。文法項目ごとに要点を整
練習問題で実戦力を養います。模擬試験・単語リスト付。

A5判■1980円

ランス語・フランス語圏文化をお伝えする唯一の総合月刊誌

らんす

2／23頃刊） ■760円

なるフランス語の地域言語

フランスではフランス語のほかに、各地域でさまざまな言語が響きわたっています。そのなかから、今回の3月号特集ではアルザス語、オクシタン語、コルシカ語、バスク語、ブレイス語を取り上げます。それぞれのことばの魅力をぜひこの機会に堪能してみてください。もっと言葉を！

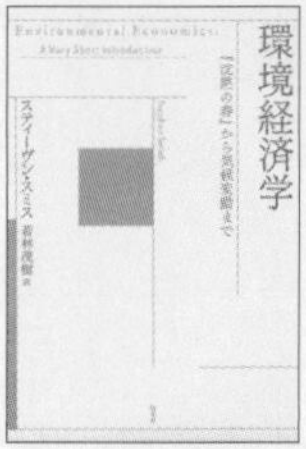

環境経済学

『沈黙の春』から気候変動まで

スティーヴン・スミス 若林茂樹訳

「コースの定理」はじめ環境問題に効率的に迫る経済学説とは？ 排出量取引や課税など政策的選択肢は？ 基礎概念をわかりやすく解説。

四六判■2090円

破綻の戦略

私のアフガニスタン現代史

髙橋博史

ソ連のアフガン侵攻前夜から中村哲氏との親交に至るまで、現地の人びとと膝をつき合わせてきた元大使による異色のドキュメント。

四六判■2090円

ヒトラーと海外メディア

独裁成立期の駐在記者たち

ダニエル・シュネーデルマン 吉田恒雄訳

1933年、欧米民主国のベルリン駐在記者たちは、ナチ台頭とユダヤ人迫害をいかに報道したのか？ 仏のジャーナリストによる警鐘の書。

四六判■5280円

忘却の野に春を想う

姜 信子・山内明美

朝鮮からのコメ難民の末裔である姜信子と、南三陸のコメ農家に生まれ、東北が負った深い傷を見つめ続ける歴史社会学者・山内明美による、近代を問い、命を語る往復書簡。

四六判■2420円

次なるパンデミックを防

——反科学の時代におけるワクチン外交

ピーター・J・ホッテズ〔詫摩佳代訳〕

紛争から気候変動まで、パンデミックの背景にある国際政治の歪みをワクチン外交の提唱者が浮き彫りにするポスト・コロナの基本図書。

四六判■2420円

戦争記念碑は物語る

——第二次世界大戦の記憶に囚われて

キース・ロウ〔田中 直訳〕

世界各地の25の戦争記念碑を「英雄」「犠牲者」「モンスター」「破壊」「再生」に分類して、歴史の表象とその変化や議論を考察する。

四六判■3520円

羊皮紙に眠る文字たち再入門

黒田龍之助

ロシア語などで使われるキリル文字。このあまり知られていない不思議な文字の歴史を探りながら、にぎやかで魅力的な世界を味わう。

四六判■2640円

ヒュパティア

——後期ローマ帝国の女性知識人

エドワード・J・ワッツ〔中西恭子訳〕

優れた数学者・哲学者として弟子から政界と宗教界に要人を輩出しつつも、政治的対立に巻き込まれ非業の死を遂げた女性の、伝説と実像。

四六判■3960円

鶴屋南北未刊作品集

第二巻　鶴屋南北篇

古井戸秀夫〔編〕

南北襲名の還暦前後、新境地を切り開く綯い交ぜの世界が繰り広げられる、円熟の未刊作品群。悪の華に満ち溢れた得意の劇作術が展開。

A5判■28600円

ナチ・ドイツの終焉 1944―45

イアン・カーショー〔宮下嶺夫訳　小原 淳解説〕

敗戦必至の第三帝国はなぜ降伏せず、全面的に破壊されるまで戦い続けたのか？　ヒトラーのカリスマ的支配の構造と人々の心性を究明。

四六判■6820円

好評既刊

イラン・イ

少女バハールの語りで

術的リアリズムの傑作長篇。

四六

清

LC

ぷ

《音

中

伊藤

過去

理し、

《CD付

ふ

3月号

特集◆多

新訳ベケット戯曲全集3 フィルム

——映画・ラジオ・テレビ作品集

サミュエル・ベケット

岡室美奈子・長島確・木内久美子・久米宗隆・鈴木哲平訳

喜劇王キートンが主演した表題作、本邦初訳「なつかしい曲」、TVドラマ「クワッド」など13篇。幽玄夢幻の、絵になる「放送劇」。

四六判■5170円

白水Uブックス238

年月日

閻連科〔谷川 毅訳〕

千年に一度の大日照りの年。一本のトウモロコシの苗を守るため、村に残った老人と盲目の犬が、命をつなぐために選んだ驚くべき手段とは――

新書判■1430円

文庫クセジュ1050

ショアの100語

タル・ブリュットマン、クリストフ・タリコヌ〔宇京頼三訳〕

ショア、ホロコースト、ジェノサイド、これらにはどのような違いがあるのか。出来事、概念、場所、人物、作戦など一〇〇の用語を解説。

新書判■1320円

文庫クセジュ1048

オリンピック100話

ムスタファ・ケスス〔芦立一義訳〕

古代ギリシアに始まり一五〇〇年もの時を経て近代に甦ったオリンピック。人物、出来事、技術、経済など、過去に遡ることで今を見つめ直す。

新書判■1320円

シュリーマン〔新装版〕

——トロイア発掘者の生涯

エーミール・ルートヴィヒ〔秋山英夫訳〕

巨万の富と、黄金を手に！　ホメロス時代の遺跡発掘に成功した「考古学者」の全生涯。家族の資料提供にもとづく、決定版の伝記。

A5変型■3960円

のスケッチのように聞こえる。ベルリオーズがオーケストレーションした「舞踏への勧誘」が、ウェーバー自身のピアノ原曲よりもずっとオリジナルらしく聞こえるのはその一例だ。ピアノでつくった曲をオーケストラに移し替える際、シューマンは往々にしてびっくりするような工夫を凝らしている。彼の作品のあちこちには、オーケストレーションに関する真に独創的なアイデアが隠されているのだが、彼にはもともとオーケストラの特性に関する直感的なセンスが完全に欠けていた。シューマンも他の作曲家のスコアを見れば、そうした特性にすぐ気づいたに違いないが、自作にそれを取り込み、正しく機能するよう整えるといった作業は、作曲家としてのシューマンの手に余るものだった。

6

こうした事情から、オーケストラ曲をつくるうえでも、またそれを実際に演奏する場合も、さまざまな楽器の音をひとつにまとめる能力が、ますます求められるようになってきた。本書でも見てきたように、それまでアマチュア音楽家とプロの音楽家が一緒に演奏してきたドイツのオーケストラは、ベートーヴェンの時代以降、作品がより高い水準の演奏を求めたという事情もあり、プロのオーケストラへと変身を遂げた。しかし、それぞれの楽器のスペシャリストが集うオーケストラをつくるだけでは十分ではなかった。それを導く人間が必要だったのである。演奏会でのオーケストラのおもな任務が、一斉にリズムを刻み、正しいタイミングで演奏に入り、奏でる音に比較的単純な強弱をつけるだけであれば、初期の指揮法で事足りた。ご存知のとおりハイドンは、アイゼンシュタットではコンサートマスターの席から、そしてロンドンではチェンバロの前に座って指揮をした。しかしながら、デュナーミクの変化がよりこまかくなり、特に楽器の音色の扱いが重視されるようになると、指揮者とチェンバロ奏者の役割の分離は避けられないものとなった。デュナーミクと音色のバランスをコントロールし、どんどん複雑化するリズムを正確に刻み、作曲家の指示に沿って正しい演奏をしようとすれば、演奏全般に責任を持つ人物が必要となったのである。

　この分野でも手本を示したのはウェーバーだった。彼は現代的な意味におけるドイツのオペラ指揮者第一号であり、ピアノの前に座らずに、丸めた紙を手に指揮をした。そしてテンポを刻むだけでは満足せず、演奏全体のリーダーシップをとろうとした。こうして自らを演奏の中心に置く、新たなタイプの指揮者が誕生したのである。彼はまた音楽の再現という仕事に加え、新聞紙上に大衆向けの広告や楽曲解説を載せ、賛成か反対かという論陣を張り、一般聴衆を教育して彼らの鑑賞力を鍛えるために、各種の宣伝活動を行なった。こうした彼の教育的な仕事はあらゆる分野に及んだが、特にオーケストラに関連する分野で大きな成果を生み出した。

　丸めた紙を振って指示を出すウェーバーの新しい指揮法はすばやく広まった。シュポーアは自伝の中で、ロンドンで指揮棒を使って指揮をした際、聴衆から驚きの声が上がったという話を披露している。革新的といっても、このやり方はドンドンと床をたたいてリズムを刻んだリュリの指揮法をおとなしくして、雑音から解放しただけの話であり、実際にはフランス流指揮法の当然の帰結である。

　専制的なリーダーが指揮するフランスの流儀は、オーケストラの規律向上につながったため、他の国々のオーケストラへも広まっていった。メンデルスゾーン、そしてその数年後にはワーグナーが、アブネックの指揮する「パリ音楽院演奏会」でフランス風のオーケストラ演奏法をじっくりと研究する機会を得た。ふたりはベートーヴェンやロマン派のオーケストラ作品の要求に応えるべく、フランスの伝

丸めた紙で指揮をするウェーバー。

統的な指揮法を取り入れた。その早すぎる死ゆえに、ドイツ・オペラで手本となったウェーバーの改革は道半ばだったが、メンデルスゾーンがその意志を受け継ぎ、コンサート・オーケストラに応用した。

ライプツィヒ・ゲヴァントハウスでコンサートの指揮を任されたメンデルスゾーンは、ロマン派の楽曲の新たな要求に応えられるよう、フランス流の訓練を取り入れて、オーケストラに広範な教育を施した。必要なのは、身振り手振りによってより詳しい指示を与えるための技法だった。つまり、単に楽器の「入り」を指示するだけでなく、デュナーミクや楽器間のバランス調整によって音色の変化を指示して、作曲家の意図を十全に実現できるよう演奏の質を高めるための技術である。ピアニストがピアノを弾くように、あるいはオルガニストがオルガンを弾くように、オーケストラにおいては指揮者の棒の下で、たくさんの奏者の奏でる音がひとつの楽器のように響かなければならない。

さまざまな試みを経て、オーケストラに関する新たな秩序が生まれた。従来も一定の秩序はあったが、今回は曲作りにかかわるものではなく、曲の演奏にかかわるものが中心だった。秩序をもたらしたのは、民主主義でもなければ、ましてや合理主義でもなく、指揮者という名の権威に基づく個人の意志である。個々の奏者は演奏を成立させるための単なる手段として奉仕し、ひとりの指揮者の前にその個性は消滅する。こうした状況は、ロマン主義的な考え方の当然の帰結であり、啓蒙主義の時代の精神的遺産を捨て、ロマン主義芸術が目標とする魔法に支配された空想の王国を実現するための決定的な第一歩となった。

その結果、芸術的な可能性は明らかに膨んだが、その一方で知的精神的な意味での独立性が決定的に失われていく過程を私たちは目にすることになる。個々の楽器は表現手段としての独自性を放棄し、オーケストラという機械の部品のひとつになった。そのオーケストラは、現実世界から目を背け、過去を、または手に入らないものをひたすら夢見る新しい文化の特性を反映するものとなった。オーケストラの音色は前述の夢がもたらす魔法の世界の幻影を映し、指揮者は超自然的な存在を音楽に移し替えた作曲家に代わって、それを実際の音にする魔法使いの役割を担ったのである。

6　ヴィルトゥオーゾ・オーケストラ
——ベルリオーズ、マイヤーベーア、リスト

1

楽器の音色を使って表現力をいちだんと高める手法がドイツでウェーバーとメンデルスゾーンによって開発され、また指揮者の権威の下でオーケストラの能力向上が図られていた頃、フランスでもオーケストラの歴史は新たな段階に入っていた。リュリの時代から、フランスはヨーロッパを代表するオーケストラ文化を持つ国であった。本書でも触れたように、フランス・オペラは劇中に数々の舞曲を挿入し、技巧的な歌唱技術を犠牲にしてドラマティックなレチタティーヴォを重視したため、イタリア・オペラ以上にオーケストラが重要な位置を占めるようになった。ラモー、グルック、グレトリー、ケルビーニ、メユールらはあらゆる策を講じてオーケストラのパワーを高めていった。ケルビーニはチェロパートを四分割し、メユールとともに劇的なクレッシェンドを序曲に導入した。メユールはとりわけホルンに興味を抱き、その数を四に増やした。彼のもっとも有名なオペラである『エジプトのジョゼフ』（一八〇七年）では、バス・テューバを採用した。メユールはそれ以外にもさまざまな実験を行なってい

て、たとえば歌劇『ユタール』（一八〇六年）ではヴァイオリンを使わず、ヴィオラを弦楽器群のトップに据えた。のちにブラームスがセレナーデ第二番で同じ試みをしている。

ナポレオン時代のフランスの代表的作曲家は、後年ベルリン宮廷オペラを率いることになる、ガスパレ・スポンティーニ（一七七四〜一八五一年）である。リュリの完璧な後継者として専制的な指揮者であったスポンティーニは、指揮のやり方が少々変わっていた。リュリのように指揮杖で床をたたいたりせず、グルックのようにチェンバロの前に座るわけでもなく、そしてウェーバーやメンデルスゾーンのように魔法の杖を振り回したりもしなかった。ワーグナーが伝えるところによると、スポンティーニは長い棒の真ん中をつかんでマーチングバンドのリーダーのように動かしたらしい。彼のオーケストラはグルックのものを基本に、金管楽器の使用頻度を増やしたものである。オペラには英雄的なマーチを基本的な素材として取り入れ、勝利の行進によるクライマックスへと突き進んだ。その影響はヴェルディの『アイーダ』に見ることができる。スポンティーニのオーケストラの軍楽隊的な性格は、ワーグナーの歌劇『リエンツィ』にも影響を与えた。『リエンツィ』はスポンティーニの『フェルナンド・コルテス（、またはメキシコの征服）』を模倣しているし、『さまよえるオランダ人』の第一稿にも影響が及んでいる。一方またスポンティーニは弦楽器の演奏に磨きをかけ、重要な場面で利用したが、特にヴィオラの音色を好み、陰鬱な場面やドラマティックなせりふを際立たせる目的でよく使った。

フランス・オペラの歴史には、絶えず重要な作曲家が登場するが、生粋のフランス人だけでなくイタリアやドイツの出身者も多かった。グルックはドイツ人、ケルビーニとスポンティーニ、ロッシーニはイタリア人である。一八二九年に初演されたロッシーニの『ギョーム・テル（ウィリアム・テル）』は、フランスのグランド・オペラのなかでももっとも広範な成功を収めたオペラである。その一年前には、オベールの『ポルティチのもの言わぬ娘』が並外れた成功を収めていたが、『テル』の初演からわずか二年後の一八三一年には、ジャコモ・マイヤーベーアが、『悪魔のロベール』で過去のいかなるオペラをも上回る大成功を勝ち取った。マイヤーベーアはドイツ人で、ウェーバーの先生でもあったアベ・フォーグラーに学んだ。フォーグラーは作曲家としての創作力はそこそこだったが、音響に関する実験や、新奇なアイデアの追求に没頭した。マイヤーベーアは当初イタリア・オペラの分野でさまざまな試みを行なったが、その後フランス・オペラに転向し、四十歳の時に『ロベール』で決定的な成功をつかんだ。その後はグランド・オペラ界のリーダーとして、『ユグノー教徒』（一八三六年）、『予言者』（一八四八年）などを発表し、その地位を不動のものとした。彼の死から一年後の一八六五年、ワーグナーの『トリスタンとイゾルデ』と同じ年に初演された『アフリカの女』は、今日でも舞台にかかることがある。

マイヤーベーアのオペラは、音楽、舞台効果、台本がいずれも見事であったため、フランスの歌劇場を席巻しただけでなく、世界中で上演された。その筋書きは、ウェーバーのドイツ・オペラとは違い、国民感情に根ざした特定の領域に限定されず、普遍的なテーマを持ち、広く人々の関心を引くような歴史的事件を扱う場合が多かった。

フランスはオペラだけでなく、管弦楽作品についても、演奏技術をはじめ、すべてにおいて高い水準を維持していた。「コンセール・スピリテュエル」を前身とする「パリ音楽院演奏会」は、オーケストラ曲の分野で新作の上演を強力に後押しした。音楽院ではハイドンやベートーヴェンの交響曲について体系的な教育が行なわれたため、その演奏は模範的な水準にあると認められていた。この時代、作曲の分野ではあまりフランス人の活躍が見られない。ル・シュウールという冒険精神に満ちあふれた作曲家が、楽器の数を増やしたり、さまざまな新機軸を打ち出したりすることで、新たな道を模索したが、さほどの成果はなかった。

2

しかしながら、ル・シュウールの弟子のなかから、それまでの先人の努力をまとめ上げ、大胆でまったく新しいタイプのフランスの交響曲をつくろうとする人物が突然現われた。ベートーヴェンの作品を手本に、新たにつくられたこの交響曲は、古典派の形式と、わかりやすい詩的発想を組み合わせた点に特徴があった。そこでは詩的な発想が、ベートーヴェンの序曲のように形式の中に織り込まれているだけでなく、形式を支配し、そして必要とあれば形式そのものを変えてしまうような力を持っていた。詩的発想は曲の進行を説明するガイドとなった。曲は交響的というよりもオペラ的な性格が強く、ドラマのようなはっきりとした筋書きを持たない代わりにこまごまとした演技の必要性から解放され、情緒的な展開のもっとも本質的な部分のみを集中的に表現することができた。「オーケストラのみによって演奏される目に見えないオペラ」というアイデアが、この新たなタイプの交響曲の中で具現化されたと言えるかもしれない。従来の標題音楽に、新たな要素が注入されたのだ。

ル・シュウールの弟子で、最初の偉大な作品『幻想交響曲』で音楽界を驚嘆させ興奮させたのは、エクトール・ベルリオーズである。彼はもともと医学生だった。先入観に惑わされずに分析を行なっていたシューマンのような高い見識を持つ批評家でさえ、この曲には驚きを隠せず、その批評の中で「夢の中で殺人を犯している主人公の頭の中をのぞき込んだ時にベルリオーズが経験したであろう愕然とした気分を、私も共有した」と記している。シューマンの分析は、この交響曲が出版されてから何年か経って発表されたものだ。作曲されたのは一八二九年、これはシューベルトの死の一年後、ベートーヴェンの死の二年後、ウェーバーの死の三年後にあたり、マイヤーベーアの『悪魔のロベール』が初演される二年前である。この事実から、十年の時が過ぎるあいだにオーケストラの発展をめぐり、いかに多くの重要な出来事が起きたかがわかるだろう。ウェーバーの主要作品が次々と書かれた一八二一〜二六年の五年間に、ベートーヴェンは第九を、シューベルトは未完成交響曲を作曲した。ウェーバーが世を去った年には、メンデルスゾーンが『真夏の夜の夢』序曲を書き、二年後にシューベルトが大ハ長調交響曲を、ベルリオーズが『幻想交響曲』を作曲する。そして一八三一年、『魔弾の射手』から十年後に、マイヤーベーアの『悪魔のロベール』が初演されたわけだ。

　オーケストラの持つ創造的な力が、いっせいに噴出したかのようだ。古典派オーケストラの完成とロマン派への変化は、ドイツとフランスでほぼ同時に起きた。それまで音楽生活の数ある要素のひとつにすぎなかったオーケストラは、わずかな年月のうちに支配的な地位にのぼり詰め、コンサートだけでなくオペラの世界で、ということは音楽界全般で、創作活動の中心となった。

　『幻想交響曲』の作曲から約十二年後、ベルリオーズはそれとはまったく異なる種類の作品を出版した。オーケストラの扱い方を体系的に論じた『近代の楽器法と管弦楽法』である。この本は彼以前の大作曲家たちの作品から多くの譜例を掲載し、楽器の使い方とオーケストラの演奏効果を高める方法について助言を与えている。ベルリオーズは、過去のオーケストラを「理想の音を実現した不滅のシンボル」と見るようなことはしなかった。オーケストラの変化は進歩であり、常に規模が拡大していく傾向にあると考えた。そのため彼が思い描く理想のオーケストラは、五〇〇人ほどの奏者に四〇〇人ほどの歌手が合唱団として加わり、総勢九〇〇人にものぼるものだった。ベルリオーズはさらにあらゆる楽器の新たなテクニックと音色、そしてその新たな組み合わせ方を追求した。同時代の作曲家のなかで彼がもっとも多くの譜例を掲載し、常に熱狂的な称賛を惜しまなかったのは、ドイツ人のウェーバーであった。

のちに同じような趣旨の著書がいくつか出版されたものの、ベルリオーズの『管弦楽法』は、現在でもオーケストレーションに関する代表的な教科書であり続けている。当時、この本の出版は、オーケストラがヴィルトゥオーゾの時代という新たな段階を迎えたことを象徴する出来事だった。「ヴィルトゥオーゾ」という言葉は、あらゆる分野に共通する当時の音楽の特徴を端的に言い表している。もっとも代表的な人物は、著名なヴァイオリニスト、パガニーニだった。ショパンも別のタイプのヴィルトゥオーゾであり、パガニーニに刺激を受けたリストもまたそのひとりである。歌の世界では、マヌエル・ガルシアとその娘たち――マリア（マダム・マリブラン）とその妹のポーリーヌ（マダム・ヴィアルド）――やテノールのルビーニ、バスのラブラシュなど多くの歌手の名前を挙げることができる。

彼らを「ヴィルトゥオーゾ」と呼んだとしても、それを否定的にとらえるべきではない。単に技術的な能力をひけらかす音楽家という意味ではないからだ。すぐれたテクニックと解釈により音楽のこまかな陰影を表現できるくらい、完全に楽器に熟練していることを意味する。技術と解釈のうち、より重視されるのは後者である。というのも、真のヴィルトゥオーゾは曲芸師ではなく、魔術師だからだ。辛口の批評で知られたシューマンのパガニーニ評によれば、彼の演奏が大きな説得力を持つのは、技術的に器用だからではなくて、霊感に満ちた驚異的な即興演奏が人々を魅了するからだという。

こうした圧倒的な演奏効果を実現できるのは、ヴァイオリン、ピアノ、声楽などだが、いずれの場合

指揮をするベルリオーズ。ギュスターヴ・ドレによるカリカチュア。

も、音楽に対して独特のヴィジョンを持つ演奏者の個性が、その楽器演奏なり歌唱なりに反映されている。さらにここで、すべての楽器の代表として、その集合体であるオーケストラが、ヴィルトゥオーゾの楽器として登場する。オーケストラにおいては、詩的発想に基づくプログラム（標題）を通して、創造者の個性がその表現に投影された。ここで言う「プログラム」は、従来存在していた単なる「音による絵画的表現」のための手段でもなければ、ベートーヴェンの場合のように、ダイナミックなものへの欲求を実現するための手段でもない。あくまで作曲家の想像力にはっきりとしたかたちを与えるための補助であり、あるいは、聴き手が作曲家の意図をくみ取れるよう手助けする助手なのだ。こうしてプログラムは想像力を解き放つ手助けをしたが、同時にそれが際限なく広がってしまわないよう一定の枠組みを提供するという役割も果たした。ドイツとフランスのロマン主義の決定的な違いはここにある。ドイツのロマン主義が、懸命に現実から非現実へと向かい、かたちあるものをすべて詩的な雰囲気が漂う薄暗がりの中に溶かし込んでしまおうとしたのに対して、フランスのロマン主義はまったく逆で、音が紡ぎ出す一連の幻想の中にあっても、詩的な雰囲気に「なんらかのかたち」を与えようとしたのである。

3

『幻想交響曲』の中で、ベルリオーズは「なんらかのかたち」を、いわゆる「イデー・フィクス（固定楽想）」によって実現した。『幻想』のイデー・フィクスは、恋人を象徴するひとつの旋律で、すべての楽章に現れ、主人公のあこがれの対象であったものが常に変化し、最後には醜くゆがんだ魔女の姿となるのを暗示している。パガニーニを独奏者に想定して作曲された交響曲『イタリアのハロルド』では、独奏ヴィオラがバイロンの長編詩に登場するチャイルド・ハロルドを象徴している。劇的物語『ファウストの劫罰』と劇的交響曲『ロメオとジュリエット』はともに有名な戯曲に基づいて書かれた器楽曲であり、一部に歌を挿入することで曲に変化を持たせている。この種の標題音楽、つまりプログラムを持つ音楽は見かけはともかく、実体としてはもともとオペラであるため、作曲家はやがてオペラの世界へと移っていく。ベルリオーズの場合は、その結果が『ベンヴェヌート・チェッリーニ』『ベアトリスとベネディクト』『トロイアの人々』といった作品であり、後年ではリヒャルト・シュトラウスが同じような道をたどっている。

　ベルリオーズのプログラムは、常に劇的なアイデアをともなって現われた。『レクイエム』では、メインのオーケストラに加えて、東西南北に四つの小オーケストラを配置し、最後の審判の情景を再現した。これは、かつてない大きな演奏効果をもたらした。メインのオーケストラも楽器の数が驚くほど多い。第一、第二ヴァイオリンがそれぞれ二五、ヴィオラ二〇、チェロ二〇、コントラバス一八、フルート四、オーボエ二、イングリッシュ・ホルン二、クラリネット四、ホルン一二、ファゴット八という編成であり、これに金管楽器と打楽器からなる四つの小オーケストラが加わる。

　新機軸として重要なのは楽器の数の増加だけではなかった。さまざまな楽器パートの扱い方にも、ベルリオーズは発明の才と響きに対する鋭敏な感覚を発揮した。今や際限なくヴィルトゥオーゾ風の妙技を披露するようになった弦楽器には、いっそう繊細な表情が求められた。『ファウストの劫罰』の中の「妖精の踊り」では、弱音器を付けたヴァイオリンに二本のフルートが低音で伴奏をつけ、ハープが和音を奏でながらバスを担当する。「ローマの謝肉祭」序曲のアレグロでは、密かに始まるカーニヴァルの様子が弦のせわしない動きによって表わされ、『ロメオとジュリエット』の「マブ女王のスケルツォ」では、クモの巣の網のような繊細で複雑な動きが描かれる。

弦楽器のボウイング・テクニックを使って、ヴィルトゥオーゾ的な演奏効果をオーケストラから初めて引き出したのもベルリオーズである。『ファウストの劫罰』の「メフィストフェレスのセレナーデ」における「ソティエ（スピッカート）」*がその一例だ。またそれまでのようにフレーズごとに弓を返すのではなく、実際の演奏上の必要性に合わせて弾くよう主張したのもベルリオーズである。新たな音色が常に追求された。マルグリートが歌う「トゥーレの王」では、ヴィオラが独奏を受け持ち、他の六本のヴィオラはフルート、クラリネット、ホルンとともに伴奏を受け持つため、ソロが聞こえなくならないよう常に楽器のバランスに注意を払う必要があった。

＊　弓を弾ませて弾く演奏法。

ベルリオーズはまた、ウェーバーの音楽を参考に繊細なテクニックを駆使して、弦楽器から輝かしい音色を引き出した（『ベンヴェヌート・チェッリーニ』序曲の中の、葉ずれの音のように軽く繊細に響くパッセージがその一例である）。音の明るさとやわらかさを、こまかな段階に分けて表現できるのが、ベルリオーズの弦楽器セクションの特徴である。微妙な響きの違いを求めて、弱音器、パート分割、特定の倍音のみを響かせるハーモニックス（フラジョレット音）、ソロなどさまざまな手段を駆使した。また弦楽器を補強するための重要な手立てとして、決まってハープを（可能であれば何台か）加え、輝かしい新たな中間色をつくりだした。弦楽器の代わりにハープを伴奏に使うことで響きは薄くなるが、手の空いた第二ヴァイオリンとヴィオラを第一ヴァイオリンに重ね、主旋律を弾かせるなど、さまざまなやり方を試した。

しかしベルリオーズがもっとも関心を寄せたのは木管楽器である。特定の楽器を好んだウェーバーとは違い、彼はフルート、オーボエ、クラリネット、イングリッシュ・ホルン、ファゴットなどすべての楽器に重要な役割を与えた。木管楽器のアンサンブルは、ソフトな音の揺れを生み、また時には甲高い叫びを上げる。それが他の作曲家にはないベルリオーズのオーケストラの特徴となった。そこに従来ほとんど使われていなかった楽器が加わると、とりわけ印象的な響きが生まれる。たとえば、イングリッシュ・ホルンは、古典派やドイツ・ロマン派のオーケストラでは使われなかったが、ベルリオーズが採用したため、十八世紀の前古典派時代にオーケストラの中で占めていた地位を取り戻したと言えるだろう。パリの楽器製作者たちがいくつかの点で改良を加えたのも幸いした。ベルリオーズはイングリッシュ・ホルンが持つ物悲しい響きを使い、非常に印象的な音楽を何曲か書いている。たとえば、「ローマの謝肉祭」序曲冒頭で引用されるカノンの二重奏のメロディー、『ファウストの劫罰』のマルグリートの歌に登場する哀愁に満ちた旋律などが挙げられるだろう。また、ベルリオーズが書いたもっとも叙情的なシーンのひとつである『幻想交響曲』の「野の風景」（第三楽章）では、ふたりの羊飼いがイングリッシュ・ホルンとオーボエによって表現される。ふたつの楽器は当初互いに呼び交わしているが、しばらくするとオーボエが聞こえなくなり、イングリッシュ・ホルンだけが取り残される。そこからは、ひとりになった羊飼いの寂しさが切々と伝わってくる。

一方、ベルリオーズは管楽器のグロテスクな音色も好み、『イタリアのハロルド』の中の山賊の饗宴やファウストの地獄堕ち、そして『幻想』のフィナーレといったデモーニッシュな場面で活用している。特に『幻想』のフィナーレは彼の独創性がとりわけ際立つ音楽であり、魔女のダンスのリズムに合わせて醜くゆがんだイデー・フィクスが、低音部を受け持つファゴットの弾むようなリズムを背景に、ソプラノ・クラリネットと二本のオーボエを伴った、エス（変ホ調）・クラリネットの品のない音で表現される。

こうした印象的なソロを別にしても、木管楽器群はベルリオーズのオーケストラでもっとも重要なパーツであり、全体的な響きに大きな影響を及ぼしている。『ファウストの劫罰』の「鬼火のメヌエット」では、おもに木管楽器だけからなるアンサンブルが弦楽器群と競い合うように演奏する。こうした曲が書かれたことで、楽器と奏者が大いに鍛えられる基盤ができあがった。そのため、現在にいたるまで木管楽器の分野ではフランスのオーケストラが優位を保っている。一般的にフランスでは、音色を決定づけるうえで木管の重要性が増していったのに対して、ドイツのオーケストラでは金管楽器、特にホルンとトランペット、トロンボーンが重要な役割を果たしたと言えるだろう。

『レクイエム』の四つの小オーケストラのように、ベルリオーズは金管楽器群も多用し、時には非常に目立つ使い方をした。もっとも金管の使い方はあくまで彼の天才の外面的な部分を表わしているだけであり、金管楽器がもともと持っている性格を正しく引き出すという点では、必ずしも上手ではなかった。それはドイツ人の得意とする領域である。ドイツの楽器よりも軽く、細めにできているフランスの金管楽器は、ヴァルヴの採用により構造が複雑化すると、安定感は増したものの、音色の自然さという点では後退を余儀なくされた。またピストン・ヴァルヴ付きコルネットの登場によって、技術面が向上し、よどみなく音を出せるようになったが、金管楽器全体の男性的な力強さは減少した。フランスのトランペットやトロンボーン、なかでもホルンは、ドイツの楽器とはかなり性格が違っている。ベルリオーズの金管楽器の使い方を見ても、金管本来の迫力を感じさせる部分は少ない。『ファウストの劫罰』の「ラコッツィ行進曲」で聴かれる圧倒的なクレッシェンドは、金管楽器群が緊密な連携を保ちながら、その力を誇示する数少ない例である。

というわけで、製作、演奏、楽曲など、木管楽器を取り巻く環境がフランス音楽の特徴をかたちづくり、その結果、木管楽器はオーケストラにおける中心的な地位を弦楽器と分け合うまでになった。これはフランス人の音に対する一般的な感じ方に由来しており、その原点にはフランスの歌がある。いずれにしても、ドイツのオーケストラが金管を多用するのと同じように、フランスのオーケストラが木管をよく使うのは、その国民性が音楽語法に表われた最初期の例のひとつだと言えるだろう。

ベルリオーズは革命的な作曲家であった。確かに、楽器の数の増加やその利用法、つまりオーケストラの構成や運用については、まさに革命家の名にふさわしい。あらゆる楽器の音色の微妙な陰影に通じており、それをどう変化させ、異なる音域をどう組み合わせるべきか、よくわかっていた。客観的に見ても、ことオーケストラに関しては、ベルリオーズがやり残したり、考えつかなかったりしたことなど何もないのではないかと思えるほどだ。パガニーニがヴァイオリンの名手であり、リストがピアノの名手であったのと同じ意味で、ベルリオーズはオーケストラの名手だった。オーケストラについては完璧なヴィルトゥオーゾであっただけに、作曲にあたって最初に彼の頭に浮かぶのが、音による効果だったのか、それとも音によって表現したいことだったか、断言するのは難しいだろう。

しかし、ベルリオーズが変えたのはオーケストラという組織の編成のみであり、音楽形式については、編成拡大にともなう多少の修正にとどまった。和声や主題の展開といった純粋に音楽的な観点からすると、革新的音楽家としての彼の重要性は過大評価されている。彼がイデー・フィクスを交響曲に導入し、個々の楽章を結びつけて、詩的にも音楽的にも作品全体に統一性を持たせることに成功したのは事実である。しかしこのような考え方自体は革新的なものではなく、すでにベートーヴェンが第五と第九交響曲で用いた手法であり、かつウェーバーや他の同時代の作曲家たちも、主題の回想というやり方で過去に同様の試みを行なっていた。

　交響的作品を組み立てる際、ベルリオーズはこうした考え方を核に据えて、音楽史を一歩前に進めたが、それはあくまで一歩にすぎなかった。リストは交響詩で主題の統一性から形式の統一性へと踏み込み、ワーグナーはオペラにおいて劇の展開に統一性を持たせようとしたが、ベルリオーズはそこまでは踏み込まなかった。この事実から、ベルリオーズが結局は保守的な作曲家であったことがわかる。形式を拡大したが、複数の楽章からなる基本的な枠組みと和声に関する基本原則には手をつけなかった。非常にこまかい点にこだわる性格であったため、ベートーヴェンが『田園』交響曲の嵐の場面で、コントラバスとチェロのパートを完全に一致させず、前者には四連符（十六分音符）を、後者には五連符をあてがって異なるリズムで弾かせた点を非難している。これは和声のルールから言えば確かに間違いだが、ベートーヴェンはこの場合、嵐の場面を描写するにはこうした演奏が必要だと考え、ルールを無視したのである。例外的とも言える大胆な和声を採用したベートーヴェンに対する抗議ということで言うと、のちにワーグナーがベートーヴェンの『英雄』交響曲について、似たような指摘を行なっている。それは、第一楽章の再現部に入る直前で、ホルンのＥ♭（変ホ）音とヴァイオリンの十六分音符のＢ♭（変ロ）―Ａ♭（変イ）が同時に響く有名な箇所である。もっとも、この場合は写譜屋の間違いであった可能性が高い。いずれにしても、このふたつの事例から、革命家と言われたベルリオーズとワーグナーはふたりとも、古典派に属するベートーヴェン本人よりも、和声上の間違いにより敏感であったことがわかる。

4

ベルリオーズは、和声の教科書に書かれているルールにきちんと則らないような転調をいっさい行なわなかった。楽器の音色に関しては、非常に鋭敏な耳を持っていたにもかかわらず、楽曲の調性についてはあえて実験をしなかった。その点、ベルリオーズよりずっと大胆だったのが、同時代人のマイヤーベーアである。一七九一年生まれのマイヤーベーアはベルリオーズの十二歳年上、そしてウェーバーの六歳年下にあたる。すでに記したようにドイツで作曲を学び、作曲家としては他のふたりとは異なる道を選んだ。パリで上演された『悪魔のロベール』によって並外れた名声を手にしたのは、一八三一年になってからのことで、それはベルリオーズが『幻想』を作曲した二年後である。

マイヤーベーアは、栄光を手にしたにもかかわらず、「うわべの効果だけを狙った」という根拠のない中傷をいまだ受けている芸術家のひとりだ。ワーグナーはマイヤーベーアのオペラを「理由もなく効果だけを狙った」作品だと酷評している。マイヤーベーアについては、軽視するような姿勢で臨むのが一種のはやりのようになっているが、彼の作品の技術的な側面のみを認めるのは、妥当ではないように思われる。また彼の作品に対する評価は、評する側の身勝手な関心や評価対象に対する不十分な知識に基づくことが多く、まったく信用に値しない。オーケストラの発展という観点から見ると、マイヤーベーアはヴィルトゥオーゾの時代においてもっとも大きな影響を及ぼした作曲家のひとりであり、純粋に音楽的な観点からは、もっとも独創性にあふれた発明家だと言える。彼の創造の源である和声的な発想力は、ベルリオーズよりもはるかにすぐれている。そうした才能をどこへ向けたか、という問いかけはまた別の問題だが、それに正直に答えるには、マイヤーベーアと彼の時代の特殊な条件に対する偏見から完全に自由になる必要がある。

ベルリオーズはマイヤーベーアを高く評価し、『管弦楽法』では譜例として彼の作品を多数掲載している。実はマイヤーベーアはベルリオーズと同じ手法を数多く用いており、なかにはどちらが先に考えついたのか、決めるのが難しいケースもある。しかしベルリオーズと違って、彼はオーケストラの編成をひたすら拡大しようとはしなかった。『悪魔のロベール』『ユグノー教徒』『予言者』のスコアを見ると、使われている楽器の数も種類も当時としてはごく普通の規模であり、それにイングリッシュ・ホルン、バス・クラリネット、さらに特別な目的がある場合には五本のトロンボーンと、テューバに代わってオフィクレイドが加わる程度である。『ユグノー教徒』では古い楽器であるヴィオラ・ダモーレを使っているものの、一曲のみだ。マイヤーベーアの傑出したオーケストレーションの特徴は、楽器の数や種類の多さではなくて、独奏風または協奏曲的な使い方、および歌との絡ませ方にある。歌手を参考にすることで、楽器の演奏技法に磨きをかけたのである。『ユグノー教徒』の有名な愛の二重唱では、チェロが「歌手の抑揚をまねて」旋律を繰り返す。

フランス・グランド・オペラで重要な地位を占めるバレエ音楽では、さまざまな楽器に独奏風の動きをさせることでオーケストラから多彩な響きを引き出し、想像力あふれる世界を存分に表現した。マイヤーベーアはクラリネットの深い音色がどれほど特殊な効果を生み出すか、よくわかっていたので、しばしばイングリッシュ・ホルンやホルンの低音、コントラバスなどと組み合わせて使った。また、楽器の音色の微妙な陰影を使って詩的な雰囲気を引き出す技にも長けていたので、表現がしつこくなるのを避けながら、これを巧みに利用した。

オーケストラの扱い方に関して、マイヤーベーアと他の作曲家との違いがもっとも端的に表われているのが、調性の選択だろう。彼はロ長調、変ト長調、嬰ヘ長調といった、調号（シャープやフラット）がたくさんつく調をとりわけ好んだ。『ユグノー教徒』の見事な二重唱は変ト長調、『アフリカの女』の有名な七重唱と前奏曲はロ長調、そして同じオペラの魅力的なアリア「おお、パラダイス」は嬰ヘ長調で作曲されている。スコアのどこを見ても、調号の多いページが目につく。なぜだろうか。

歌手の場合は、それが自分の歌える音域の範囲内であれば、調性が何であろうと違いはない。しかしマイヤーベーアは、調号が多ければ多いほど木管楽器の響きが冴え、なかでもオーボエやクラリネット、イングリッシュ・ホルンの場合は音色も魅力的になると考えたようだ。ベルリオーズ同様、オーケストレーションにあたって木管楽器の響きを中心に据えたので、このような調性を採用したのだろう。また調号が多い調性では、異名同音的転調*を頻繁に使用すれば、ハーモニーの面でも新たに特異な効果を出しやすくなる。その点、マイヤーベーアとショパンにはある種の共通点が見られる。ショパンも同様にシャープやフラットが多い調を好んだが、ピアノの場合、白鍵だけでなく黒鍵が混じったほうが、技巧的なパッセージを弾きやすくなるという事情と、さらには黒鍵の混じった音階のほうが半音階的転調につなげやすいという理由があった。

＊　平均律で「嬰ハ（C♯）」と「変ニ（D♭）」が同じ音高になりうることを利用して読み替えを行ない転調をすること。

マイヤーベーアは、独創的で並外れた才能をすべてオペラに捧げた。管弦楽曲はいっさい書かず、オペラの場合も序曲ではなく短い前奏曲を書いただけである。彼の想像力を刺激するのは劇の一場面であり、その音楽は音による舞台装置と言えるかもしれない。スコアをどこか覗いてみれば、音楽でさまざまなことを説明しようとする意図がうかがわれる。それが彼の最大の特徴である。マイヤーベーアの音楽は効果を狙いすぎだと常々非難されている。例外は『ユグノー教徒』の第四幕で、ワーグナーが称賛したからだ。しかしマイヤーベーアの卓越した音楽的センスと、特にオーケストラの扱い方を考えれば、こうした非難はまったく的外れである。

たとえば『予言者』第四幕にすばらしいシーンがある。これは大聖堂で皇帝としての戴冠式を終えたジャンが、予言者、つまり神の子として人々の前に姿を現す場面だ。ちょうどそのとき、自分の息子は予言者に殺されたと知らされていたジャンの母親、フィデスが彼を目にして「私の息子ではないか！」と叫び声を上げる。その場にいた人々はみな驚愕し、恐怖に駆られる。神聖なる予言者が、ここにいる惨めな女の息子だなどということがありえるのだろうか。ジャンは危機的状況に見舞われる。もしジャンがフィデスを自分の母親だと認めれば、自分は詐欺師だと告白するのと同じである。その一方で、彼がそんな女は知らないと言えば、母親は神への冒瀆の罪に問われるだろう。その瞬間、冷静なジャンは頭を働かせ、母親を狂気に陥った女だと思わせて、人々の見ている前で、奇跡によって彼女に正気を取り戻させるという筋書きを思いつく。ジャンは仲間たちに自分に向けて剣を構えさせ、もし自分が彼らを欺いていたとわかったら殺せと指示する。それから悪霊を追い払うような仕草をしつつ、母親に向かって「私はお前の息子か？」と尋ねる。

この見せかけの悪魔払いをする場の音楽は、どの時代のいかなる音楽と比べても、管弦楽の使い方が見事だ。チェロの叙情的な旋律がバス・クラリネットへと受け継がれるが、それはジャンの母親に対する愛を、そして「自分を裏切らないでくれ」という、祈るような気持ちを表わしているように思われる。ジャンが問いを発すると同時に、トロンボーンとイングリッシュ・ホルン、およびクラリネットの低音による重々しく、神秘的な和音が奏でられる。質問が繰り返されると、期待を込めた息の詰まるような緊張がはしる。全員がフィデスのほうを向き、奇跡が起こるのを待っている。すると突如ローエングリンの登場シーンを彷彿とさせるような光が天から差し込み、フルートの高音とヴァイオリンのトレモロが聞こえる。我が子の命をかけた問いに身を震わせながら、事情を察したフィデスは、彼を救わねばならぬと決意を固める。超自然的な光に打たれたかのように、口ごもりながら、彼女の口からは震える声で「いえ、私の息子ではありません」という言葉が発せられるのである。

　このような真に迫った音楽表現は、マイヤーベーアのスコアのあちこちで発見できる。マイヤーベーアは、自分が身につけた表現法をあまり重要性の高くないシーンで単なる音響効果として用いたり、偉大な芸術で表現するには値しないような目的に浪費したりしたかもしれない。しかしそれが事実だとしても、彼が楽器そのものを、その音色を、そしてそのハーモニーがつくりだす表情の意味を知り尽くしていたのは間違いない。

5

　ベルリオーズは、楽器の扱い方などについては次々と新機軸を打ち出した一方、ハーモニーに関しては従来の枠組みからはずれなかった。マイヤーベーアはオーケストラの音色とハーモニーに関する表現で独創的な才能を発揮したにもかかわらず、伝統的なオペラの世界から離れなかった。本章で取り上げる三人目の作曲家であるリストは、どちらの制約からも自由だった。リストは、実際にはオペラに常に高い関心を寄せていたにもかかわらず——ごく若い頃の作品である『ドン・サンシュ、または愛の館』

を除けば——作品をひとつも残していない。ワーグナーとの親交もあって作曲では彼とは違う道を選んだが、そうでなければ、オペラの作曲にもう一度着手していただろう。それでもリストはベルリオーズとマイヤーベーアのスコアを非常に詳しく研究し、ベルリオーズからは詩的な雰囲気とオーケストラの扱い方を、マイヤーベーアからは革新的な考え方全般を学んだ。リストの創作に対する姿勢は、先輩ふたりよりもはるかに洗練されていて、先見の明に富んでいた。それは、作品の形式とハーモニーの組み立て方など彼の作曲法に表われている。

リストのキャリアは、ピアノのヴィルトゥオーゾとして始まった。しかし演奏旅行でヨーロッパを席巻した際に示した見事な超絶技巧を身につけていたにもかかわらず、彼はショパンとは違い、ピアノという楽器にしばられたりはしなかった。ショパンにとって、ピアノは唯一の楽器であり、彼の音楽的アイデアはすべてピアノを前提としていて、ピアノで完全に表現できないようなモティーフは決して思いつかなかった。リストの場合も、音のイメージはピアノから生まれたが、それがすべてではなかった。時が経つにつれ、リストはより大きな枠組みを模索し始める。ピアノはあくまで音楽的アイデアを最初に書き留めるための手段でしかなくなった。アイデアを実際の音にする際、聴き手にもっとも強い印象を与えられる手段を見つけ、それを実現することが彼の目標となった。

リストのピアノ曲の多くは、『超絶技巧練習曲』の「マゼッパ」のように、オーケストラ曲となって初めて本来の姿を聴き手の前に現した。彼の創作活動では、詩的な発想を音で表現することが常に第一目標であり、どのような器楽形式をとるかは二の次だった。形式は、作曲家としての成長段階、効果的な音楽表現の習得状況など、そのときどきの条件に応じて決まった。

その結果、リストの音楽スタイルは、オーケストラを出発点としたベルリオーズやマイヤーベーアとは異なる方向へと発展し、オーケストラは理想的な表現を目指すための手段にすぎなかった。「リストの曲のオーケストレーションは彼自身の手になるものではなく、彼の弟子たち、おもにヨアヒム・ラフによるものだ」とする説が根強く残っているが、それはリスト側の事情に無頓着で、オーケストレーションについても十分な知識を持たない人間の主張であり、悪意に満ちている。それまでの作曲家の多くと同じように、オーケストレーションをする際、自身の監督のもと、技術的なこまかい点については弟子たちに任せるというやり方に、リストはやましさを感じなかったのだろう。またそれは、作曲家だけでなく、同時代の画家もよく行なっていたやり方であり、彼らはみな、作品の元となる構想こそが一番大事だという点を強調している。このような考え方に基づけば、作品の完成に他人の手が入っていても、それは全体から見れば純粋に技術的な問題でしかない。

　リストのオーケストレーションは、楽器の扱い方という点では独創的なアイデアに満ちていたとは言いがたい。彼はベルリオーズとマイヤーベーアの業績を利用した。ただし、それをそのまま模倣するのではなく、批判的に取り入れた。新しい演奏効果につながるような表現手段を開発したわけではないが、それでも作品のところどころに、リストならではの独特な表現が見られる。『ファウスト交響曲』の第二楽章冒頭でグレートヒェンの登場を示すオーボエの愛らしい旋律にソロ・ヴィオラが寄り添う部分はその一例だ。また『ダンテ交響曲』では、四本のホルンと二本のトランペットが地獄の門に掲げられた「この門をくぐる者はいっさいの希望を捨てよ」という銘を読み上げる。しばらくすると今度はトロンボーンとテューバが「われを過ぎ、ひとは嘆きの都市に」と応える。この場合はいずれも、スコアの各楽器のパートの下に、上記の言葉が記されている。

　こうした例は、詩から得たインスピレーションにもっとも適した器楽表現を常に追求していたリストの姿勢を物語っている。彼の姿勢は、自作の楽譜に書き付けた、「皮肉たっぷりに（ironico）」「あざ笑うように（con scerno）」「ためらいながら（vacillando）」といった演奏指示からも明らかだ。こうした指示は通常の演奏記号とは少し違っていて、文学的な要素を重視する作曲家の意図を反映している。

リストの主要なオーケストラ曲は、『ファウスト交響曲』と『ダンテ交響曲』というふたつの偉大な交響曲と一二の交響詩、およびもっとも重要な宗教曲であるオラトリオ『キリスト』と『聖エリーザベトの伝説』、大祝典ミサ曲から構成されている。彼の合唱曲は古い時代の声楽様式に戻ろうとする傾向を示しており、オーケストラは曲に色彩を添えるが、一般的には脇役として扱われている。リストの交響的作品の楽器編成は特に個性的とは言えない。ウェーバーが用いたオーケストラを踏襲し、それにイングリッシュ・ホルンとバス・クラリネットを加えただけだ。特徴的なのは楽曲の組み立て方、そして和声のルールの新展開にある。後者はシューベルトやショパン、マイヤーベーアがすでに用いていた手法で、半音階主義と呼ばれる。

これは音色の変化を生み出す際、楽器そのものの音色を変化させるのではなく、ある調性から別の調性へと洗練された技法で移動するやり方だ。言ってみれば、なめらかに和音を連結することによって音が混じり合う効果をねらっている。従来のハーモニーの崩壊につながるプロセスの始まりだと言えるかもしれない。半音階主義は、移ろいやすい雰囲気、探求、あこがれ、中途半端な感情などを伝えるのに間違いなく適している。リストはファウストの辛辣な性格を描写しようとするときには、完全音程や長音程を半音広くした音程（増音程）を含む和音（増和音）を連ね、ネガティブな存在としてメフィストフェレスを描く際には、同じファウストの動機をゆがんだリズムで演奏させることで表現した。

交響曲の楽章同士を結びつけるという考えを初めて示したのはベルリオーズだが、リストのやり方はずっと徹底しており、その結果、楽章間により強い統一感が生まれた。リストはまた、従来の四楽章形式にこだわらなかった。『ファウスト交響曲』は、「ファウスト」「グレートヒェン」「メフィストフェレス」（天の神が悪に打ち勝ったことを歌う最後の合唱を含む）という三つの楽章から構成されている。『ダンテ交響曲』は、「地獄」と「煉獄」のふたつの楽章からなり、「煉獄」の最後には天国への移行を示唆する合唱曲「マニフィカート」が置かれている。どちらの交響曲も最後に合唱が入る点はベートーヴェンの第九交響曲に似ており、またどちらもばらばらなエピソードの集まりにならないよう、音楽的にも、そして曲全体の構想についても統一が図られている。

　この統一感がもっともはっきり伝わってくるのがリストの交響詩である。彼の交響詩は、詩的にも音楽的にも中核となるひとつのアイデアに基づいてつくられており、ベルリオーズのイデー・フィクスがもたらした当然の帰結だと言えるかもしれない。その発想の源は多岐にわたり、十六世紀イタリアの詩人タッソー、プロメテウス、ハムレット、祖国ハンガリー、シラーの詩「理想」、ヴィクトル・ユゴーの詩集『秋の木の葉』、あるいは「人生は、誕生時に各人に与えられたテーマに基づき、死へと向かって続く一連の前奏曲である」というフランスの詩人ラマルティーヌの哲学的考察などさまざまである。こうした交響詩は、ベートーヴェンの序曲とベルリオーズの標題付き交響曲の中間的存在だと考えられる。ベートーヴェンとの違いは、詩的な雰囲気がよりいっそう強調されている点にあり、ベルリオーズとの違いは、音楽的統一感をより重視している点にある。よってリストの交響詩は、哲学や詩的創作の知的エッセンスを音楽形式の中で表現することにより、哲学や詩を音楽と一体化させる試みであることがわかる。したがって、それはまた、（古典派の時代に完成した）音楽の構成にかかわる大原則をゆがめずに、聴けばわかる楽曲づくりを目指してきた彼の作曲技法の集大成だと言えるだろう。

6

多くの人が理解できる曲をつくり、曲に込められた詩的あるいは哲学的な内容が聴き手にはっきりと伝わるよう努める、それが音楽家リストの原点だということをしっかり理解しておかねばならない。その結果、リストは「社会主義的」音楽家第一号となった。「社会主義」といっても政治の話ではなく精神的な意味であり、ほとんど宗教的といってもよいだろう。「社会主義的」音楽家とは、音楽が持つ意味をすべての人がはっきりと理解できるよう努めると同時に、知的価値を持つ事柄をすべて音楽によって伝えようとする人間である。リストは音楽家として自らの理想を体現してみせた。まずピアノのヴィルトゥオーゾとして登場し、オペラやオーケストラ曲をピアノ独奏用に書き直して、世に知られていない名曲や作曲家を広く紹介し、次いで作曲家として、詩人や哲学者の偉大な思想を自作の中で音によって表現した。リストは、そうした作品のもっとも重要な部分は感情的要素であると考え、それを音楽という手段によって示したのである。

こうしてロマン主義は新たな高みに達した。すべてを支配したのは感情の持つ力である。ハイドンの古典派的理性論も、ベートーヴェンのデュナーミクに基づく曲づくりも、ロマン派の宗教的な背景に彩られた神秘主義的な感覚を満足させることはできなかった。ロマン派の音楽表現からは、古典派の時代の一貫性を持った堅固な様式感が失われた。それは、さまざまな楽器とハーモニーが生み出す色彩の氾濫の中で薄められ、消滅してしまった。**理性に対する感情の勝利である。**感情に基づいて判断すればすべては理解可能であり、人生の経験や世界の出来事の意味も、感情の表現としての音楽を聴けば、理解できると思われた。こうして神秘主義的な傾向が強まるなか、多彩な響きと豊かなハーモニー、形式の柔軟性を備えたオーケストラこそ、音楽的表現の担い手として最適だと考えられたのである。

　リストは音楽を人々に理解してもらうため、指揮者としても活動した。もっともその姿勢はメンデルスゾーンとは大きく異なっていて、技術的な指導やオーケストラにこまかい指示を出すことはそれほど重視しなかった。あるとき、楽器の「入り」をきちんと指示しなかった点をとがめられると、「われわれは舵取りであって、漕ぎ手ではない」という有名なコメントを残した。彼は一小節一小節を整えるのではなく、フレーズ全体をかたちづくることを目標に指揮をした。それはヴィルトゥオーゾ・ピアニスト「リスト」を際立たせていた演奏原理を、オーケストラに持ち込もうとしたからに違いない。弟子のなかから新しいタイプの指揮者が育っていった。そのひとりであるハンス・フォン・ビューローは、ウェーバー＝メンデルスゾーン・タイプの教育者的資質とリスト・タイプの解釈者としての資質を併せ持った指揮者である。

　リストはピアニストとして、（形式と和声に関する革新的なアイデアに注目すれば）作曲家として、指揮者として、そしてさらには文筆家として、音楽のあらゆる分野に刺激を与えた。にもかかわらず、彼を恐ろしく軽んじるような声が常につきまとい、現在にいたるまで彼の作品および人格の評価に影を落としている。その意味で、彼の運命はマイヤーベーアにいくらか似ている。どちらも議論の余地がないほどの偉大な才能を持ちながら、程度の差こそあれ、それを認めまいとする力が常に密かに働いているのだ。人間性には触れずに、ふたりを取るに足りない作曲家とみなし、作品の重要性を過小評価するだけならば、まだましなほうかもしれない。状況を改善しようとする努力はまったく功を奏していない。マイヤーベーアとリストは呪いにかかったようなものであり、したがって彼らへの称賛を口にする者は、自分自身の評判を傷つける危険にさらされる。「マイヤーベーアは音楽家としても人間としても凡庸で、陰気な性格」であり、リストは「死ぬまで大ぼら吹きであった」とか、少なくとも「無能な作曲家」だとする説がまかり通っているのだ。

ふたりの印象を変えるのはかなり難しいようだ。しかしこうした評価は、彼らに関する多くの間違った証言とその作品に対する不当な評価に基づいており、時には作品を完全に無視するような行為まで見受けられる。ふたりに関する歴史的な歪曲《わいきょく》が、いかに根強いものか如実に物語る事実がひとつある。マイヤーベーアとリストのすぐあと、というよりもほぼ同時期に、もうひとりの作曲家が登場した。彼はふたりに見習い、当時の時代精神に即して創作活動を続けたにもかかわらず、それを弱点と見なされることもなく、先輩が成し遂げた成果をそのままそっくり利用した。そして圧倒的な創作力を持っていたがゆえに、前の時代の作曲家や作品の影を薄くさせて、自ら音楽界に新たな規範と新たな価値観を打ち立てたのである。彼が引き起こした突然の変化は、音楽界のみならず、知的、精神的世界にまで影響を及ぼした。

「もうひとりの作曲家」とは、十九世紀を代表するドイツの音楽家、リヒャルト・ワーグナーである。

7　宇宙のように壮大なオーケストラ
——ワーグナー

1

ワーグナー以前にオーケストラ曲を書いた作曲家は、ほぼ全員がプロの器楽奏者として通用する腕前を持っていた。リュリはヴァイオリニスト、ラモーとヘンデルはオルガニスト、ハイドンはピアノ教師であるとともにヴァイオリニストだった。それ以外の作曲家の多く——モーツァルト、ベートーヴェン、ウェーバー、マイヤーベーア、メンデルスゾーン、リスト、シューマン——はピアノのヴィルトゥオーゾとして楽壇に登場している。唯一ベルリオーズだけが、「オーケストラ」という楽器を別にすれば、公衆の面前で楽器を弾いた形跡がない。オーケストラについても指揮台に立つのはごくまれで、おもに自作を指揮しなければならない場合だった。その一方でベルリオーズは著述業に忙しく、シューマンとともに作曲家のなかでも文筆家タイプと言えるだろう。

そこへリヒャルト・ワーグナーを含む新しいタイプの作曲家が登場した。指揮者=作曲家である。ワーグナーはきちんと楽器を習った経験がなく、ピアノの腕前はいたってお粗末だったので、ヴィルトゥオーゾとして人前で演奏するなど論外だった。他の楽器についてはそれ以下だったが、それでも音楽家として生計を立てる必要があった。教えるのが嫌いで、音楽や劇に関する記事をよく書いたが、シューマンやベルリオーズのようにプロの作家として活躍したわけではない。ワーグナーはどうしても指揮者になりたかったのだ。きっかけは、少年時代にドレスデンで指揮をするウェーバーの姿を見たことにある。それ以来、「彼のようにあそこに立って指揮をすること」が密かな願望となった。ワーグナーが巨大な構造を持つものを意のままにしたいという強い気持ちを抱くようになったのは、この時の願望が心理的に尾を引いているせいかもしれない。

　オーケストラの歴史は、指揮者＝作曲家の登場で、新たな局面を迎えた。リュリやグルック、ハイドン、モーツァルト、さらにはピアノだけでなくオルガンやヴァイオリンも演奏したベートーヴェンも含め、彼らはみなさまざまな楽器、特に弦楽器を実際に演奏した。時代が下り、ピアノのヴィルトゥオーゾが大勢を占めるようになると、さまざまな楽器を弾きこなせる作曲家は少なくなり、実際に楽器の音を出してみるのではなく、ピアノを弾きながら楽曲完成時に聞こえて来るであろう響きを想像するというやり方が普通になった。だからといって、ウェーバーやシューベルト、リストといった作曲家が、他の楽器のことをあまりよく知らなかったわけではない。しかし、デュナーミクであれ、音色であれ、形式であれ、ピアノに影響されたのは間違いない。ピアノの構造は十九世紀の初頭から大きく発達し、作曲家たちにとっての実験器具となった。彼らはピアノの前に座って、曲のスケッチをつくり、それを元にオーケストラで色づけをするのだ。したがって、ピアノはオーケストラのミニチュア版として利用され、その一方でオーケストラはピアノの延長線上の楽器、あるいはピアノの完成形と見なされるようになった。

しかし指揮者＝作曲家の発想法は違う。彼らは、（それが意識的か否かはともかく）ピアノになじみがないため、感覚として音をとらえる際にピアノから影響を受けることはなかった。その一方で、日々オーケストラと接しているために、あらゆる楽器について詳しい知識を持っている。ピアノのヴィルトゥオーゾがピアノを弾きこなすようにオーケストラの楽器をすべて演奏できるわけではないが、楽器の特性と楽器同士の相性を研究するにはもっとも適した立場にある。そのため、どの楽器の特性にも引きずられずに、オーケストラの出す音を最初から客観的にとらえられる才能を身につけている。もともとオーケストラのモデルとなったのは声楽であり、その後オルガン、ピアノ、そして時にはヴァイオリンが手本となった。ここに至って、オーケストラはついにひとつの楽器として独立した。その楽器を演奏するのが指揮者＝作曲家というわけだ。しかし彼は演奏するにあたって、何から始め、何を目標にしたのだろうか。

独立への道をたどるにあたって、当初オーケストラは徹底的に言語を排除する方向へ進んだ。デュナーミクと音色を武器に、抽象的な形式を用いて純粋に器楽的な表現を実現することで、言葉を不要にしたのである。しかしワーグナーの考えは違った。彼によれば、舞曲に端を発する器楽は、ある程度高いレベルで、人間の感情を表現できるようになったものの、器楽だけで情感を完璧に表現するのは絶対に無理だった。表現を完璧にするには、どうしても言葉が必要であり、言葉の意味を正しく伝えなければならない。独立したジャンルとしての器楽はベートーヴェンとともにその頂点を極めてしまった。それより上を目指すのは不可能であり、その証拠にベートーヴェン自身が最後の偉大な交響曲でふたたび言葉を使っているではないか。そうワーグナーは考えた。ベルリオーズとリストの作品は明確な言語表現を学習するための実験であり、オーケストラの表現能力を極限まで高めることには貢献したが、言語自体を欠いているがゆえに、完璧な表現にはいたらなかった。オーケストラを使った音楽は限界に達しており、独立した芸術としてはこれより先に進めない。今や器楽言語と実際の言葉の新たな組み合わせが求められている、というわけだ。

この新たな結びつきは絶対的な結びつきである必要があり、それを可能にするのは「ドラマ」しかない。「ドラマ」――もはやオペラではない――は、声楽と器楽が合体して生まれた新たな表現媒体である「コトバ＝音＝言語*（Wort–Ton–Sprache）」に基づいてつくられる。このコトバ＝音＝言語を駆使するためには、言語、声楽、器楽を統合する新たな文法が必要であり、この文法を使いこなすには「純粋に人間的なもの」についての知識が不可欠である。したがって、人間の感情こそが唯一最高の拠り所となり、「本能的に人間の感情に強く訴えかけられること」がすべての基準となる。ワーグナーによって、ロマン主義はその頂点に達した。

* ワーグナーの著書『オペラとドラマ』に出てくる用語で、語られるのみの言葉による言語でもなければ、詩の裏付けを欠いた純粋な音による器楽でもなく、音楽と言葉が結びついてできた新たな媒体のこと。『ワーグナー著作集3――オペラとドラマ』三光長治監修、第三文明社、一九九三年刊の「訳者あとがき」参照。

2

「ひとつひとつの音符は、感情を普遍化する力を獲得し、詩的発想を伝えるための手段となる。詩的発想は音符という手段を通して感情を直接伝達することができる」。このような「感情表出」の連なりからひとつのフレーズ（楽想）――その長さを決定するのは息の長さである――が形成され、さらに連なってメロディーができあがる。メロディーの中で個々の音符をどのように水平的に配置するかを決定するのは言葉の抑揚である。

音符は垂直方向へのつながりも持っている。感情表出にかかわるのは調性であり、調性はメロディーの横への広がりと、ハーモニーの縦への広がりという、ふたつの側面を持っている。水平方向の「やや明晰さに欠ける」メロディーが、「あらゆる重大局面」を感覚的に伝えられる垂直方向のハーモニーの助けを得て「十分に明確な表現力」を獲得する。「漠然とした感情」を伝える芸術である現代の音楽は、ハーモニーから発展してきたが、感情を明確に伝える力に欠けており、コトバ＝音に基づくメロディーだけが、それを補完できる。

その一方で、コトバ＝音が情緒的内容を十全に表現するためには、ハーモニーの土台が必要となる。「現代の調性音楽の本質を表現できるメロディーとは、詩人が必要とするメロディー、詩人を即座に興奮させるとともに満足させられるようなメロディーに他ならない」。ここについに、詩人と音楽家、コトバ＝音に基づくメロディーとハーモニー、水平的音楽表現と垂直的音楽表現がそれぞれ出会う瞬間が訪れた。「詩人は音楽家に、音楽家は詩人になり、ふたりが合わさることで、ここに完全な芸術家が誕生するのである」

要するにワーグナーは、もはや独立した器楽もメロディーを歌うだけのオペラも存在せず、ハーモニーをベースにこのふたつが合体してできた「コトバ＝音によるドラマ」があるだけだ、と言っているのだ。

ハーモニーを実現する手段として唯一ふさわしいのはオーケストラである。「ハーモニーを具現化したもの」がオーケストラであり、オーケストラの奏でるハーモニーという和音の連なりのなかで、「垂直方向にひしめいて和音を構成していた音符が水平方向へと展開することにより、そこにもともと備わっていた方向性が明らかになる」のである。オーケストラが発する言語は、人間のしゃべる言葉とは大きく異なり、言わば母音のみで子音がない。よって伝えられるのは感情のみであり、人間が原始の昔に初めて発した言葉に似ている。しかしそこにさまざまな楽器が加われば、子音が人間の言語にもたらした多様性をオーケストラも獲得する。楽器は、子音の特徴にあわせて、たとえばPやBのような音を出すグループ、VやFのような音を出すグループというように、こまかく分類できるかもしれない。こうして人間の言葉にならって楽器の音を分類する法則を見つけ、発展させることによって、新たなオーケストラを構築できるかもしれない、というわけだ。

　ワーグナーは、一八五一年に執筆した『オペラとドラマ』の中で、オーケストラに対する彼なりの考え方、オーケストラの機能、そしてオーケストラと人間言語とのかかわりについて詳しく解説している。『オペラとドラマ』は、ドレスデンから逃げてきた*あとに執筆した小冊子で、当時『ローエングリン』までの作品はすでに完成しており、『ニーベルングの指環』に取りかかっているところだった。それはまた、ワーグナーが個人的な目標だけでなく、芸術家としての自分の目標をはっきりと自覚した時期でもある。彼はこの時、私生活における個人的な衝突や作曲家としての失敗の原因について一度よく考えてみる必要に迫られていた。社会生活および創作活動において自分を突き動かしているのは何なのか、はっきりさせねばならなかった。人生最大の危機を迎えるにいたった経緯について総括する必要があったのである。

＊　ワーグナーは、一八四三年からドレスデンの歌劇場の指揮者の地位にあった。彼は一八四九年に同地で起こったドイツ三月革命（おもに労働者が体制に反発して起こした）に参加したが、革命運動が失敗したため指名手配され、ド

イツを逃れてスイスへと亡命した。

ワーグナーは経験上、作曲家として自分が何を必要としているか十分理解していたし、自分の目的をかなえるためには、何をどう変えればよいかについてもよくわかっていた。人間としてしっかりとした自己分析能力を備え、自らの飽くなき要求と当時の一般的な考え方との衝突から生じる困難についても、きちんと理解していた。指揮者としては、自らの音楽理論に基づく要求と、演奏現場での条件が到底折り合わないだろうということも承知していた。

彼はそうした衝突や矛盾を隠そうともしなかった。それどころか、結果を恐れず、問題を極力さらけ出す道を選んだ。もっとも後年彼は、当時芸術に必要だと考えていたこまかい条件の多くを、自らあっさり放棄してしまった。また、論争好きの彼の発言をあまり文字通り受け止めるべきではない。しかし当時の状況を考慮すれば、三十八歳という働き盛りに発表された『オペラとドラマ』は、ワーグナーの基本的な考え方、とりわけオーケストラの特性とその主たる目的についての彼の考え方を知るには格好の資料である。簡単にまとめれば、ワーグナーはこの時、オーケストラが専制君主であった時代、そしてオーケストラがヴィルトゥオーゾの楽器であった時代を終わらせたのだ。オーケストラをより大きな組織体の一部として取り込み、新たな任務を与えた。過去に考え出されたあらゆるテクニックを用いながらも、単にそれを誇示するのではなく、彼のいう「ドラマ」に象徴されるいちだんと高い目標を達成する手段としたのである。

3

ワーグナーにとって、オーケストラとは宇宙の音を奏でる組織体であった。そこでは生命の萌芽、あるいは芽生えに向けた衝動が、いまだかたちは定まらず、目にも見えず、情緒的なものとして存在しているにすぎない。オーケストラは原始の状態にある自然そのものである。メロディーによって何かをはっきりと表現する能力はまだ備えていない。というのも言語だけがそうしたメロディーを生み出せるからだ。オーケストラと言語は共通点を持っている。楽器の響きの違いは、子音の違いに相当する。しかし楽器の響きはあいまいで、はっきりとした意味を伝えられない。そのためには言語が必要であり、オーケストラは常に言語とのかかわりを求めている。人が自然の産物であるならば、メロディーはハーモニーの産物である。ハーモニーを奏でる楽器がオーケストラだ。よって次のような三段論法が導き出される。オーケストラはハーモニーであり、ハーモニーは自然そのものである。よってオーケストラもまた自然そのもの、あるいは、ワーグナーの意見に従えば、宇宙そのものだということになる。

この時期のワーグナーは、何を語るにも自然科学を引き合いに出した。そのため、いたるところで言語のさまざまな要素、たとえば母音や子音などを、人間の体の構造や血液循環に比較している。このような比較は、彼の考えがどこに向かっているのかを知るうえで役に立つかもしれない。彼はオーケストラを有機生命体としてとらえており、まだ理性的な表現ができずに、ハーモニーの原理によって組み立てられた本能に支配されている段階にあると考えた。これはハーモニーの自然科学的解釈とでも言うべきもので、当時のワーグナーはまだ知らなかったが、ショーペンハウアーの音楽美学と非常に似かよっている。宇宙の根音をなすもっとも低い音は宇宙の一番奥から響く音であり、もっとも暗い音色を持っている。これを基音としてその上にハーモニーが垂直方向に築かれ、高い音ほど明るさと機動性が増す。音がハーモニーの階段をのぼっていくように、自然界もそれによく似た体系を備えており、無機的な物質から高等生物へのぼっていくというわけだ。

　ワーグナーはハーモニーに関するこうした考えを、『ラインの黄金』の前奏部分で実際に音として表現し、聴衆に強烈な印象を与えた。『ラインの黄金』の冒頭は、変ホ長調の和音だけで成り立っている。コントラバスによる深々としたＥ♭（変ホ）の音で始まり、しばらくすると、ファゴットがＥ♭と完全五度の関係にあるＢ♭（変ロ）の音を加える。さらにしばらくすると、ホルンが一本加わり、変ホ長調の主要三和音に含まれる音を下から上へと吹いていく。他のホルンがそれに続き（ホルンは全部で八本になる）、音が上下に動く。やがて低弦と木管の一部が合流し、和音のかたちが若干崩れ、最初は八分音符の、続いて十六分音符の生き生きとした動きが生まれる。そこにヴァイオリンと高音域の木管が加わるが、変ホ長調のハーモニーはそのまま保たれ、最終的にフルオーケストラによる演奏になっても、調性が変化することもなければ、メロディーらしいメロディーが現われることもない。するとここで突然幕が上がり、聴衆の目にはライン川の川底とそこで泳ぐラインの乙女たちが目に入ってくる。その瞬間――開始から一三六小節目で――変ホ長調から変イ長調へ転調し、同時にラインの乙女のひとりが最初のメロディーに乗せて「ヴァイア、ヴァーガ、うねる波よ」と歌い始める。

　ワーグナーは『ラインの黄金』前奏部分の解説をするために、オーケストラの果たすべき役割、および言語とのかかわりに関する書物をしたためたのだろうか。それとも逆で、彼が『オペラとドラマ』を書いたとき、彼の頭の中にはすでにこの場面の構想が眠っていたのだろうか。いずれにしても、書かれた内容と作品の前奏とのあいだには、これまで述べてきたような密接な関係があり、そこからワーグナーの意図をはっきり読み取れる。ここで私たちが目にし、耳にするのは、有機生命体が組み立てられていく様子である。冒頭は、ラインの川底のさらに下から、原始的な力がわき上がってくるところだと思えばよいだろう。ゆっくりと、創造のプロセスのように、オーケストラの音域は上昇し、最初の歌のメロディーとともに原始的ながら最初の言葉が発せられたところで、純粋な和声的展開は終わる。

『ラインの黄金』の前奏は、ワーグナーが自然とハーモニー、ハーモニーとオーケストラを同一視していることが明白な例のひとつである。彼の基本的な考え方を実際に音にするには、特殊なオーケストラが必要だった。まずワーグナーは木管楽器の数を増やし、フルート、オーボエ、クラリネット、ファゴットを各三本にした。それによって同種の木管楽器で、根音、第三音、第五音からなる三和音を、言い換えれば、完全な和音を奏でられるようになった。木管楽器にイングリッシュ・ホルン、バス・クラリネット、コントラ・ファゴットを加えたのは新機軸とは言えないが、それまでは一種の贅沢であったものが、ここにきて当たり前の編成と見なされるようになった。ベルリオーズやリストと同じように、ワーグナーはイングリッシュ・ホルンを独奏楽器として重要な場面に起用した。ソロとしてもっとも有名な起用例のひとつは、瀕死のトリスタンがイゾルデの船の到着を待ちながら、羊飼いの笛の音に耳を傾ける場面である。

　しかしこのように木管楽器をソロとして用いるのは例外的で、特別な場合に限られる。一般的に木管楽器はハーモニーを奏でる目的で使われた。ワーグナーが伝統的な二管編成に一時的に戻った作品である『ニュルンベルクのマイスタージンガー』の場合であっても、木管がハーモニーを奏でるという原則は守られている。ワーグナーの作風は『ローエングリン』で決定的な転機を迎えた。この作品はワーグナーのオペラとしては初めて、ハーモニーを第一に考えて作曲されており、和音の上行と下行が交互に現われる。聖杯《グラール》の動機をはじめ、『ローエングリン』に登場するさまざまな動機は、メロディーというよりはハーモニーである。悲劇的な展開はイ長調（聖杯の調）からイ短調（「禁問」の動機の調）への転調によって表現される。楽譜をよく見てみると、動機は旋律的に見えてもみな三和音の構成音からつくられている。したがって動機はハーモニー的な性格を持っており、水平に展開してメロディー・ラインを構成することもできれば、垂直に積み上がって和音をつくることもできる。

4

『ローエングリン』は過渡期の作品で、新たなハーモニーのスタイルを感じさせるとはいえ、作曲者の確信が伝わってくるところまではいたっていない。その後の変革と熟考の時代――数年間にわたり作曲を行なわない時期があった――を経て、初めて方向性が明確になり、『ニーベルングの指環』の作曲に着手できるようになった。『指環』では、ハーモニーを奏でるのは木管楽器だけではない。新たに金管楽器にも重要な役割が与えられた。ワーグナーは金管にまったく新たな楽器を付け加えた。それはテューバの一種だが、ホルンとテューバの中間に位置する楽器で、一般にワーグナー・テューバと呼ばれる。構造上は巨大なバス・テューバに似ているが、全体に小ぶりで、ホルンのようなマウスピースが付いている。四本がセットでオーケストラに参加し、特殊な和音を奏でるために常に四本が同時に音を出す。『ラインの黄金』第二場の冒頭で、神々の城「ヴァルハラ」の姿を描くために使われているのがその一例である。

これに対してトロンボーンは、「ヴァルキューレの騎行」のような場面で根源的な力を表現するためにユニゾンで使われることが多い。『指環』でワーグナーが使った金管楽器は、ホルンが少なくとも四本、時には六本ないし八本（そのうち四本は、ワーグナー・テューバと持ち替え）、トランペット三本とバス・トランペット（バス・トランペットの導入により、トランペットだけで独立した和音を奏でられるようになった）、トロンボーン三本とバス・テューバ、そしてワーグナー・テューバ四本である。四本ずつの同種の楽器からなる四つの金管楽器群が構成されたことで、それぞれのグループを単独で使ったり、また特別に重要なシーンではすべてをまとめて使ったりできるようになった。

　このような編成のオーケストラをワーグナーが使ったのは『指環』の四作品のみであり、その後の作品ではワーグナー・テューバを使っていない。特に『マイスタージンガー』はオーケストラの編成の面でも、楽器の使い方の面でも簡素化が目立つ。だからといって、演奏効果を限定する狙いがあったわけではない。ワーグナーの作品の楽器編成は、劇の性格と作品のスタイルというふたつの要素によって決まる。それ以外の要素は関係ない。中世の題材を扱った『マイスタージンガー』では、ワーグナーはオーケストラにも同様に中世の装いをさせようと思ったのだろう。もっとも中世と言ってもあくまで、彼の他の作品よりは古めかしいという程度の意味である。それに対して、『指環』は根源的な力やそれにまつわる出来事をストレートに描いた作品なので、オーケストラにも最大級の力強い響きが要求される。また、半音階主義を取り入れた『トリスタンとイゾルデ』では、ワーグナー・テューバのようにもっぱら垂直的なハーモニーを奏でるための楽器は必要とされなかった。

　最後の作品である『パルジファル』のオーケストラは、バイロイト祝祭劇場のオーケストラピットが舞台の下に潜り込むようにつくられているという、新たな状況に合わせた結果である。金管楽器、木管楽器、弦楽器という三つのセクションに分かれたオーケストラというワーグナーの特徴がはっきりと現われている。もっとも、『パルジファル』では、楽器の音、特に金管楽器の音が直接響くような状況は作品の性格にそぐわない。どちらかというと世俗的な響きをすべて避け、現実に結びつくような要素を極力排除している。したがって、金管を過度に強調するようなことはなく、「前奏曲」がその典型だが、オーケストラの三つの主要なセクションが、それぞれの得意とする領域からはみ出さないよう配慮されている。

　のちに楽器の変更や削減があったとはいえ、金管楽器は当初からワーグナーのオーケストラの土台となり、作品の個性をかたちづくるセクションであった。スポンティーニのオペラ『フェルナンド・コルテス』に触発され、そこで使われていた軍楽隊的なオーケストラを手本にして作曲された『リエンツィ』では、テューバを含む大編成のオーケストラに加え、舞台上に大編成のブラスバンドが必要となる。『さまよえるオランダ人』の最初のヴァージョンはあまりにも金管を強調したオーケストレーションであったため、「ファウスト」序曲同様、チューリヒでの上演に際しては、作曲家自身によって金管の威力を抑えるための変更が加えられた。だがその猛々しい響きゆえにかえって、『オランダ人』については、おとなしくなった改訂版よりも、最初のオーケストレーションに魅力を感じると言う音楽家が多い。

　『タンホイザー』の場合も、ホルンとトロンボーンの響きが支配的であるため、初めて聴いたときには金管楽器群が圧倒しているという印象を受ける。金管楽器はクライマックスだけでなく、全曲にわたって鳴り響くため、ここぞという場面に使用が限定されていたそれまでの作品と異なり、作品全体の響きが金管寄りになっている。同じことが『ローエングリン』についても言えるが、曲の透明で明るい雰囲気が、金管の響きと鋭い対照をなしている。「前奏曲」がその一例であり、力強いクライマックスはトロンボーンによってかたちづくられる。トロンボーンの重要性は最後の第三幕になっても変わらない。金管楽器群はワーグナーのオーケストレーションに必要不可欠なパートであり、しかも響きの土台となっている。他の楽器の音色は、この金管楽器のしっかりとした響きに乗っかっていると言ってよいだろう。

ワーグナーの弦楽器の使い方（数およびテクニック）にも、金管楽器が響きの土台をつくっているという事情が影響している。彼が自作で採用した弦楽器のテクニックは、それまでにない新鮮さを備えていた。ウェーバー、そしてベルリオーズでさえ、弦楽器をある程度ソロで演奏させたりしたが、ワーグナーはわざと、ヴィルトゥオーゾ的なソロには背を向けている。彼にとって弦楽器は、金管楽器が奏でる動機やハーモニーに、さまざまな音型によって装飾を施すための楽器だった。弦楽器には高水準のテクニックを求めたが、フィンガリングのなめらかさに関してに限られた。

『オランダ人』に登場する半音階的音型を聴けば、彼の実験がどの方向へ向かおうとしていたのかがわかる。非常に有名で模倣されることの多い『タンホイザー』のヴァイオリンの音型はその延長線上にある。「魔の炎の音楽」や「ヴァルキューレの騎行」、『神々の黄昏』のラインの乙女たちの場面などに現われる分散和音音型から、『パルジファル』前奏曲のアルペッジョにいたるまで、さまざまな音楽が同じ範疇に入る。つまり弦楽器もハーモニーを奏でる楽器の仲間入りをしたのだ。しかし弦楽器もまた基本的にひとつの音しか演奏できず、和音を奏でられないため、ハーモニーを奏でるにはそれらしく聞こえるよう編曲を施すか、指をずらしながらとぎれとぎれに三和音を弾くしか方法がない。それがあるときは『タンホイザー』の音階風のフレーズとして、またあるときはピアノ曲によくある分散和音風の音型となって現われたのである。

もちろん、弦楽器の効果的な使用例は他にもある。ウェーバーが『魔弾の射手』序曲のコーダで試みたように、ヴァイオリンをユニゾンで演奏させて輝かしい音色を際立たせるというやり方も好まれた。『さまよえるオランダ人』の序曲にこれをまねた箇所がある。その後の作品では、ヴァイオリンの輝かしい音色を強調しており、例としては、『タンホイザー』第二幕の行進曲に続く場面やフィナーレ直前にタンホイザーが「ローマへ」と叫ぶ場面、あるいは『ニュルンベルクのマイスタージンガー』前奏曲、および同曲の最後の場で徒弟たちがダンスに加わる場面などが挙げられる。ヴァイオリンの効果的な使い方としては、他にも『ジークフリート』第三幕で、ひとり岩山の上で眠らされていたブリュンヒルデをジークフリートが発見する場面も印象的だ。すべてのヴァイオリンがひとつになり、ゆっくりと時間をかけて上昇し、それがまたゆっくりと下降することで、ジークフリートが最初に感じた驚きと、今まで見たことのないものを目にした結果生まれた彼の胸苦しさを表現している。

こうした弦のパッセージは、分散したハーモニーであれ、水平方向へ展開した表現力豊かでリリカルな動機であれ、多くの奏者が必要となる。というのも、数多くの楽器による厚みのある音でのみ、彼が意図したような演奏効果を実現できるからだ。そのため『指環』以降、ワーグナーは必要とする弦楽器の数を正確に指示するようになった。それによれば、第一および第二ヴァイオリンが一六、ヴィオラ一二、チェロ一二、コントラバス八となる。このような数の弦楽器が必要なのは、管楽器、特に金管楽器の音量に負けないようにするためであり、また作曲家が意図した響きを弦楽器から引き出すためでもある。

5

ワーグナーのオーケストラは、全体として、ハーモニーを奏でることを第一に組み立てられている。ハーモニーはワーグナーの創作の出発点だ。作品の中では、すべての動きがハーモニーによって表現される。作品は「ハーモニック・アクション」という考え方に基づいてつくられており、ハーモニーは音楽的要素だけでなく詩的要素をも支配している。「ハーモニック・アクション」とは、劇中に登場する人物や事物に、それぞれ異なるハーモニーの衣をまとわせ、象徴的に表現するという手法だ。『さまよえるオランダ人』から『パルジファル』まで、彼の全作品を貫いている「救済」というテーマは、音楽における「カデンツ（終止形）」——さまざまな和音が主和音に解決する終止のかたち——を詩的に象徴したものである。解決の内容と方法は作品ごとに異なり、音楽としての解決と劇としての解決が常に同時に起きる。ワーグナーが自分の子供時代について語った、次のような言葉を覚えている読者もいるだろう。「昼日中からよく空想にふけった。空想の中には和音の三つの音が現われる。私はその存在を肌で感じ、その性格と意味をはっきり理解することができた」。こうした空想はその後も続いた。ハーモニック・アクションへとワーグナーの創造力を突き動かしたのは、子供時代の空想の世界だったのである。

　ハーモニック・アクションの展開方法はふたつある。「全音階的（三和音）アクション」と「半音階的アクション」だ。通常はこのふたつが混在するが、その割合は作品によって異なる。「全音階的アクション」が優勢となることもあり、そのもっとも顕著な例が『ローエングリン』である。このオペラはおもに上行する三和音と下行する三和音から構成されていて、それぞれ聖杯騎士の登場と別離を表わしている。「半音階的アクション」は敵役である魔女オルトルート、ならびにその夫テルラムントのために使われる。ふたりは清らかな三和音の世界を破壊しようと企てるが果たせず、聖杯騎士は聖なる城へと帰っていく。『ローエングリン』と正反対なのが、『トリスタン』である。ここでは「半音階アクション」が鎮まることを知らない情熱の嵐を象徴しており、音楽は調性が定まらぬまま漂流を続ける。

『ローエングリン』と『トリスタン』は、ハーモニック・アクションを利用した作品のなかでも、もっとも極端な例かもしれない。しかしこのふたつの例からわかるように、常に全音階的なものが善で、半音階的なものが悪という単純な話ではない。その役割は作品によって常に変化する。『オランダ人』では、三和音の第三音が欠け、根音と第五音だけからなる和音が、呪われた船長の決してかなえられることのない秘められた願望を表わしている。一方、清純な乙女であるゼンタが歌うバラードには長三度の音程が使われていて、船長の空虚な和音と混ざりあうと長三和音が完成する。半音階的な動機は荒れ狂う海を描写し、聴衆はそこから海の男たちの魂に宿る猛々しさを感じ取る。『タンホイザー』では、エリーザベトの神聖な愛と、ヴェーヌスのよこしまな恋が、全音階的な音楽と半音階的な音楽で対照的に描かれる。

『指環』でも、全音階的な世界と暗い情熱を表わす半音階的世界を対照させるという図式が継続する。ここではハーモニーが自然の本質を象徴しているが、それが強欲や独裁的権力によって浸食され、破壊される様が描かれる。中世風の衣をまとったハーモニーが聴かれる『マイスタージンガー』では、全音階的な音楽は秩序のとれた、そのかわり自由の制限された世界を象徴し、『パルジファル』では神が統治する至高の世界を表わす。後者ではその世界が、官能的で半音階的なハーモニーが象徴する邪悪な勢力によって脅かされる。

ざっと分析しただけでも、こうした対照はあくまで原則であり、ごくおおざっぱな意味で使われているにすぎないのだとわかる。しかしこの原則は作品全体の底流をなしていて、全音階的世界と半音階的世界のバランスを取ろうとしてさまざまな形で登場する。目標の達成は最終的に和声的な解決として表現されるが、それが音楽的には「カデンツ（終止形）」、演劇的には「救済」というかたちで訪れるのである。

このようにワーグナーの作品で、ドラマの展開を条件づけるのはハーモニーである。このハーモニーを生み出す組織体がオーケストラであり、表現手段としてのハーモニーからのあらゆる要求に応えるべくオーケストラは編成される。そのために、ワーグナーは木管の数を増やし、基本となる金管群を増強し、弦楽器についても数とテクニックの両面で見直しを図った。これはひとえに完璧なハーモニーを実現するためであるとともに、多彩な響きとデュナーミクおよび音色の変化を引き出して、聴衆に可能な限り強い印象を与えるためであった。

ワーグナーにとって、オーケストラが創造力の源そのものだったとすれば、それと同じ理由で、ドラマのテーマには根源的な自然の力を感じさせるような素材を選んだ。もっとも、初期の作品では、『リエンツィ』のような歴史的な題材も選ばれている。その後自然の力と人間の感情の融合を描いた『オランダ人』へと進み、さらには、ひとりの人間の心の中にある、相反する感情のぶつかり合いを描いた『タンホイザー』が生まれる。しかし根源的な力を描こうとする傾向はさらに強くなり、人間の心の奥深くに秘められた力を明らかにする『ローエングリン』を経て、『ニーベルングの指環』へとつながっていく。『指環』の構想を練るにあたって、ワーグナーはついに自然の力の核心に到達する。それを受けて、ライン川、ヴァルキューレの騎行に伴う雷鳴、魔の炎、『ジークフリート』のささやく森といった自然を描写する音楽が作曲された。また『パルジファル』の「聖金曜日の奇跡」の音楽はこれと同時期――作曲家のチューリヒ滞在中――にスケッチが書かれている。

その一方で、こうした自然の力への傾倒は、『ラインの黄金』から『ヴァルキューレ』を経て『ジークフリート』前半にいたって頂点を迎え、その後徐々に退潮の兆しを見せる。退潮傾向は、その後作曲された『トリスタン』の夜の情熱から、『タンホイザー』パリ版の官能的な「ヴェーヌスベルクの音楽」、『マイスタージンガー』の輝かしい日の光を感じさせる音楽、『ジークフリート』第三幕での「ブリュンヒルデの目覚め」、『神々の黄昏』の見事な結末となって表われるが、そのゴールとなるのが、『パルジファル』の神秘的な聖杯城である。

オーケストラはこうした変化のすべてにかかわっている。変化を起こした要因のひとつだと言ってもよいかもしれない。オーケストラの潜在能力と変化を誘発する能力を正しく評価したことが、芸術家としてのワーグナーのもっとも偉大な点である。この才能こそが彼の天才的資質の中核だと言い切ってしまっては、言い過ぎになるかもしれないが、楽器の利用法に関する豊かな想像力が、彼の創作活動を導く最大の要素になっていたのは間違いない。彼のオーケストラは劇に対する彼のヴィジョンを忠実に映す鏡であり、またその逆に彼のヴィジョンはオーケストラの表現力から生まれたのである。ワーグナーは、オーケストラ作曲家の耳で劇を聴き、劇作家と演出家の目でオーケストラを見ていた、と表現できるかもしれない。

6

「ライトモティーフ（示導動機）」とよばれるワーグナー独特の作曲手法も、同じようなプロセスを経てできあがった。ライトモティーフの元になったのは、ロマン派、特にウェーバーやマイヤーベーアが使った回想動機＊、およびベルリオーズとリストが利用したイデー・フィクスである。しかしワーグナーはライトモティーフを論理的かつ徹底的に利用し、一貫性のある音楽をつくりあげた。その意味で先輩作曲家たちを凌駕したと言える。ワーグナーが自作に導入したライトモティーフは、聴き手に物語の展開を予感させたり、過去の出来事を思い出させたりするだけのものではない。劇中の動きに込められた音楽的な意味と演劇的な意味を聴衆にわかりやすく説明するという役割を担っている。演劇的な意味では、ライトモティーフは心理的なプロセスを表現するものであり、登場人物自身が自覚しているか否かに関係なく、彼らの心の動きを常に追っている。音楽的な意味では、ライトモティーフはハイドンやベートーヴェンが究《きわ》めた主題労作の延長線上にある手法であり、交響的作品の主題に取って代わるものである。

＊　劇中のあるエピソードを回想させる機能を持つ動機。

そのため、ワーグナーは交響的作品をこれ以上つくる必要はないと宣言したのだ。主題をライトモティーフに変えることで、交響曲の効果的な手法を引き継ぐことができたと考えたのである。そして新たなる目標を掲げた。それが総合芸術作品としての「楽劇」の創造である。楽劇ではすべての意味がはっきりと示されるので、純粋な器楽としての交響曲のあいまいさを排除できるし、標題による説明も不要となる。ワーグナーのライトモティーフは、古典派の主題とは違い、その個性を生かして展開するためのものではない。それは言わばいろいろなメロディーのかたちをしたハーモニーの断片である。したがって、『トリスタン』や『マイスタージンガー』のように非常に高度な使い方をされている場合であっても、音楽的な簡潔さと知的創造物としての価値を兼ね備えた交響曲と同列に論じるわけにはいかない。

それでもライトモティーフは、新たに生まれたハーモニー主体の楽曲の一部となり、劇中の登場人物の感情の変化を明確に示すにはうってつけの手法であった。しかも聴き手にとってもわかりやすい手法であるため、彼らが音楽的および演劇的展開を追う際の役に立った。さらにメロディーやリズムだけでなく、響きの面でも多くの可能性を備えているため、常に変化する情緒的展開を描くのにも最適であった。ライトモティーフはワーグナーの作品の生命とも言うべき大原則であり、ハーモニーから生まれハーモニーへと還っていく。そしてこのライトモティーフを駆使することで、「ハーモニック・アクション」は聴衆の想像力を刺激する完璧なシステムとして完成を見たのである。

こうした手法でいかに完璧な作品をつくりあげるか、ということがワーグナーに課せられた最大の任務だった。彼は、ドレスデンで指揮者として実際に音楽活動を始めたころから、楽器の良し悪し、楽団員の生活状況、その教育、音楽活動にともなって発生するさまざまな要求など、オーケストラをめぐるあらゆる種類の問題に首を突っ込んできた。なかでも最重要課題は、オーケストラをどこに配置するかという問題だった。ベルギーの作曲家グレトリー（一七四一～一八一三年）が、すでにこの問題を取り上げていたことを覚えておられる読者もいるだろう。グレトリーの場合は聴き手の立場からの問題提起であり、譜面台の明かりと汗をかきながら楽器を吹く奏者が目障りだったのである。ワーグナーの場合、それは二の次で、正しい音響効果を実現することがもっとも重要だった。オーケストラの規模を拡大したのは、単に大きな音を出したかったからではない。歌手の声と楽器の音のバランスを取ることがいかに重要かよくわかっていたにもかかわらず、楽器の数、なかでも管楽器の数を増やしたのは、豊かな音色とハーモニーの効果がどうしても必要だったからである。楽器から弱めの音がほしい場合でも、楽器の数を減らしてしまっては、必要とする響きが得られないし、歌声と楽器のバランスが必ず改善するというものでもない。

　伝えられるところによると、ある日、指揮をするためにリガを訪れた若き日のワーグナーは、ドアがきっちり閉められた楽屋でしばらく待機する羽目になった。すると突然、オーケストラの音が聞こえてきた。その音は今まで聞いたことのないほど明瞭で、しかも耳障りな荒々しさがまったく感じられなかった。事実かどうかはわからないが、それ以来、「隠されたオーケストラピット」というアイデアがワーグナーの頭から離れなくなり、その後も長い間この考えにとりつかれていた。やがて『指環』のオーケストレーションを手がけている頃に、自作を上演するための祝祭劇場を建てるという話が持ち上がった時には、すでに彼の頭の中には具体的なアイデアができあがっていた。しかし最初の「祝祭劇場のためのスケッチ」から、一八七六年の劇場完成にいたるまでの道のりは、決して短くはなかった。それでも、隠されたオーケストラピットからの響きは、それを初めて耳にしたワーグナーにとって、あまりにも新鮮な経験だった。その後作品をつくるにあたって、彼はバイロイトのピットから聞こえる柔らかな音しか想像できなくなってしまったのである。

　バイロイトでの新しい経験に基づいて作曲されたのが『パルジファル』である。そのオーケストレーションには、偉大な作曲家にして偉大な指揮者であった人物の究極の知恵がしっかりと盛り込まれている。『パルジファル』のスコアからは、ワーグナーのオーケストレーションの神髄をはっきり聴き取

バイロイト祝祭劇場での『ラインの黄金』上演風景。ステージと客席の間に、わずかにオーケストラが見える。（Lebrecht ／アフロ）

ることができる。オーケストラは、金管楽器、木管楽器、弦楽器という三つのグループに分かれる。この順番は、通常ステージで階段状に並んだオーケストラの奥から手前への並び順と同じだが、バイロイトのオーケストラピットにおける配置も同様である。つまりピットの一番奥の深い位置に金管楽器があり、次に木管楽器、そして一番上の指揮者に近い場所に弦楽器が置かれている。管楽器は客席に届くまで距離があるため、その響きは減じられる。ピットの一部は屋根で覆われており、それがさらに音量を奪うため猛々しさが失われ、各楽器の特徴的な音色だけが聴衆の耳に届くのである。

　バイロイトの音響効果は作曲家としてのワーグナーが意図したものだが、目障りなオーケストラを隠したのは演出家ワーグナーの希望をかなえたという側面もある。ただし、このような上演環境が理想的なのは、間違いなく『指環』と『パルジファル』だけである。特にバイロイトで聴く『パルジファル』の響きは、その幾重にも積み重なったハーモニーと相まって、他の場所では決して聴けないオーケストラの音を体験させてくれる。このような音響効果を得るにはそれなりの犠牲がつきまとう。控えめで漠然とした音からは、自然なみずみずしさと力強さが失われた。『トリスタン』や『マイスタージンガー』の場合、バイロイトのオーケストラの音はあまり満足のいくものではないし、『ローエングリン』、『タンホイザー』、『オランダ人』といった初期の曲では、不満がより強くなる。モーツァルトやベートーヴェンなど他の作曲家のオーケストラを、バイロイトのピットで鳴らすなど論外であり、彼らの作品ならではの個性的な響きをわざわざ殺してしまうようなものだ。

ワーグナー以降、バイロイトでの試みに続くような事例はほとんど見当たらない。一般的な歌劇場では、オーケストラが神秘的な穴倉ではなく聴衆の目にさらされる古いタイプのピットで演奏を続けており、わずかな例外として行なわれた実験的な試みは、現実的にも芸術的にも失敗に終わった。だとしても、ハーモニーを奏でることを最大の目的とするロマン派のオーケストラにとって、バイロイトのオーケストラがその最終形、あるいは論理的帰結であるという事実に変わりはないだろう。

かくしてハーモニーの持つ創造的な力は、いかなる音楽表現にも有効であることが実証された。ハーモニーを仲介として、オーケストラは自然そのものと同一視されるまでになった。ハーモニーはライトモティーフの助けを借りてオーケストラ、つまりは自然界に深く入り込み、交響的有機体という幻想をつくりだした。ハーモニーは、自らが宇宙の象徴だと宣言するにいたった。かくしてワーグナーとともに、オーケストラの新たな完成形が出現した。オーケストラは音響と創作の世界におけるシンボルとなったのである。

8　世紀末のオーケストラ
——ブラームス、ブルックナー、マーラー

1

ベートーヴェン以降、交響曲の歴史に何が起きたか見てみると、ワーグナーの考えが正しかったように思われる。ワーグナーは、純粋な器楽はベートーヴェンでその頂点に達してしまい、その後は言葉、特にドラマを構成する手段としての言葉との関係においてのみ存続し、成長できるとしたが、その後の展開は彼の言葉通りになったからだ。交響曲作家の何人かはベートーヴェンの例に倣い、リストの『ファウスト交響曲』や『ダンテ交響曲』のように、フィナーレに声楽を取り入れた。ベルリオーズは、劇的交響曲『ロメオとジュリエット』や劇的物語『ファウストの劫罰』で、交響曲とオペラの中間に位置する作品を書いた。それ以外のケースでは、作品の中で言葉が直接使われていなくても、標題を表わす詩的なコメントが挿入されたりした。作曲家が独立した器楽曲として書いた作品にも、このようにさまざまなタイプがあるが、ワーグナーに言わせれば、それらは単なる実験であり、言葉の欠如を埋め合わせようとした結果にすぎない。彼は器楽にとって不可欠な基礎として、率直に言葉との関係へ、そし

て結果的には演劇との関係へ立ち返るべきだと主張した。彼の音楽理論はすべてこうした信念に基づいている。

だが、ここでワーグナーの理論が正しいか否かを議論する必要はない。というのも彼の理論はすべてを見通したうえで導き出された結論ではなく、彼の個人的才能が導き出した結論だからだ。ベルリオーズやリストが自作と言語の関係をゆるやかなものにとどめておきたかったのは、偶然でもなければ、居心地の悪さを感じていたわけでもなく、単に言語による束縛を嫌い、自分が本当に必要とするときだけ利用したかったからだ。言葉に頼らない器楽は、概ね表現の面で言葉を取り入れた音楽と同程度の明晰さを獲得しうるし、むしろ写実的な音楽を超えて、より高度な芸術であると考えられなくもない。

実際、器楽は言語から自由になるべきか、それとも言語に何らかのかたちで依存すべきか、というような問題をめぐる対立は、見解の相違でしかない。合唱をともなったり、演劇的要素や標題を含む交響曲だけでなく、言葉や標題をまったくともなわない作品もその後も引き続きつくられている。ベートーヴェン自身、言葉をともなわない交響曲を八曲書いている。もし『田園』を標題音楽に含めたとしても、標題と無縁な交響曲を七曲書いていることになる。この七曲は、すべて第九への準備にすぎなかったのだろうか。シューベルトやメンデルスゾーン、シューマンらは、純粋な器楽タイプの曲を書き続けた。ワーグナーはそれを不要な創作だとしたが、実際にそうした作品がつくられ、人気を博し、それなりのインパクトを与えたという事実は否定できない。純粋な器楽作品に対するワーグナーの非難は、あくまで彼の個人的見解にすぎない。なぜなら彼の同時代、あるいはすぐあとの時代の作曲家が、新たな流れをかたちづくり、新たな交響曲を書き続けたからだ。そのなかでも主要な作曲家として、ブラームス（一八三三～九七年）、ブルックナー（一八二四～九六年）、そしてマーラー（一八六〇～一九一一年）があげられる。

三人の作曲家は性格も芸術に対する姿勢もそれぞれ異なるが、それまでの作曲家たちとは一線を画する共通点を持っている。それは三人とも、ベートーヴェンとその後継者たちの作品に多くを負っていることだ。だからといって、彼らの作品にオリジナリティーが欠けているわけではないし、非難しているわけでもない。彼らの先輩たちも、そのまた先輩から何らかの恩恵を被っていたのは同じだ。だがワーグナー以降の交響曲作家たちは、きわめて一般的な意味で、その先輩たちに負う部分が大きい。ハイドンからベートーヴェン、ウェーバー、シューベルト、メンデルスゾーン、ベルリオーズ、マイヤーベーア、リスト、ワーグナーと続くそれまでの作曲家は、それぞれ独自の世界を切り開いてきた。彼らは独特な音楽言語を開発した。それは純粋な器楽であることもあれば、言葉や演劇の助けを借りたオペラであったり標題音楽であったりしたが、いずれにしても、他人とは違う自分だけの語彙を身につけた。表現様式を編み出し、器楽的音楽言語の伝統を築いていくなかで、自分だけのシンボルを見出していった。シンボルは形式であったり、器楽的な語法であったり、展開の法則であったり、純粋に技術的な表現方法であったりするが、それらが合わさって、オーケストラに関するそれぞれの作曲手法が確立されたのである。

それまでの世代の作曲家たちにとっては、こうした原則や手法、異なるタイプの音楽を発見し、それを自分の作風のシンボルとして確立することが自らの任務だった。どう達成するかは千差万別であり、ハイドンとワーグナー、ベートーヴェンとベルリオーズ、シューベルトとマイヤーベーア、ウェーバーやメンデルスゾーンとリストを比べてみれば、いかに対照的であったかわかるだろう。彼らは全員オーケストラの世界の探検家であり、それぞれが新たな大陸を、少なくとも新たな国や景色を発見したのである。

革新と発見の時代は終わり、それまで発見されたものを、手間をかけて磨き上げる時代が訪れた。新たな世代の交響曲作家たちの手元には、必要な素材がすべて揃っていた。彼らに求められたのはもはや発明ではなく、目の前の可能性から何かを抜き出す作業だった。時代を先へ先へと推し進める力はほとんどなくなった。ワーグナーは時代の大きな転換期に登場し、器楽の発展において最後の輝きを放った作曲家であった。そこから先の音楽家は、後ろを振り返り、それまでたどってきた道を概観し、手元のストックを確認し、さらなる曲づくりに向けてさまざまな可能性を探ることになる。人はそれを折衷主義と言うかもしれないし、問われれば事実そうだと答えざるを得ない。しかしその後のすべての世代にとって、折衷主義は避けられない運命だったのである。

2

世紀末に活動した三人の作曲家のなかに、オペラを書いたり、書こうとしたりした人物はひとりもいない。ブルックナーとマーラーはほぼ完全に交響曲作家である。ふたりの他の作品は、交響曲のための習作や特別な目的のために書かれた作品であり、交響曲に匹敵するような作品ではない。ブラームスは、あらゆる種類のピアノ曲や室内楽、声楽曲などを書いたあとで、かなり遅くなってからオーケストラ曲の作曲に取り組んだ。四つの交響曲を作曲したが、第一番が出版されたのは一八七七年で、ブラームスはすでに四十四歳になっていた。続く三つの交響曲に加え「ハイドンの主題による変奏曲」といくつかの序曲を作曲しており、それ以外のおもなオーケストラ作品としては、ピアノ協奏曲が二曲、ヴァイオリン協奏曲、ヴァイオリンとチェロのための二重協奏曲が挙げられる。『ドイツ・レクイエム』や『運命の歌』などの偉大な合唱曲では、オーケストラは脇役にとどまっている。最初にオーケストラ曲を手がけたのはふたつの『セレナーデ』で、ピアノ協奏曲第一番より一年早く、一八六〇年に出版されている。

ブラームスがなかなか交響曲を書こうとしなかったのは、ベートーヴェンの偉大な作品を前にして気後れしたためだとよく言われる。しかしなぜ交響曲の分野に限って「気後れ」し、他の作曲分野については気後れしなかったのだろうか。さらにいえば、芸術家の成長の話に遠慮や気がねといった礼儀に関する問題を持ち込むのはばかげている。ブラームスはそのようなくだらぬ謙虚さはもちあわせていなかった。彼が四十歳になるまで交響曲を作曲しなかったとしたら、考えられる唯一の理由は、本人にその気がなかったからであり、オーケストラを使って表現する必要性を感じなかったからだ。彼の交響曲の作風をみればさらにそれが納得がいく。ブラームスの交響曲は室内楽から発展したもので、それが交響曲というスタイルを取るようになったのは、室内楽の形式を超えてより大きな楽曲をつくりたいという気持ちが徐々に高まってきたからだ。

ブラームスはピアニストだった。もっとも、若い頃にはコンサートでピアノを弾くこともあったが、間違ってもウェーバーやメンデルスゾーン、リストのようなヴィルトゥオーゾではない。ブラームスにとって、ピアノはもはや超絶技巧をひけらかすための楽器ではなかった。それは独奏で自分の心の内をそっと打ち明けたり、あるいは他の楽器と結びついて室内楽というかたちで、親しい仲間と気持ちを通わせたりするための楽器だった。いずれにしても、そうした創作態度をとっていれば聴衆の数は限られ、シンフォニック・コンサートのような大規模なコミュニティからは遠ざかり、外へ向かって働きかけるよりも内省的な力が働くことになる。言わば、ダイナミックなものに背を向ける姿勢と言ってよいだろう。曲が交響曲としての土台を残していたとしても、ブラームスはそれに乗って声高に語りかける必要を感じなかった。

音楽的にも個人的にも、ブラームスにとっては、一対一で親密な会話を交わすような曲づくりが理想であり、打てば響くような反応を得るには、聴衆は同じような考え方を持つ友人たちからなる少数のサークルである必要があった。この種の知的コミュニティという発想は、当時の市民文化の特徴であった個人主義的傾向を反映している。それまでの時代の室内楽には、常に拡大に向けた力がはたらいていて、それが徐々にオーケストラの発展へとつながっていった。ここで起きたのは、それとは逆の動きであり、オーケストラは脇に追いやられ、音量は小さくなり、楽器の数は減少した。

ブラームスはワーグナー同様、ベートーヴェンが採用した主題労作という手法に対する思い入れはあったが、利用の仕方はワーグナーとはまったく異なっていた。今まで見てきたように、ワーグナーの場合、曲づくりを左右するのはハーモニーの展開である。彼のライトモティーフは、ハーモニーの変化や組み合わせによって、主題展開らしきものをつくりだすための手法であり、主題や動機はハーモニーを水平方向に並べ直したものに他ならない。展開のクライマックスは、そうした主題や動機がカデンツというかたちで和声的な解決を見るときに訪れる。ブラームスもまた、ハーモニーを基盤とした曲づくりを行なっていて、曲の展開においてもハーモニーを重視する傾向があった。しかしブラームスの主題展開は、それだけを頼りにしていたわけではない。ベートーヴェンの変奏曲の技法を出発点とし、それよりもさらに前の時代の楽曲をモデルに理知的な作曲プロセスを取り入れていて、なかでもバッハの時代の対位法的なスタイルを参考にしながら独特な作曲技法を編み出していった。これはベートーヴェン晩年の作曲法に通じるものであり、対位法的なスタイルでは、ハーモニーは主役ではなく、各声部が独立して動き、他の声部と関係を持ちながら、主題の個性が発揮される。

こうした曲づくりにおいては、ハーモニーはおもに各声部の重なりの結果として現われる。もちろんその重なり方は単なる偶然ではなく、作曲家の慎重な計画に基づいている。ブラームスは、それまでのロマン派の音楽とはまったく異なるハーモニーの扱い方をしており、事実それまでの流れに逆らうばかりか、ハーモニーの解体につながる傾向があった。すべてをコンパクトに詰め込んだ素材としてのハーモニーはもはや曲を支配する要素ではなくなった。ただし他のものに置き換えられたのではなくて、いくつかの独立した声部の集まりとしてのハーモニーという考え方に呑み込まれたのである。リストやワーグナーが多用し、『トリスタン』でその頂点に達した半音階主義も、同様にハーモニーの重要性を弱める傾向を持っていたが、半音階的な要素はハーモニー主体の楽曲構造の中では主役に躍り出ることはなく、構造を少し緩める程度の影響しか与えなかった。それに対してブラームスは全音階的なハーモニーに基づく音楽を維持しながら、各声部が独立して動くような楽曲をつくりあげたのである。

こうした曲づくりをしていると、作曲家はどうしてもオーケストラから遠ざからざるを得ない。彼の理想とする考え方は、「さまざまな楽器の集合体」というオーケストラの基本的発想とは対照的で、楽器の音色や、器楽が得意とするデュナーミクを生かす方向へはどうしても向かわない。その一方で、ブラームスという音楽家は、ハーモニーを中心とする音楽世界に首まで浸かっていたため、対位法的な器楽のスタイルをとことん究めるような方向へは進まなかったし、実際そのような意図も持ち合わせていなかった。ブラームスは音楽家として、自らが紡ぎ出す主題の個性を生かし、他人とは違う明晰な音楽表現を実現することをひたすら追究しており、純粋な対位法的スタイルとハーモニーを中核に据えたスタイルの混合を、自分の音楽にもっとも適した手法とみなしていたのである。

3

というわけで、十九世紀後半の音楽界で、（古典派を中心とする）過去の作品を顧みる姿勢を初めて示した作曲家がブラームスであった。オーケストラの拡大をもたらした楽器の音色の追求は見送られ、同様にハーモニーを利用していちだんと鮮やかな色彩を求める手法も放棄された。一般的な作曲技法のなかでも特に変奏曲形式を頻繁に用いたことから、ベートーヴェンへの回帰がうかがわれる。その一方で、対位法に基づくポリフォニックなスタイルにハーモニーの要素を加えた音楽は、バッハへの回帰を示している。

ブラームスのオーケストラでは、ベートーヴェンの時代以降に加えられた変更や楽器の数の増加はすべて白紙に戻され、木管楽器は、フルートとピッコロ、オーボエ、クラリネット、ファゴットとコントラ・ファゴットという二管編成に戻っている。イングリッシュ・ホルンもバス・クラリネットも含まれていない。音色の多様性を獲得するために加えられた楽器はすべて排除された。金管楽器も、ベートーヴェンが後期の作品で使った楽器のみで構成されている。つまりホルン四とトランペット二、そしてトロンボーン三という編成である。唯一の例外は交響曲第二番で加えられたテューバで、それ以外には何もない。弦楽器の数に関する指示はなく、その扱い方もベートーヴェン後期のスタイルに準じている。木管楽器についても、クラリネットが頻繁に使われた点を除けば、弦楽器と同じことが言える。

しかしながら、全体的に見て、ブラームスのオーケストラの使い方が明らかに保守的だからといって、それがワーグナーのオーケストラへの反発であるとか、ブラームスの側に近代的なオーケストラに関する十分な経験が欠けている証拠だといった受け取り方をすべきではない。それは、あくまでブラームスが必要としたオーケストラなのだ。確かに、より規模の大きい、より多彩な音色の出せるオーケストラを与えられても、どうしてよいかわからなかっただろう。ブラームスは、作曲家がオーケストラのために曲を書くのを当たり前だとは思わなかったし、また表現手段としてそれほど興味も覚えなかった。オーケストラはあくまで、彼の心に浮かんだ考えを音楽にするための手段のひとつにすぎず、彼の場合、そうした考えは、色彩的な音響ではなく、線描画のようなかたちで表現されたほうがしっくりきたからである。

　ブラームスのオーケストレーションは響きがドライで単調だとよく言われる。時には「まったくなってない」と酷評されることもある。まるで、ブラームスにはオーケストラをきちんと鳴らす能力がないとでも言っているかのようだ。すでに交響曲第一番のアダージョでオーボエとヴァイオリンのための卓越したソロを、そして同じ曲のフィナーレではソロ・ホルンのために聴き手がはっとするような見事なフレーズを書き、楽器の扱いに卓越した腕前を示した作曲家に対するコメントとしては、ばかげているとしか言いようがない。もっとも批評家たちがブラームスのオーケストラ書法を非難する批評を寄せたのは、ずいぶんと前の話であり、そうした意見は指揮者たちがブラームスの曲の演奏に習熟し、彼のオーケストラの鳴らし方がわかってくるにつれて、徐々に少なくなっていった。つまり、ベートーヴェン風のデュナーミクに対位法的な声部の動きを組み合わせ、先輩作曲家たち以上に洗練された職人技を発揮して、さまざまな動機を編み上げるという、ブラームスの個性的な楽器の扱い方が理解されるようになると、非難は影を潜めるようになったのである。作曲書法の背後にある原理がきちんと認識されず、オーケストラ作品が音色の豊かさだけを基準に評価される限り、ブラームスのオーケストレーションは単調で貧弱だと受け止められる。しかし時とともに、この新しいオーケストラ・スタイルの持つ真の性格と構成上の必然性が認識され、それにともなって彼の曲づくりへの評価も上がり、力強い横のラインを持つ音楽の魅力が浸透してきたのである。

ブラームスのオーケストレーションはその後長足の進歩を遂げた。それは特に交響曲において顕著である。交響曲第一番とピアノ協奏曲第一番は、ベートーヴェンのデュナーミク重視の作曲スタイルからの直接的な影響が見られるとともに、調性の選択においても影響を受けている。ハ短調からハ長調への変化、感情表現の熱さ、そして暗く不穏な世界から勝利の結末へという図式は、すべてデュナーミクを重視した曲づくりの典型である。指揮者のハンス・フォン・ビューローは、ベートーヴェンの作品との関連性に着目し、この交響曲を「第十」と呼んだ。ただし、この「第十」は、ベートーヴェンの第九の延長線上ではなく、第二と第三のあいだに位置していると付け加えている。これは作品に対するまことに正しい評価だと言うべきだろう。

続く三つの交響曲で、ブラームスはベートーヴェンからだんだん遠ざかっていった。室内楽を中核とする彼の作曲姿勢はいちだんと明確になり、主題の性格やその展開方法にも影響を与えている。実際ある種のフレーズ、なかでも第二番と第三番の中間楽章は、事実上、交響曲へと拡大されたソロイスティックな室内楽だ。各楽章は交響曲には珍しい内省的な雰囲気を漂わせ、物憂げな、あるいはやさしい、あるいは優雅な戯れさえ感じさせる。またチェロをはじめとする弦楽器、および木管楽器のソロが効果的に使われている。それまでの交響曲にはなじみのない「アレグレット・タイプ」の音楽になっているのは、おそらくシューマンの音楽を参考にしたものと思われる。メヌエットが主流の時代にスケルツォを取り入れたベートーヴェン同様、ブラームスは交響曲に新たな要素を付け加えたと言えるかもしれない。

中間楽章だけでなく、第一楽章と終楽章も少しずつ変化した。堂々としていて明快な構造を持つベートーヴェンの交響曲の場合、その主題は簡潔で引き締まった性格を持っていたが、ブラームスの主題の性格は大きく異なっていて、第二番、第三番、第四番の交響曲の第一楽章では、主題が歌に近い旋律的な広がりを備えている。オーケストラの扱いも、時とともにより巧みになっていった。デュナーミクの扱いもベートーヴェンとは違ってソフトだ。古典派の交響曲の新たな特徴であったシンプルで明快な曲づくりは放棄され、曲の中断、突然の変化による効果が取り入れられている。対照的な雰囲気がすばやく入れ替わり、あるいは混じり合い、そのたびにオーケストラのさまざまな楽器群が多彩な変化を演出する。

こうした躍動感が曲の内側から生まれた背景には、オーケストラ書法の根本的な変化がある。ブラームスは古典派のオーケストラをモデルとしながら、その書法は室内楽のスタイルに近づいている。楽器の扱い方は過去の曲とは比較にならないほど繊細で、演奏にあたっては各奏者の独立性が重視される。リズムはより複雑になり、シンコペーションが多用される。二拍子系と三拍子系のリズムを混用し、かつ小節線を無視してメロディーを展開する傾向があるため、演奏にあたって響きが混濁しないようにするには、リズムとデュナーミクについてことのほか慎重な扱いが求められる。

ブラームスは突き詰めれば退廃的な作曲家かもしれないが、その音楽は非常に独創的であり、彼が他の作曲家とはまったく違うタイプのオーケストラ書法を編み出したことは間違いない。最後の交響曲である第四番は、作曲家としての総決算である。この曲は、彼の作品のなかでももっともユニークなオーケストラ曲であるとともに、ブラームスの創作活動におけるクライマックスとなっている。第一番と違い、ベートーヴェンの曲との共通点はもはやほとんど見られない。ホ短調というその調性からして、交響曲としてはあまり例がない。曲は、ソナタ形式、歌謡形式（バラード）、勝利への行進的な性格を持つロンド・スケルツォ、そして「パッサカリア」という四種類の楽章から構成されている。パッサカリアは低音旋律の進行に基づく古い時代の変奏曲で、この曲の主題は八小節にも及ぶ。

　この作品の持つ叙情的な味わいは、ベートーヴェンの交響曲のストレートでドラマティックな性格と鋭い対照をなしている。語りかけるような音楽が、動的な音楽に取って代わったのだ。第一楽章は物悲しげな弦の主題に基づき、弦楽器と管楽器の切迫したカノンでクライマックスを迎える。古めかしいハーモニーに彩られた第二楽章のバラードでは、ミステリアスなピッツィカートの響きに乗って、ホルンと弦楽器がソロイスティックな動きを見せ、交響曲史上もっとも美しいクラリネットのソロで幕を閉じる。第三楽章は、表向きはデンマークの彫刻家ベルテル・トルヴァルセンの「バビロンへ行進するアレクサンドロス大王」にインスピレーションを得たような曲だが、多くの楽器による凝縮した響きとともに、凶暴な力の爆発が聴かれる。パッサカリアのフィナーレは、アンサンブルの扱いにせよ、ソロの扱いにせよ、古い変奏曲形式の中にブラームスのオーケストラ書法の美学が詰め込まれている。ほぼすべての種類の木管楽器がそれぞれ変奏を担当して独特の響きを聴かせる点は、昔の音楽と同じである。トロンボーンは荘厳で神秘的な雰囲気を醸し出し、フルートやオーボエ、クラリネットはそれぞれ表情豊かな歌を聴かせる。こうした楽器の持つ詩的な雰囲気はやがて一種のシンボルとなり、誰が聴いても同じようなイメージを思い浮かべるようになった。この曲に根本的な目新しさは何もないが、すべての楽器が本来の魅力を存分に発揮している。ブラームスの交響曲第四番は歴史的に見れば古典派モデルのオーケストラによる最後の作品であり、ブラームスのオーケストラはその古典派モデルの末裔だと言えるだろう。

4

ブラームスはよくベートーヴェンの後継者だと言われる。彼がベートーヴェンと同じ楽器を用いて、同じジャンルの作品を書いたという点において、それは正しい指摘である。また、さまざまな音楽的要素を一定のルールに則って展開することで音楽に活力を与える、というベートーヴェンの考え方を彼が引き継いだのも事実である。さらに付け加えれば、ブラームスの音楽技法、なかでも完璧な変奏の手腕、細部にいたるまで目の行き届いた構築的な曲づくりの見事さ、そして作曲に対する真摯な姿勢と簡潔な作曲スタイルは、ベートーヴェンと彼のあいだに登場したどの作曲家よりもベートーヴェンに迫るものであり、その点からもふたりの関係性を十分に正当化できる。

しかし見方を変えれば、ブラームスをベートーヴェンの後継者だとするのは、一本の木のたくさんの枝のうち、ひとつだけをその木の幹の後継者と呼ぶようなものである。というのも、十九世紀の音楽はすべて、ベートーヴェンという大木から枝分かれしてきたものであり、多くの枝があるとしても、いずれも大元の力を引き継いで、特定の分野で成長を遂げた結果だからだ。したがって、どの枝だろうと、すべてを含むベートーヴェンという幹と比べることなど論外である。ブラームスが掘り下げたのは、豊かな広がりを見せるベートーヴェンの世界の一部にすぎない。しかしそのなかでもオーケストラ作品は、規模の拡大こそなかったが、それまでの作品を圧倒するような傑作であり、後世の作曲家の手本となった。彼に追随する作曲家はあとを絶たないが、彼の交響曲に匹敵するような作品は現われていない。

これまで述べたことは、支持者たちからベートーヴェンの後継者と持ち上げられた他のすべての作曲家にも当てはまる。そのうちのひとりが、ブラームスよりも九年早く、一八二四年にオーストリアで生まれたアントン・ブルックナーだ。彼はブラームスと同じように、四十歳を過ぎてから最初の交響曲を完成した。もっともその理由はブラームスとは異なる。ブルックナーの音楽家としての成長はゆっくりとしたもので、彼の音楽に対して多くの批判が寄せられたのは、個人的な特殊事情が深くかかわっている。人々は、ブルックナーを、知性が欠けていて、くだらぬ恋愛ざたに巻きこまれることもあり、まともに相手にすべき人物ではないと評した。ブルックナーは時代遅れの作曲家にすぎないという、どちらかというと好意的な見方をしていた人々でさえ、彼は「才能はあるが大ばか者」だと考えていた。作曲家としての正当な評価への障害となったのは、彼が十九世紀的な意味で育ちが良くなかったことだ。ブルックナーは農民の家系の出だったからである。そのことへの言及を人々が慎重に避けたにしろ、声高に言いたてたにしろ、このたったひとつの事実がスキャンダルとなった。ブルックナーの音楽が洗練されていくには時間がかかるのだと誰も認めず、やんわりと無視されたが、まさにそれこそが彼の作品の個性を育んだのである。

必要なのは、「ブルックナーの交響曲には魅力的な部分もある」などという不適切なコメントではなくて、彼の音楽をそのまま認めることである。「魅力的な部分もある」といった評価は、多くの場合誤解に基づいている。人々が彼の作品に過去の名曲との類似点を見つけたと思っても、それは実際にはブルックナーの音楽の本質とは無関係であり、せいぜい偶然生じた副作用のようなものにすぎない。ブルックナーの作品の特異性は、常に聴き手を混乱させる。その素朴な味わいは、ブラームスの非常に知的な雰囲気と好対照をなしている。ブラームスの作品が論理的な展開を見せるのに対して、ブルックナーの作品はシンプルな構造を持ち、一歩一歩踏みしめるように進行する。ブラームスが簡潔さと堅牢さを併せ持った曲を書いたのに対して、ブルックナーはゆうゆうとどこまでも流れていく大河のような曲を書いた。そしてブルックナーの音楽は淡々と進行するため、自らの心の内をさらけ出すような場面とは無縁である。ブラームスの重厚な音楽がそうした要素を内に秘めているのとは対照的だ。

　ブルックナーの音楽の特徴を否定したり、軽視したりすべきではないが、逆に他の作曲家の作品よりずっとすぐれているとして褒め称えるのも間違いだ。多少他とは違う奇妙な点があったとしても、ブルックナーという大作曲家の個性の表われとして素直に認める姿勢が必要だ。彼の個性的な作風の謎を解く鍵は、十九世紀後半に起きた和声構造の革新的変化にある。

　変化にはいくつかの道筋があった。ブラームスがたどった道もそのひとつで、彼は叙情性豊かで理知的な作風を守りつつ、室内楽的な作品づくりへと向かった。これはベートーヴェンの音楽の精神性をいっそう深化させる方向であり、それを推し進めたのは主題動機の細分化だった。もうひとつの道は、それとは反対に、複雑化したハーモニーが曲の推進力をつくりだす方向へと向かった。創作活動の中核は人間の理知的な力が及ばない意識の深層へともぐり込み、そこからふたたび浮かび上がってくるものは、もはや主題の個性ではなく、音の集合体としての和音である。個々の和音は互いに引かれ合ってハーモニーをかたちづくる。このように主題の個性を超越したプロセスが展開するなかで、曲の基本的なイメージが決定する。またこうした展開は、ゆとりある形式を必要とし、気まぐれな曲想の変化が呼び起こされる。その結果主題の個性に基づくこまごまとした展開は失われるのである。それまでは曲を構成する要素のひとつにすぎなかったハーモニーは、それ自体が複雑な完結した世界を構成するようになり、決定的な重要性を獲得することで、曲づくりのための根源的な力へと変貌したのである。

これはまさにワーグナーの創作原理をオペラの世界から交響曲の世界に移し、そのまま引き継いだものだ。演劇的要素や言語の制約から自由になったうえで、ということはつまり音楽以外の要因を排除して、ワーグナーが切り開いた新天地から音楽に直接かかわる部分のエッセンスだけを吸収したのである。ドラマや言語の約束事と結びついていたはずのワーグナーの「ハーモニック・アクション」は、ブルックナーの作品では独立した交響曲の形式を身にまとい、詩的要素や標題とはまったく無縁な存在となった。より正確に言えば、ワーグナーによって見いだされ、豊かな実を結んだハーモニック・アクションの大原則が伝統的な音楽形式に宿り、ベートーヴェンの交響曲とその主題労作がブラームスを導く星になったように、ブルックナーが独自の音楽言語を形成するための拠り所となったのである。時とともに、ハーモニック・アクションという拠り所はブルックナーという作曲家の中で熟成し、交響曲という名の独立した作品として結実することになる。

5

習作を除けば、ブルックナーは九つの交響曲を作曲した。彼の作品目録では、あくまで交響曲がその中心にあり、「テ・デウム」、弦楽五重奏曲、いくつかのミサ曲と合唱曲は、それを取り巻く作品という位置づけになる。少しだけ聴くと、彼の交響曲は基本的な考え方のみならずメロディーさえも、ワーグナーの音楽をそのまま引き継いだように思える。しかし、ブラームスの交響曲がベートーヴェンの作品のイミテーションではないように、ブルックナーは、ワーグナーの音楽言語をそのまま模倣したわけではない。ただし、創作にかかわる原理は同じだ。ブルックナーの交響曲の主題は、ワーグナーの主題同様水平方向に引き延ばされたハーモニーである。そして、古典派交響曲とのまったく見当違いな比較のせいでよく誤解されるその形式は、最終的に達成される、ハーモニーを中心に据えた展開とのバランスの上に成り立っている。

　垂直方向に眺める限りブルックナーのハーモニーは、ワーグナーがつくりあげた完全無欠な作品世界を再現しようとしたもののように思われる。しかし水平方向に目を転じると、主題あるいはメロディーがハーモニーの下から姿を現し、またしばらくするとハーモニーに回帰するといった現象が目に入る。そこへ加わるのがオーストリアの民謡によく似た旋律であり、スケルツォには当時人気のあった舞曲が紛れ込む。独特なリズムを持つスケルツォは、ブルックナーの交響曲のなかでももっとも生き生きとした魅力を持つ音楽であり、ベートーヴェンの第九の例に倣って、第八番や第九番の交響曲では第二楽章に置かれている。他方、ブルックナーの交響曲の雄大なスケールと仰々しいまでの荘厳さがもっともよく表われているのが緩徐楽章だ。ブラームスが第三番と第四番の交響曲でアダージョ・タイプの緩徐楽章を採用せず、標準的な交響曲風スケルツォをひとつも書かなかったという事実ひとつをとっても、ブルックナーとブラームスの大きな違いは明らかである。その一方で、ブルックナーの交響曲の第一楽章、そして特にフィナーレは、ハーモニーによる感情の波が寄せては返すのみで、それをコントロールする理知的な力を欠いているため、曲づくりの弱点が露呈している。

　ブルックナーのオーケストレーションには、彼の交響曲作家としての姿勢が反映している。それは純粋にワーグナー風のオーケストレーションと言えるだろう。後期の交響曲でワーグナー・テューバを使用している点だけでなく、全体的な仕上がりからも明らかである。彼のオーケストラはハーモニーを奏でるためのオーケストラであり、作品の根底にある和声的なアイデアを伝えることをおもな目的として構成されている。音色のベースにある金管楽器が、ときには主役に躍り出る。交響曲第五番では、二重フーガの定旋律（カントゥス・フィルムス）を奏でるために金管楽器群が集中的に使われている。ただしブルックナーのフーガは純粋な和声的対位法であり、ポリフォニックなスタイルに基づく線的対位法とは一線を画している点が非常に特徴的だ。

　ブルックナーの音楽が世に受け入れられることを願うあまりに、彼の弟子たちがスコアによけいな変更を加えたため、彼の音楽に対するワーグナーの影響がよりいっそう強調される結果を生んだ。レーヴェやシャルクといった指揮者たちが、ブルックナーを支援する目的で、もともとなかった声部を書き加えたり、削除や変更を施したりしたのだ。近年ようやくその実態が明らかになったこうした変更は、正当な処置とは言えない。復元されたブルックナーのもともとのオーケストレーションは、実際には今までこれがブルックナーだと言われて聴いてきた版に比べ、響きがそれほどワーグナーに似ていない。オリジナルのほうはシンプルで、いっそう控えめであるとともに客観的であり、従来のヴァージョンよりも芝居がかった雰囲気が薄い。しかしオリジナルと弟子によって潤色された版との違いはあるにしても、彼のオーケストレーションに関して言えば、純粋にハーモニー主体であるという基本的な性格に変わりはない。同じ理由で楽器同士のやりとりは、個別ではなくグループごとに行なわれる。基盤となるのは金管楽器であり、その上に木管楽器が乗り、一番上が弦楽器である。

　ブルックナーはオーケストラから聴き手が思わずほれぼれするような新鮮な響きをたっぷりと引き出した。交響曲第四番冒頭で、かすかな光を放つような柔らかい弦のトレモロに伴われて登場するホルンのソロ、あるいは同じ曲の美しい緩徐楽章で、物思いにふけるようなチェロの歌がその後ヴィオラに引き継がれ、それ以外の弦楽器がピッツィカートで伴奏を奏でる箇所などを例として挙げることができる。ブルックナーはトレモロやピッツィカートを偏愛と呼べるほど頻繁に使用し、また交響曲第七番の冒頭で主題を奏でるチェロの凛とした歌が大のお気に入りだった。さらには、息の長いメロディーの背景にバスの音が長く引き延ばされる、いわゆる接続低音《オルゲルプンクト》を多用した。交響曲第八番のアダージョがその一例である。

ブルックナーはこうした独特の響きを好んだだけでなく、トランペットやホルンのファンファーレのような、楽器本来のナチュラルな響きもよく利用した。もう十分と思われるほど重厚な和音、心を揺り動かす輝かしい響き、永遠に続くかと思われるようなクライマックスなどを特徴とするブルックナーのオーケストラは、あらゆる制約を乗り越えて、無限の大きさを求めているように思われる。ブルックナーはいわば神秘主義者で、宗教的な忘我の状態にあることもめずらしくなかった。したがって彼の音楽からは荘厳さの中に恍惚とした境地がうかがわれる。実際にオーケストラのモデルとしたのはオルガンであり、それを拡大して限りなく豊かな音を実現しようとしたのである。

6

ブルックナーはオルガニストだった。バッハやヘンデル、ラモーよりあとの時代に、オルガンを出発点として自分の作曲スタイルを築いた作曲家は彼が初めてである。一方、ブラームスはピアニストだったが、三人目の世紀末の交響曲作家、グスタフ・マーラーは指揮者だった。マーラーは今日においてもなお、必ずしも大作曲家とは認められていないし、ブルックナー以上に誤解との戦いを強いられている。マーラーの交響曲はブルックナー同様九つを数えるが、創作の源には歌がある。もっとも歌といっても芸術歌曲ではなく、民謡、特にボヘミアの民謡だ。またこちらもブルックナーと同じく、彼の交響曲では主題の展開よりも、和声的な展開が行なわれる。とはいえ、ブルックナーの弟子であったマーラーは、ワーグナーから多くを引き継ぐことはなかった。むしろシューベルトのスタイルを踏襲しており、そこから水平方向への和声的な展開を取り入れている。マーラーの交響曲が理想とする世界は、率直な表現、わかりやすい歌を特徴とし、一般社会の洗練された趣味や文化とは無縁で、自然崇拝的な背景を持ち、情感豊かな夢の世界を感じさせる響きに満ちあふれている。

　マーラーの音楽的素材およびその扱い方には、社会的、あるいは社会主義的とさえいえるような傾向が顕著に見られる。彼の作品は限りなく広がり続けるような効果を常に求めており、デュナーミクの幅の広さゆえに、大きな空間と多くの聴衆を必要とする。その作曲スタイルは、交響曲の歴史の中でももっとも大胆かつ斬新だ。見方によっては、彼の交響曲は一般大衆を対象としているように思われる。世間に受けの良い素材をすぐれた技術でもって入念に仕上げた曲であり、凝ったつくりにもかかわらず、明快で非常にわかりやすい。あまりにわかりやすいので、十九世紀の教養の高い聴衆は疑いを抱き、こんなに明快で理解しやすい音楽が良い音楽であるはずがないと考えたほどである。

　ブルックナーとブラームスが純粋な器楽としての交響曲を追求し続けたのとは対照的に、マーラーは声楽付きの交響曲をよく書いた。独唱者によるシンプルな歌の場合もあれば、混声合唱をともなうもの、そして時には少年合唱のみという場合もある。また第一番、二番、三番の交響曲のように、歌の旋律を交響曲の楽章に組み込むケースもある。実際最初の四つの交響曲では『子供の不思議な角笛』というドイツの古い民謡詩集に基づいて作曲した、自身の歌曲集の旋律を使っている。後年の交響曲では、リュッケルトの詩による自作の歌曲を引用している。さらに『大地の歌』では中国の詩に曲をつけているほか、最高傑作とも言うべき交響曲第八番では、ラテン語の賛歌「来たれ創造主なる霊よ」とゲーテの『ファウスト』第二部の最後の場面をテキストに採用した。

マーラーは古典的な四楽章タイプの交響曲をあまり書かず、楽章の数を五つないし六つに増やしたり、あるいは第八番のようにふたつに絞ったりしている。一番（「花の章」を除く）、四番、六番、九番だけが四楽章である。一般的に標題はつけられていないが、歌のテキストから、あるいは作品の内面に宿る精神から、発想の元となった詩的要素が確実に聴き手に伝わってくる。

マーラーの交響曲のクライマックスは常にフィナーレにある。交響曲の中でのフィナーレの位置づけは時とともに変化してきた。ハイドンの時代には軽い結論であったフィナーレが、ベートーヴェンの作品では第一楽章と並び立つようになり、重要性においてはやや劣るかもしれないが、輝かしさの面では第一楽章を上回るようになった。ブラームスはベートーヴェンと同じ考え方だったが、ブルックナーの曲では緩徐楽章にクライマックスが置かれた。マーラーの場合、フィナーレは作品のゴールだった。交響曲第一番や第二番『復活』のようなダイナミックなクライマックスになることもあれば、第三番や四番、九番のような深遠な雰囲気を漂わせるクライマックスになる例もあり、さらには第五番や七番のように、すべてが解決する場となるかもしれない。ゴールへの道はさまざまだが、どの道も同じ方向を目指している。作品全体を振り返り、総括する場がマーラーの交響曲のフィナーレなのだ。その意味で、作品が内包する推進力に基づいて曲を構築するという作曲法の完成版がマーラーの交響曲だと言える。この内部の推進力が目指す方向性は、力強さの頂点を目指すような動きとは一線を画しており、しばしば、というよりはほとんどの場合、クライマックスは柔らかな雰囲気の中に訪れる。

オーケストラの扱いという点では、マーラーはベルリオーズの忠実な弟子だったようだ。ベルリオーズと同様、常にオーケストラの拡大という考えにとりつかれていたが、その背景には、聴衆の増加という社会的な理由もあった。マーラーは特に打楽器の種類を増やした。鐘や鈴の類、シンバル、シロフォンから、第六番で使われる巨大なハンマーまでいろいろな打楽器を使っている。その一方で、あらゆる種類の金管楽器が採用されているにもかかわらず、マーラーのオーケストラではワーグナーやブルックナーとは違い、金管楽器は曲の土台にならない。その役割は、あくまで効果を強調し、アクセントをつけ、クライマックスを支えることだ。ただし、交響曲第三番のように大自然の声を象徴するトロンボーンがソロを取ったり、第七番の第一楽章のように（オーケストラでは初めて使われる）テノール・ホルンが主題を演奏したりすることはある。

しかしだいたいにおいて金管楽器はあまり目立たない。全体的な音色を決定づけるのは、木管楽器、ホルン、弦楽器である。またマーラーの交響曲では、ボヘミアのヴァイオリン演奏に特徴的なポルタメントやささやくように歌うフレーズがよく聴かれるし、オーボエやクラリネット、フルートは大規模なオーケストラというよりは、どちらかというと村の小さな楽団で演奏しているように聞こえる。突然途切れるフレーズ、単調な節回しで演奏される大衆的なメロディー、やたらと登場する野蛮な行進曲などを特徴とするマーラーの交響曲を演奏するには、それほど高い技術を必要としない。しかしこの木版画のような味わいを持つ音楽を正しく再現するには、ほとんど粗野と言いたくなるほどの簡潔明瞭な表現が必要であるため、初めて彼の曲を耳にした聴衆は、大きな驚きを禁じ得なかった。

マーラーの交響曲のなかでもっともよく書けているのは中間楽章で、とくに後期の作品ではその傾向が強まる。第七番の「夜の歌」と呼ばれるふたつの楽章やスケルツォ、あるいは第六番や第九番の幻想的な、あるいはデモーニッシュな楽章はすばらしい。マーラーのオーケストラ曲からは、ウェーバーやシューベルト、ベルリオーズ、メンデルスゾーン、そして特にシューマンといった初期ロマン派の音楽が持っていた魅力をあらためて感じることができる。人によっては、マーラーのオーケストレーションは、シューマンの夢をかなえたものだと言うかもしれない。魔法のようなホルンの呼びかけ、クラリネットのうっとりするような響き、ヴァイオリンのささやき、フルートのつぶやきなど、シューマンのオーケストラの特徴が再現されているからだ。ブルックナーのオーケストラがワーグナーの響きを、そしてブラームスのオーケストラがベートーヴェンの響きを受け継いだように、マーラーのオーケストラはロマン派のシンボリックな響きを受け継ぐ最後のオーケストラであった。

ブラームス、ブルックナー、マーラーという三人の作曲家の作品には、その前の時代の音楽を回顧する姿勢が見られる。それでも彼らは彼らなりのやり方で、独創性あふれる作品を創り上げた。この三人の偉大な作曲家をもって、オーケストラの発展は——少なくとも交響曲に関する限り——行き着くところまで行ってしまったように思われる。器楽あるいはオーケストラの歴史に新たな展開をもたらすためには、他のジャンルからの刺激が必要であった。

9 国民的オーケストラ
——ヴェルディ、ビゼー、スメタナ、チャイコフスキー、シベリウス

1

ブラームス、ブルックナー、マーラーの三人は、音楽史上初の「純粋にドイツ的な」交響曲作家であった。それは彼らの音楽の背景にある考え方にも、そしてオーケストラの扱い方や響きにも表われている。彼らのオーケストラの扱いには、ウェーバーの時代以降、ドイツのオーケストラのトレードマークとなった特徴がいくつか見られる。それは金管楽器を土台に曲を構築している点、ホルンとクラリネットの用法に特に心を砕いている点、また弦楽器、木管楽器、金管楽器という三つのグループが個別にハーモニーを奏でることが多く、各グループが混じり合うとしてもそれは曲の流れの結果にすぎないといった点である。その点、フランスのオーケストラは、ドイツのオーケストラとはある一点で大きく異なっている。ベルリオーズ、マイヤーベーア、リストによって育てられたフランスのオーケストラは、さまざまな楽器の音をすべて混ぜ合わせて同化させようとする傾向が強く、その結果オーケストラ全体の響きにある種の統一感が生まれる。ドイツのオーケストラも最終的には音の統一感を求めている

のだが、三つの楽器グループの響きの違いは常に存在し、基本的にはそのコントラストを強調することが重視される。

十九世紀前半のオーケストラには典型的なモデルとして、ドイツ型とフランス型があり、イタリア型の重要性はそれほど高くなかった。その結果、楽器製作の中心となったのがドイツとフランスである。それより前の時代、弦楽器がオーケストラの中心的存在であった時代には楽器製作の先進国はイタリアだった。弦楽器製作の中心地は北イタリアにあり、次いで有名なのがチロル地方だった。しかしながら、管楽器の発展にともない、イタリアは楽器製作における支配的な地位を失った。金管楽器製作の中心地はドイツに、そして木管楽器製作の中心地はフランスになった。もちろん木管楽器はドイツでも作られたし、金管楽器はフランスでも製作された。しかし時が経つにつれて、同じような楽器を作るのであれば金管楽器はドイツが、木管楽器はフランスが他の国々よりもすぐれていることが明らかになった。このような経緯を経て、イタリアはおもに弦楽器の、フランスはおもに木管楽器の、そしてドイツはおもに金管楽器の製作国という図式ができあがったのである。

オーケストラとその楽器の発展には、ヨーロッパのその他の国々もしだいに参加するようになった。もっとも実際にはスペインは蚊帳の外に置かれ、英国はオーケストラ作品を聴くことには非常に意欲的だったが、楽器製作と楽曲提供の面で貢献を始めるには少し時間を要した。その一方で、ロシア、オーストリア、そしていまだ政治的独立を果たしていなかったボヘミアでは、オーケストラへの興味が高まり、新たな響きを求めて独自のアイデアを実現しようとする動きが生まれた。ロシアは十八世紀に西欧の政治的影響を受け始めて以来ずっと音楽的にもその影響下にあったが、民族音楽における器楽伴奏の伝説もあって徐々に豊かな素養を開花させ、特に金管楽器に対する関心を深めていった。同様に民謡や民族舞曲の宝庫であったボヘミアは、弦楽器を特に好み、旋律の歌わせ方やリズム表現に新たな特色を加えた。

こうして各国の伝統的な技法や音楽が新たに流入したため、オーケストラの世界はより豊かになった。しかし国によって楽器がオーケストラに与えた影響の度合いは異なる。たとえば、フランスの金管楽器はドイツのものに比べて軽めの作りになっていたため、トランペットやトロンボーンはもちろん、ホルンの場合でさえ音量が乏しく、力強さに欠けた。その一方で、フランスの木管楽器は、表現力豊かに歌う能力を備えており、これはドイツの楽器からは得られない特長だった。自国で理想とされる楽器の音に合わせて、管楽器奏者たちはそれぞれ独自のテクニックを開発していった。たとえば、フランスのフルート奏者、オーボエ奏者、クラリネット奏者、ファゴット奏者のヴィブラートは、フランスでは卓越したテクニックと見なされたが、ドイツのオーケストラではヴィブラートの効果に対する評価は長らく低いままだった。

各国の音楽事情の違いに起因するこうした変化に加え、楽器製作にかかわる新発明や改良の数々によって、さまざまな変化が起きた。もっとも、弦楽器についてはもはや改良の余地はなく、ヴァイオリンとそのファミリーはすでに完成形に達していた。テノール・ヴァイオリン、あるいはヴィオレッタ、コントラ・ヴァイオリンなどと呼ばれる新たなタイプのヴァイオリンを開発しようとする試みもいくつかあったが、すべて失敗に終わった。しかし木管楽器と金管楽器には機械装置が導入されるようになり、その改良という課題は、楽器製作者のみならず作曲家にとっても大きな関心事となった。

たとえば、フルートは当初きわめて原始的な構造を持ち、楽器に開けられた孔を指でふさいで演奏すればよかったが、その後改良が施され、指孔を開閉するための装置である「キー」が取り付けられた。

さらに楽器自体を長く太くすることで音域が拡大し、音に力強さが加わった。十九世紀になると材質が木から金属（通常は銀が使用された）に変えられ、その結果、以前は他の楽器の音にかき消されがちだったフルートの音は、十分聴き取れるまでのボリュームを持つようになる。同じように、他の木管楽器のためにもキーが開発された。こうした改良によって、一般によりたっぷりとした音が出るようになり、管楽器は理想へと近づいていった。

　数々の変更のうちもっとも大きなインパクトをもたらしたのは、金管楽器、特にホルンとトランペットに施された変更である。もともとふたつの楽器は、ひとつの音階に含まれる一部の音しか出せなかった。したがって、メロディーが主要和音を構成する音や近い関係を持つ音、および自然倍音だけからできていればよいが、それ以外の音が含まれるととたんに演奏できなくなってしまう。クルック（替え管）を使い管長を変化させて基音の高さを変えれば、調性を変えられる。ただしその場合も、新たな基音に対して出せる音の種類や範囲は変わらない。またホルンの場合は、ベルの部分に右手を差し込む「ゲシュトップ」と呼ばれる奏法を用いればピッチを替えられるが、ゲシュトップを使うと、こもったような音色になってしまう。またクルックを使うにせよ、ゲシュトップにせよ、変更にある程度の時間が必要であるため、ホルンを使う作曲家にとっては悩みの種となった。ベートーヴェンは『フィデリオ』でホルンに九つの異なるチューニングを要求し、そのため二五回の付け替えが必要となる。モーツァルトの『ドン・ジョヴァンニ』では付け替えの回数が三五回を数え、ワーグナーの作品の場合は数え切れないほどである。『ニーベルングの指環』では小節ごとに付け替えがあるほどだ。

　こうした困難や障害は、ヴァルヴの発明によってあっさり解決された。これはピストンを使ったシステムで、金管楽器の管長を演奏中に変えるための機械装置である。ヴァルヴ――最初は二個、のちに三個付けられた――は、一八二〇年頃にすでにドイツで発明されていた。従来の方法では、管の付け替えといった、わずらわしく、時間のかかる作業が必要だったが、ヴァルヴの驚くべき機能のおかげで、その必要がなくなっただけでなく、演奏できる音の範囲が広がったために、ホルンやトランペットもピアノのように半音階を演奏できるようになった。

　ところが、こうした利点にもかかわらず、作曲家たちはヴァルヴ付きの楽器をなかなか使おうとしなかった。新しい発明をめぐっては、さまざまな議論が交わされた。ヴァルヴを使えば、確かに技術的な問題は解決されるものの、同時にナチュラル・ホルンやナチュラル・トランペットが持つ、輝かしい音色が犠牲になるからだ。ベルリオーズやリスト、そしてワーグナーでさえ、ホルンやトランペットに関しては、古いタイプの楽器によるチューニングを前提にスコアを書いた。演奏家たちは十九世紀後半になるとすでに新しいタイプの楽器を使用していたにもかかわらず、作曲家たちがヴァルヴを受け入れるにはかなりの時間を要した。

　ドイツやフランスの楽器製作者たちにとっては、ヴァルヴを完璧なものにすることが長年にわたる最大の課題となった。彼らのなかでももっとも大きな影響を与えた人物は、一八四〇年代を中心に活躍したベルギー人のアドルフ・サックスである。サックスが製作した金管楽器類は、音程が正確で演奏が容易であったため、フランスのオーケストラには欠かせない楽器となった。サックスの名前は何よりサクソフォーンの発明で知られている。これは疑似クラリネットとでもいうべき楽器だが、木ではなく金属でできており、円錐形の管体と反り返ったベルを持つ。イングリッシュ・ホルンに似て、柔らかいがよく通る独特の音を持っているにもかかわらず、今のところ交響楽団の標準的な楽器とはなっていない。もっともリヒャルト・シュトラウスの『家庭交響曲』をはじめ、サクソフォーンを使った曲はいくつかある。その一方で、今まさに発展途上にあるジャズ・オーケストラにおいては、もっとも重要な楽器のひとつになっている。そういう意味では、オーケストラ発展史の最先端にかかわる楽器と言えるだろう。

2

十九世紀半ば以降のオーケストラの発展過程には、概して拡張と増強の傾向が見られるが、それが特に際立っているのが機械装置の発明分野だ。その基本的な構造は十九世紀前半にすでに固まっていた。後半に託されたのは、楽器ごとに改良と工夫を積み重ねる作業、つまるところ個別の木管楽器と金管楽器の改良である。というのも、作曲家の意図に沿うべく楽器に改善を施す余地が残っていたのは、打楽器を除けば、このふたつの楽器群だけだったからである。作曲家たちも、意図的に、あるいは無意識に、楽器製作者の後押しをした。作曲家の何人かは、軍楽隊の楽器を交響楽団に持ち込むのを好んだ。ワーグナー・テューバやバス・トランペットを考案したワーグナーは、フルートの改良にも興味を示し、その過程でアルト・フルートを考案した。本書でも触れたように軽めの金管楽器を開発していたフランスでは、トランペットとキー・ビューグルの中間タイプである「ピストン付きコルネット」が発明されると、演奏の容易さからすぐにオーケストラに採用された。ロッシーニは一八二九年作の『ギョーム・テル（ウィリアム・テル）』で早くもこの楽器を採用しており、ベルリオーズやマイヤーベーアも頻繁に使用した。

こうして十九世紀後半にオーケストラの機能は完成へと近づいていったが、作曲の分野への影響は、各国の音楽的嗜好や国民が求める理想の音によって異なった。十七世紀と十八世紀のイタリアでは、弦楽器を中心に据えたコンサート・ピースが盛んにつくられたが、その伝統は、管楽器の重要性の高まりとともに完全に途絶え、その後イタリアでの創作努力はすべてオペラに向けられることになる。その頂点に立つのがふたりのイタリア人作曲家で、十九世紀の前半を代表するロッシーニと後半を代表するヴェルディである。ふたりのあいだの世代にも、ベルリーニ、メルカダンテ、ドニゼッティといった重要な作曲家はいたが、オーケストラの発展に対する貢献という意味では、ロッシーニとヴェルディのオーケストラを見れば事足りる。

　イタリアのオーケストラは総じて、歌に寄りかかった弦楽オーケストラである。声楽の伴奏を務めるのがおもな役割であり、時に単独で演奏することがあっても序曲や間奏曲だけだ。管楽器の扱いに関する限り、イタリアのオーケストラの手本となったのは柔らかい響きを特徴とするフランスのオーケストラである。ベルリーニ、ロッシーニ、ドニゼッティはいずれも当時オペラの中心地であったパリへ出て、フランスのオーケストラを模倣し、こまかな部分で自分たちの作品に必要な変更を加えた。短いフレーズを何回も繰り返しながらの盛り上がりをつくる「ロッシーニ・クレッシェンド」はその一例である。イタリア・オペラは、ベルリーニの卓越した声楽書法を特徴づける「ベルカント」と呼ばれる歌唱法に基づいてすべての音楽がつくられていたため、オーケストラが独自の発展を遂げることはほとんどなかった。オーケストラはアリアへの短い導入部を除き、お定まりの伴奏に終始し、特徴と言えるものがあるとすれば、執拗に繰り返されるリズムのみである。

　唯一の例外がロッシーニの『テル』だ。もちろんこれはイタリア・オペラ風のつくりを放棄して、フランス・グランド・オペラを目指した作品である。特に序曲は、チェロのソロイスティックな妙技、イングリッシュ・ホルンの美しい歌、フルートの名人芸が映える装飾的なフレーズ、そして弦の輝かしいクレッシェンドと進軍ラッパが特徴的なアレグロで名高い。この序曲は、言ってみればヴィルトゥオーゾ・オーケストラの聴かせどころを満載した名曲だが、オペラ本編にも従来の一般的なオペラ・オーケストラでは耳にすることのない見事なフレーズが随所に聴かれる。なかでも特徴的なのは、木管のソロとその音色をうまく利用している点だ。

　ロッシーニが『テル』で使ったオーケストラには多種多様な楽器が含まれていたのに対して、ヴェルディの初期のオペラのオーケストラは、ベルリーニやドニゼッティのよりシンプルなモデルを手本にしている。しかし、ヴェルディはベルカント・スタイルには決して共感を覚えなかった。したがって、彼が華麗なベルカントから遠ざかり、自然な歌のスタイルに近づけば近づくほど、オーケストラの扱いに関する先輩オペラ作曲家との違いが際立つようになった。ヴェルディのオーケストラはもはや単なる伴奏の道具でもなければ、補助的な要素でもない。かといって、ソロイスティックな演奏で注目を集めようとしたわけでもない。彼にとってオーケストラとは何よりもまずリズムを刻むための装置だった。ハーモニーの重要性は二の次で、リズムがまず枠組みをつくり、緊張感と活気に満ちた強靱なシステムが構築されるのである。リズムは歌のメロディーを生き生きとしたものに変え、血湧き肉躍るような興奮と劇的で強烈な効果をもたらす。たとえば、「女心の歌」の短い前奏は、三拍子で型どおりの和音が続くだけの音楽だが、従来の月並みな伴奏にはない豊かな表現力を備えている。それはマントヴァ公の残忍で傲慢な性格を表わしており、これから始まるシーンについての劇的なナレーションとしての役割を果たしているのである。

　ヴェルディは従来のオペラによくあった型どおりの伴奏を、登場人物の性格を生き生きと描写するための手段へと変貌させた。声の扱い方がどんどんドラマティックになるにしたがい、ヴェルディのオーケストラは性格描写に関する表現力をますます高めていった。『アイーダ』、『オテッロ』、『ファルスタッフ』といった晩年の作品では、室内楽的な傾向が顕著である。初期の作品を聴いても、ヴェルディが楽器をソロで演奏させた場合の効果をすでに知り尽くしていたことがわかる。『エルナーニ』（一八四四年）第三幕の謀議の場面では、チェロのソロとともにその様子が表現力豊かに描かれる。もうひとつ非常に印象的な楽器の使用例を挙げるとすれば、『リゴレット』第二幕冒頭のリゴレットとスパラフチーレの二重唱だろう。ヴィオラとチェロ、コントラバスという三つの弦楽器群の伴奏に乗って、一挺ずつのチェロとコントラバスが弱音器をつけてメロディーを奏で、さらにクラリネットとファゴット、大太鼓が伴奏に加わる。従来にはないユニークなオーケストラの使い方だ。ヴェルディはコントラバスのソロをよく用いた。なかでも特筆すべきは、デズデモナを殺すためにオテッロが彼女の寝室に入っていく場面での見事なソロだろう。その他にも、『トロヴァトーレ』のジプシー風の響きから『マクベス』の魔女の不気味なささやき、主人公の心の動揺を表現したナイル河畔でのアイーダのアリア、そして『オテッロ』第一幕の炉端での合唱にいたるまで、ヴェルディがオーケストラの扱いに習熟していたことを証明する例には事欠かない。

ワーグナー同様、ヴェルディにとってオーケストラは劇的表現に欠かせない手段となった。ただしそこには注目すべき違いがひとつある。ヴェルディのオーケストラは歌声のパートナーとして重要な役割を果たしているが、常に舞台上の動きと歌手に奉仕する立場にとどまっている点だ。独立した存在になったり、根源的な力となって劇の進行をつかさどったりするようなことは決してない。時には前述の『リゴレット』の二重唱のように、オーケストラがメロディーを受け持ち、歌手の声は語りとして挿入されるだけという場合もある。また、『オテッロ』のなかでイアーゴが歌う「クレード」のように、まずオーケストラが曲調を決定づけ、歌声はあとからそれを引き継ぐケースもあるし、アイーダとその父アモナズロによる有名な二重唱のように、オーケストラが奏でる旋律に歌手が参加して、歌手が参加することによって初めてメロディーの全体像が浮かび上がるケースもある。

しかしどのような場合でもオーケストラが補助的な働きをしているという事実に変わりはない。ヴェルディはマイヤーベーアと同じようにほとんど序曲を書かず、短い導入部で十分だと考えていた。また、前述の『オテッロ』のコントラバス独奏――これは舞台上の出来事を描写するための音楽である――のような場合を除き、独立した間奏曲も書いていない。さらに言えば、少数の例外を除きバレエ音楽も作曲しなかった。『アイーダ』の場合は、バレエ音楽を書くことが作曲を委嘱《いしょく》された際の条件だったのである。

全体的に見ると、初期の作品では密なハーモニーを効率的に奏でていたヴェルディのオーケストラは、徐々に和声的なつながりが弱まる方向へと向かった。ワーグナーは最後の『パルジファル』において、三つの楽器群がそれぞれ独自の完結したハーモニーを奏でる楽曲構造に行き着いたが、ヴェルディは最後のオペラである『ファルスタッフ』で、オーケストラの各楽器がそれぞれ独立して動くような楽曲を目指した。『ファルスタッフ』では、オーケストラの楽器が次から次へとソロで登場するが、演奏はソロイスティックにもヴィルトゥオーゾ風にもならない。言わば和音全体のなかから選ばれた代表といった存在であり、和音そのものは、それぞれの楽器の特徴的な音色の向こうからぼんやりと暗示されるだけである。これは不要な部分を削ることによって達成されたオーケストラ書法であり、簡潔で凝縮された表現を第一に考えたオペラ作曲家ならではのテクニックである。

ヴェルディのオーケストラ書法は、ほとんど室内楽的なスコアに仕上がった『ファルスタッフ』において完成を見る。音色とデュナーミクの効果は最小限に抑えられ、ハーモニーは実体を失い、全体の構造を支える足場というよりは、基本的な構想のきゃしゃな枠組みにすぎない。ヴェルディがたどった道は、作曲家がたどったもっとも特異な道のひとつである。それはきわめて現世的な世界を出発点として、純粋に精神的なドラマの世界へとつながり、オーケストラの扱い方もそれに伴って変化した。その音色は限りなく微妙な陰影に彩られ、こまかな強弱の変化は精緻を極めている。ヴェルディはピアニッシモやピアニッシシモのようにpをふたつや三つつけただけでは満足せず、四つ、五つ、時には六つ書き込むことさえあった。ヴェルディの器楽表現は非現実的な世界へとあふれ出し、実際に出てくる音よりも、それがどのような想像に結びつくかということのほうが重視された。

ヴェルディのオーケストレーションは簡潔明瞭であるにもかかわらず、下支えとしてリズムをしっかり刻み、伴奏としての性質も残していた。自己満足に陥らずに常に歌手の声に付き従う伴奏であり、器楽と声楽の共同作業から生まれるアンサンブルは、オペラ史上最高の完成度を誇っている。この完成度の高さは、弦楽器を中核とするイタリアのオーケストラから出発し、フランス（マイヤーベーア）の描写的で賑やかなオーケストラを経て、愛国的なイタリアのオーケストラへ回帰した。それはイタリアのオーケストラを特徴づけていた型どおりの伴奏パターンに代表されるマンネリズムを脱し、最高度に繊細な表現を可能とするレベルにまで発達したオーケストラである。

3

歌声に奉仕するという考え方に基づいて室内楽的な方向へと新たな一歩を踏み出したイタリアのオー

ケストラは、それまでひたすら拡大へ向かっていたオーケストラの方向性に初めて異を唱え、その後の展開に大きな影響を及ぼした。拡大の方向性に逆らう動きはフランスでも起こった。ひたすら豊穣な響きを目指したベルリオーズの考え方は、声楽的なニーズに合わせた修正を余儀なくされた。その背景には、歌詞を聴き取れるようにするためいっそうの配慮を必要とする、フランス・オペラならではの事情があった。ヴェルディの『アイーダ』の初演やワーグナーの『ニーベルングの指環』の完成に遅れること数年、一八七五年に初演されたビゼーの『カルメン』が、フランスにおける新たなオペラ・オーケストラの先駆けとなった。ヴェルディ晩年の作品と同じく、編成の面でもデュナーミクの扱いの面でも拡大傾向に異を唱えたそのオーケストラは、洗練された演奏効果と技術面での軽量化を果たし、より柔軟で細部に特化した表現能力を目指した。ひとつの楽器の音がハーモニー全体を代表するというヴェルディ以来の手法はここでも際立ち、歌詞のなかのもっとも重要なひと言が明瞭に聞こえてくる。そしてトランペットやフルートのちょっとした音が、フルオーケストラの咆哮よりも重要な意味を持って響くのである。

　これはすばやく切り替わる気分、絶え間なく変化する状況をとらえ、写実的な演技や歌手のひと言ひと言を忠実に追うために編み出された手法である。ビゼーの音楽は事実上明確な形式を放棄している。はっきりとした形式を持っているのは、勇ましいリズムを持つ「闘牛士の歌」と一部の合唱曲、そして「ハバネラ」や「セギディリヤ」など一部のナンバーにすぎない。そしてこうした歌のなかでも明確な形式は崩れていく傾向にあり、即興的なフレーズを挟むことで、突然本来の道筋からはずれてしまう。

　『カルメン』のオーケストラは変幻自在で、歌にまといつくように響き、時に思いもよらぬ光を歌に投げかける。地下水脈のように消えてしまったかと思うと、また突然姿を現す。もはやそれ自体がはっきりとした性格を持つ音楽ではなくて、雰囲気のように歌を包み込み、光と影を生み出し、全体的な色調を変化させる。有名な第二幕の「密輸業者の五重唱」や第三幕の「カルタ占いの三重唱」では、歌声にからみつくようなオーケストラの音が聞こえてくる。最後の幕でついにカルメンとドン・ホセが相対するシーンでは、オーケストラはふたりのドラマティックなやりとりに軽く色彩を添え、アクセントをつけるための短いフレーズを奏で、主人公の頭に去来するであろう感情を聴き手に覗かせることによって、歌手を支える。

ビゼーのオーケストラで一番よく聞こえてくるのは当然ながら木管楽器だ。木管の多彩な音色を用いて、登場人物の性格が描かれる。その一方で弦楽器は定型的な楽曲、あるいはハバネラやセギディリヤのように挑発的な性格を持った曲の伴奏に用いられる。木管楽器は劇的な効果をもたらすとともに、ソロとしても活躍する。第二幕への間奏曲でのファゴット、あるいは本編の夜の雰囲気を先取りした第三幕への前奏曲で、ハープの伴奏に乗って登場するフルートやクラリネットからは、木管のソロとしての響きに対するビゼーの思い入れが伝わってくる。いずれの場合も木管楽器がオペラ全体の響きを決定づけているが、これはフランス音楽一般に共通する特徴でもある。

『カルメン』という印象主義の先駆け的な性格を持つ作品で、弦楽器は金管楽器とともに音楽に奥行きを与え、音色面でアクセントを加える役割を担っているにすぎない。金管楽器を中心に周到に組み立てられたワーグナーの作品とは正反対だ。また従来は、オーケストラとハーモニーが劇の土台を築き、人間は作品全体を統制する存在として最後にその上に置かれるといったオペラが多かったが、それとも正反対である。ビゼーの『カルメン』においては、作品の土台を支え、中心的役割を果たすのは人間であり、ハーモニーはオーケストラとともに、登場人物や舞台上の出来事の背景に光を投げかけているにすぎない。『カルメン』によって、アンチ・オーケストラ・オペラとでも呼ぶべきものが産声を上げた。このオペラは内部にさまざまな要素の対立を抱えつつも、それを包み込み、ドラマティックな歌唱にもオーケストラ中心の語りにも偏らない、絶妙なバランスを実現した。

4

それまでコスモポリタン的な性格の強かったフランスのオーケストラが、国民的な特性を発揮しだしたちょうどその頃、ヨーロッパの東側でも国民的なオーケストラが育っていた。ボヘミアでは、ベドジフ・スメタナ（一八二四～八四年）が、言語、プロット、音楽の面で意識的に民族的な要素を取り入れたオペラを続々と発表した。物語は地元のボヘミアの人々の暮らしを題材とし、音楽にも民謡や大衆音楽を取り入れている。スメタナのオペラでもっとも有名なのは一八六六年に作曲された『売られた花嫁』だが、他にも『接吻』、『ふたりのやもめ』、『ダリボル』といった作品が成功を収めた。スメタナの名前は、むしろ純粋なオーケストラ作品でいっそう有名になった。なかでも『わが祖国』は今日でもよく演奏される。この作品はそれぞれ一楽章からなる六つの交響詩から構成されており、作曲家が心に描いた内容を音楽に仕上げたものだが、その手法はリストに比べると比較的おとなしい。

スメタナの音楽は、音楽的才能に非常に恵まれた人々のあいだから生まれた。それまで彼らの創造力が発揮されるのはもっぱら歌とダンスの分野に限られていたが、スメタナの手によって初めて洗練された芸術作品となった。スメタナが理想とする音も、ボヘミアの伝統音楽の影響を色濃く受けている。彼は珍しい楽器を使ったり、オーケストラの編成を特に拡大する必要は感じなかった。オーケストラのベースとなるのは柔らかな弦の響きで、メロディーはボヘミアの民謡を参考にしている。それは、スメタナがメロディーに好んで三度のハーモニーをつけていることからもわかる。弦楽器によるシンプルな歌のメロディーに仕上げを施すのは木管楽器であり、金管楽器は盛大なクライマックスを築く目的で使われる。したがって、全体的にスメタナのオーケストラは古典派のモデル、それもベートーヴェンよりもむしろモーツァルトやハイドンのオーケストラに戻っている。

スメタナの音楽の精神的な支えとなっているのは、ボヘミアの風景や伝説の数々だ。その純粋で素朴な精神から尽きることなくメロディーが生み出される。彼の作品が、大衆的人気と高度な芸術的完成度を併せ持っているのは、このメロディーのおかげである。スメタナは革新的な工夫を凝らさずとも、常に古くさくないどころかモダンですらある作品を生み出した数少ない芸術家のひとりである。それは彼が自分の生まれた土地と、自然で密接な関係を保っていたからこそ可能となった。しかも彼にはそうした土着の文化を世界的な価値にまで高めるだけの芸術家としての才能があった。スメタナはよくボヘミアのモーツァルトと呼ばれるが、作曲家としての重要性という意味ではなく、全体的な作品の完成度とメロディーの魅力、そしてバランスのとれた音楽スタイルという意味での呼び名なら、もっともだと言えるだろう。

スメタナのあとを継いだのは、同じボヘミア出身のアントニーン・ドヴォルジャーク（一八四一～一九〇四年）であった。ドヴォルジャークもまた音楽家として自分が生まれた土地とのつながりを大事にしたが、スメタナほど内向きでも素朴でもなく、世界的な名声を得るための努力を惜しまなかった。彼はブラームスの影響を受け、ブラームスもドヴォルジャークの音楽家としての成長に個人的な期待を寄せた。ドヴォルジャークの音楽スタイルはスメタナほどシンプルではない。交響曲を書こうという野心はあったが、自分の作風を崩してまでそれを追求する気はなかった。スメタナのメロディーが歌としての性格を強く持っていたのに対して、ドヴォルジャークは舞曲のリズムを好み、より華麗なオーケストレーションを施すことで、そこから色彩豊かな音楽を引き出して見せた。

　スラヴ系作曲家の系譜の最後に登場するのは、モラヴィア出身のレオシュ・ヤナーチェク（一八五四～一九二六年）である。彼の代表作はおもにオペラで、もっともよく知られているのは一九〇二年に作曲された『イェヌーファ』だ。彼のオペラは言語から発展した音楽であり、オーケストラには音楽化された言語を伝える基盤としての役割が課せられた。ワーグナーのようにハーモニーが圧倒的な力を有する作品では、こうしたやり方は成立しない。音楽によって言葉の抑揚やリズムを模倣しようというヤナーチェクの音楽書法では、ハーモニーはあくまで偶然の結果にすぎないようである。

　歴史的重要性はさまざまだが、ボヘミアは数多くの作曲家を輩出している。ヨーゼフ・スーク（一八七四～一九三四年）からボフスラフ・マルティヌー（一八九〇～一九五九年）へと続くその系譜に連なる作曲家にはみな、オーケストラの扱いに関して、同じ土地の出身という理由から来ると思われる、ある種の共通点が見られる。ボヘミアの音楽は、比較的最近の作品においても、地元の大衆音楽との接点を失っていない。どの曲からも、聴き手を魅了するヴァイオリンの甘美な響き、そして民族音楽特有のメロディーやリズムが常に聞こえてくる。彼らのオーケストラに変化は見られず、器楽の世界に新たな道を切り開くものではないが、民族音楽というフィルターを通すことによって、独特の魅力を発揮している。

5

一般的にスラヴの音楽は、スラヴ民族の信仰のあり方にも似て、何よりも感情に訴えかける音楽である。それを突き動かしているのは、知的な力というよりは想像力であり、メランコリーや欲望といったさまざまな人間の感情からインスピレーションを得ている。スラヴの作曲家たちは特別なオーケストラをつくらず、自らの衝動や目的に合わせて一般的な西欧のオーケストラを一部改編して用いた。かなり早い時代から、ロシアにはヨーロッパの音楽が浸透していた。十八世紀には、エカテリーナ二世がサンクト・ペテルブルクでイタリア・オペラを上演させている。チマローザを含む著名な音楽家たちが数多く活躍し、客演するだけでなく、なかには永住する者もあった。とはいえ、これはあくまで宮廷での出来事だ。その豊かな音楽的才能にもかかわらず、ロシアの音楽家が真価を発揮するようになるまでにはそれなりの時間を必要とした。

ミハイル・グリンカ（一八〇四～五七年）は、ロシア初の国民的オペラとなる『皇帝にささげた命（イヴァン・スサーニン）』を作曲した。しかしロシア的と言えるのはその筋書きだけで、音楽的には外国の音楽をそのまま用いている。グリンカ自身が学んだのはライプツィヒの音楽院だった。意図的にヨーロッパの音楽モデルを捨て、民族音楽やビザンツ風のハーモニーを取り入れた教会音楽など、本来のロシア土着の音楽へ関心を転じた最初のロシアの作曲家は、モデスト・ムソルグスキー（一八三九～八一年）である。『カルメン』よりも一年早く、一八七四年に初演された『ボリス・ゴドゥノフ』は、ロシアの言葉を使って音楽表現をしたいという強い欲求から生まれたオペラであり、ムソルグスキーが行き着いたのは、西欧の作曲家たちよりもどちらかと言えば簡潔なスタイルだった。何よりもロシア語を重視したムソルグスキーは、イタリア・オペラのアリアも、ドイツのオーケストラの重厚なハーモニーも採用せず、独自のスタイルを貫いたが、ヨーロッパの伝統にしばられている点も多く、特にオーケストラがそうだった。その傾向は友人のリムスキー＝コルサコフによって助長された。リムスキー＝コルサコフは、オーケストラの書法についてはアマチュアだったムソルグスキーのために、『ボリス』のオーケストレーションに手を加え、通常のヨーロッパスタイルにあらためたのである。

　リムスキー＝コルサコフ自身は、意識的に西欧音楽の影響から脱しようとするロシアの音楽家グループに属していた。しかし方向性は評価できるとしても、彼らは結局西欧のモデルに匹敵するような独自の音楽を創造できなかったため、西欧音楽の影響から自由になれなかった。その結果起きたのは、ボヘミアの場合と同じだ。オペラの筋書きには自国の詩人や作家の作品を使い、器楽作品のインスピレーションを得るために、民族音楽や大衆音楽のリズムと特徴的なハーモニーを取り入れたのである。彼らの作品を聴くと、民族的な要素は強く感じられるものの、その基礎は依然として西欧音楽にあり、オーケストラのスタイルにいたってはまったく違いが見られない。

　ロシアではワーグナーの音楽に対して激しい反対が巻き起こったため、その影響が及ぶ範囲は限られたが、フランスの作曲家からの影響は深く根付いていった。リムスキー＝コルサコフは、オーケストラの拡大に好意的で、ベルリオーズやリストを参考にした。バラキレフ、ボロディン、グラズノフ、タネーエフといったそれ以外のロシアの作曲家たちのなかには非常に才能に恵まれた人物もいたが、真に個性的な国民音楽をつくりあげるにはいたらなかった。彼らはハーモニーの面でヨーロッパの影響から抜けられず、そのため新しいロシア・スタイルのオーケストラを考案することもなかった。音楽の世界ではボヘミアはヨーロッパの一地方にすぎないように、ロシア音楽もヨーロッパ音楽の一部である。いくつかの点では非常に特異な音楽かもしれないが、実際にはヨーロッパ音楽文化という大木から分かれた枝のひとつにすぎない。

ロシアでもっとも傑出した作曲家は、ピョートル・イリイチ・チャイコフスキー（一八四〇〜九三年）である。彼は——ムソルグスキーを除けば——もっとも才能に恵まれた音楽家であり、世界的に大作曲家と認められた唯一のロシア人だ。チャイコフスキーはオペラ、交響曲（標題付きとそうでないもの）、交響詩と標題付きの序曲を作曲した。オペラのなかでは、ふたつの作品がヨーロッパ全土で成功を収めた。『ボリス・ゴドゥノフ』や『カルメン』から数年遅れ、一八七九年に初演された『エヴゲーニィ・オネーギン』と、その約十年後に初演された『スペードの女王』だ。いくつかの偉大なバレエ音楽も含め、舞台作品か否かにかかわらず彼のオーケストラ曲にはすぐれた作品が多いが、それ以外にはあまり重要な作品を書いていない。室内楽や歌曲、ピアノ曲などはサロン・ミュージックの域を出ていないと言ってよいだろう。

チャイコフスキーはあまり精神的成熟度が高かったとは言えない。その精神は成長するというよりも、衰弱に向かったと言うべきであり、したがって病的だと評する人もいるかもしれない。たとえば彼の標題音楽は、おもに友人の企画に基づいて作曲された。事実『マンフレッド交響曲』はバラキレフのプランを元に書かれており、調性もバラキレフが指示している。チャイコフスキーは知的な問題や趣味などに格別興味を示さなかった。その点ではブルックナーに似ているが、ふたりはまったく違う種類の作曲家であり、作品の独創性に関して言えば、チャイコフスキーをブルックナーと同列に論じるわけにはいかない。

その一方で、チャイコフスキーは根っからの音楽家であり、自分が手を触れるものをことごとく音楽に変えてしまった。彼の音楽はひたすら情緒的であり、常にその範疇にとどまっている。また、彼の交響曲は初期ロマン派の枠組みから脱することはなかった。その作品世界は、自己陶酔的とでも言うべき豊かな想像力によって喚起されたもので、単純で個人的な感情を反映している。彼の想像力の背景に何があり、どこへ向かおうとしていたかについては、漠然としていてよくわからない。音楽的表現手法について言えば、音色の変化と激しいデュナーミクの変化を求める衝動的な力がすべてを支配している。このような特色を持つゆえに、作品の多くはオーケストラ曲だ。チャイコフスキーは、無尽蔵とも思える音楽的インスピレーションを元に豊かな創作力を発揮し、交響曲や序曲、そしてオペラといった分野でその本領を発揮した。

チャイコフスキーのオーケストラと、同時代の西欧の作曲家のオーケストラとのあいだに、本質的な違いはない。チャイコフスキーは特殊な楽器を使用しなかった。演奏に際しては、十分な数の弦楽器群を前提としているが、ベルリオーズやワーグナーほど大きな編成は求めていない。ハーモニーも豊かで、たっぷりとした響きをともなうが、半音階的進行は限られていて主役とはならず、あくまで全音階的なメロディーのなかにときおり織り込まれるにすぎない。ハーモニーがみずみずしく響くのは、弦楽器を中心に、金管楽器と木管楽器がほどよくブレンドされたオーケストラの鳴らし方が大きな要因である。

若い頃から、リズムの面でもデュナーミクの面でも変化に富む、スケールの大きな音楽をつくりあげたいという衝動に駆られていたことも、彼の生み出す響きをいっそう個性的なものにする要因となった。行進曲風の曲想を持つ最後の交響曲（第六番）の第三楽章は、もっとも印象的な音楽のひとつだ。この交響曲が『悲愴』と呼ばれるのは、徐々に盛り上がりながら、物憂げなあきらめの気配を漂わせつつ薄暗がりのなかに消えていく特異なフィナーレのせいに違いない。その他では、弦が楽章を通じてピッツィカートで演奏することで知られる交響曲第四番のスケルツォが、非常に巧妙に組み立てられていて印象的だ。交響曲第五番のように、モティーフが全曲を通して繰り返し現われ、イデー・フィクスのような働きをする曲もある。交響曲第五番をはじめとするいくつかの曲で、チャイコフスキーはトロンボーンとトランペットを多用した。ふたつの楽器の音は、彼には運命の声だった。また、音楽が印象的に聞こえるためには、大きな音で演奏する必要があると考えていたようだ。

　チャイコフスキーのオーケストラは、スメタナ同様、全体的にホモフォニックである。そのスコアは旋律と伴奏和音というかたちで、簡単に五線譜にまとめられるし、素朴な魅力という点でもスメタナの音楽との共通点が多い。また民族音楽的な要素が交響作品のなかに入り込んできている点も同じだ。チャイコフスキーのオーケストラでは、こうした民族音楽的要素が、ある種の土のにおいを感じさせる音響効果とともに強調される。その際、弦楽器を土台に、木管楽器が色彩を加え、金管楽器がダイナミックなアクセントをつけるので、オーケストラのタイプとしては、ワーグナーやブラームスより前の初期ロマン派に属している。それは、音楽の創造作業に参加したいという機運がスラヴの人々のあいだに芽生えた結果、ウェーバーがつくったドイツの国民的オーケストラが場所を変えて、新たに生まれたのだと考えられる。

6

オーケストラを中心とする音楽文化の発展に関心を寄せたのは、スラヴ系の人々だけではない。それまで西欧的な意味での作曲とは縁がないか、比較的単純な曲づくりで満足していた他の国々の音楽家たちも、交響曲の作曲に乗り出すようになった。英国では、何人かの個性豊かな作曲家たちが、オーケストラ曲を書くようになった。そのなかから、新たな英国音楽を代表する作曲家として、サー・エドワード・エルガー（一八五七〜一九三四年）、フレデリック・ディーリアス（一八六二〜一九三四年）、グランヴィル・バントック（一八六八〜一九四六年）、レイフ・ヴォーン・ウィリアムズ（一八七二〜一九五八年）といった名前を挙げることができる。一方、イェネ・フバイ（一八五八〜一九三七年）、エルネー・ドホナーニ（一八七七〜一九六〇年）、ベーラ・バルトーク（一八八一〜一九四五年）、ゾルターン・コダーイ（一八八二〜一九六七年）は、ハンガリー独特の音楽をつくりだした。スカンジナヴィアの国々からは、ニルス・ウィルヘルム・ゲーゼ（一八一七〜九〇年）、エドヴァルド・グリーグ（一八四三〜一九〇七年）、クリスティアン・シンディング（一八五六〜一九四一年）、カール・ニールセン（一八六五〜一九三一年）、クルト・アッテルベリ（一八八七〜一九七四年）が現われた。国民的な音楽から出発した音楽家のなかで、もっとも重要かつ著名な作曲家は、フィンランドのジャン・シベリウス（一八六五〜一九五七年）である。シベリウスは七つの交響曲と、多数の器楽作品を作曲している。現役のなかでは、シベリウスは現在一般的にもっとも高く評価され、もっとも頻繁に作品が演奏されている交響曲作家だろう。ただしアングロサクソン系の国々で非常に評価が高いわりには、中央ヨーロッパの国々での人気はそれほどでもない。それでも彼の作品が、管弦楽曲を中心とする西洋音楽の隆盛に大きく貢献したのは間違いない。

　こうした国民楽派の作曲家たちが主題として用いる旋律や曲の雰囲気は、彼らの母国の詩人の作品や伝説、風景などと切っても切れない関係にある。ところが、不思議なことに、その関係の深さとは裏腹に、彼らが使うオーケストラは、国ごとの特殊性を失い、技術的な面でも表現法の面でも、共通する部分がどんどん大きくなってきている。国民性の違いは作曲姿勢の違いを生み、彼らに新たな精神的拠り所を与えたように思われる。だが、その表現手段としてのオーケストラについては、西欧のモデルがそのまま受け入れられたのである。作曲家たちは、自国の国民性がよく表われた素材を使い、それまで知られていなかった新たな色合いを自らのオーケストラに加えることに成功した。しかし伝統的な音楽の「型」については前の世代のものをそのまま引き継いだので、国民楽派の曲は、西欧諸国で同時期につくられた作品同様、全体として過去を振り返る傾向を示している。

さまざまな国々で創作活動が盛んになり、純粋に情緒に訴えかける性格を持つ楽曲が続々と発表され、その数とバラエティが増えるにしたがって、ヨーロッパのオーケストラ音楽の発展には弾みがついた。その過程で、合理的な曲づくりのための枠組みや形式といったものは長年にわたって利用し尽くされ、厳格な形式に代わってストレートな感情表現が幅をきかせる傾向が否応なく進んだ。

10　「芸術のための芸術」としてのオーケストラ
――シュトラウス、ドビュッシー、プッチーニ

1

オーケストラのために曲を書いた作曲家の系譜は、三つの異なるタイプに分かれる。おもにオペラを作曲した第一のグループ、おもにコンサート用の器楽曲を作曲した第二のグループ、そしてステージとコンサート両方のために楽曲を提供した第三のグループである。おもにオペラだけを書いたグループのなかで特に重要なのは、リュリ、グルック、グレトリー、スポンティーニ、ウェーバー、マイヤーベーア、ロッシーニ、ベルリーニ、ワーグナー、ヴェルディ、ビゼー、プッチーニといった作曲家である。彼らは、音楽の分野における劇作家と呼ぶことができるだろう。バッハ、シュターミッツ、ハイドン、ベートーヴェン、メンデルスゾーン、シューマン、リスト、ブラームス、ブルックナー、マーラー、レーガー、シベリウス、エルガーは、おもにコンサート用の器楽曲を書いた。これは交響曲作家の系譜である。モンテヴェルディ、パーセル、ラモー、ヘンデル、モーツァルト、ケルビーニ、ベルリオーズ、グノー、スメタナ、ムソルグスキー、チャイコフスキー、ドビュッシー、シュトラウス、シェーン

ベルク、ストラヴィンスキーは、オペラとコンサート・ピースをほぼ同じ割合で作曲した。

三つのグループを眺めると、おもにオペラに興味を示した作曲家とオペラとコンサートの両方に興味を示した作曲家のグループがどの時代にも存在していたのに対して、おもにコンサート用の楽曲にのみ興味を示した第二のグループ、つまり交響曲作家のグループは、約百五十年という限られた期間に集中していることがわかる。この期間のピークは、ベートーヴェンの登場により非常に早く訪れた。彼の唯一のオペラ『フィデリオ』は、どちらかというと「オペラ的交響曲」とでも呼ぶべき楽曲である。ベートーヴェン以降、交響曲の歴史は完成へと向かうのではなく、数多くの支流を生み出していった。その最後に登場したのが国民楽派の作曲家たちである。交響曲以外のジャンルでは、隆盛と衰退、そしてまた隆盛といった具合に、アップダウンの歴史が繰り返された。オペラのジャンルで、モーツァルトはたぐいまれな大天才だったが、その後ワーグナーとヴェルディが現われて新たなタイプの作品をつくり、世界的な成功を収めた。つまりオペラは、常に新しいものを生み出す力を内包しており、古典派のモデルに匹敵する別のモデルをつくりだせるのである。

交響曲のジャンルではさまざまなこまかい変化とともに、ある種の進展があった。しかし、高く評価され、大成功を収めたような新作であっても、ベートーヴェンという唯一無二の大作曲家の作品に匹敵するとは見なされなかった。ベートーヴェン以降の作曲家にとって最高の栄誉は何かといえば、それはベートーヴェンの後継者と認められることである。後継者の称号が誰に与えられるにせよ、この事実ひとつだけでも、ベートーヴェンの作品が今日にいたるも交響曲の最高峰とみなされている証拠としては十分だろう。誰もがそう考えているだけでなく、コンサートの演目の中核には、実際にベートーヴェンの作品が置かれているのである。

百五十年の創作活動期間を通じて続いてきた状況を、ベートーヴェンの圧倒的な才能とその後の世代の能力不足だけでは説明できない。それは交響曲というオーケストラ作品自体の一般的な性格によってもたらされたものであり、音楽の質の問題ではない。交響曲という楽曲を、純粋に音楽的な観点だけからとらえるわけにはいかない。交響曲の創作は、ある種の知的、社会的条件があって初めて成立するものであり、今日にいたるまでその形式に大きな変化がない点からしても、交響曲は間違いなくそうした条件に常に縛られ続けてきたことがわかる。こうした状況は、現在にいたるまで、時代に合わせて視点を少しずつ変えながら機能し続けてきた。十九世紀の作曲家たちの場合は、実際にベートーヴェンを中心に一定のグループが形成され、それはグループが国という枠組みに取って代わられるまで続いた。その過程で、さまざまな変種が生まれることはあっても、基本的には常に知的、精神的、宗教的な認識の一致を前提としていた。新たな刺激がもたらされるのは、こうした前提条件をより掘り下げる場合に限られており、その結果は詩的な、あるいは国民的な感情の表出として現われた。しかしこうした創作姿勢の継続には限度があり、交響曲の社会的、知的、そして芸術的基盤に本質的な変化がもたらされる可能性はないと言わざるを得ない。

　したがって、交響曲の創作は常に過去を振り返る姿勢をともない、作曲家たちは程度の差こそあれ、常にベートーヴェンという存在を意識している。その結果、モーツァルトのオペラという理想のかたちが、十九世紀になっていくつかの別の理想に置き換えられたのとは異なり、オーケストラ曲の場合は、ベートーヴェンの交響曲という理想のかたちからさまざまな変種が生まれることはあっても、その理想自体が別のモデルによって取って代わられたりはしなかった。シンフォニー・オーケストラはベートーヴェンによって完成を見た。その意味で、「ベートーヴェン以降に交響楽は必要ない」と言い放ったワーグナーの言葉は正しい。ワーグナーは、さまざまなヴァリエーションの可能性までは見越していなかったかもしれないが、交響曲の本質に変化の余地がないという点はしっかりと理解していたのである。

オーケストラに刺激を与えられる音楽ジャンルはひとつしかない。オペラである。オペラは交響曲よりも歴史が古く、より豊かな広がりを持ち、多種多様な要素を含んでおり、それゆえに変化する余地も大きかった。オペラはさまざまな段階を経て発展し、ありとあらゆる社会情勢に順応してきた。貴族社会を代表する芸術であるとともに大衆のための芸術でもあり、国際的な問題も国内的な問題も扱うことが可能で、その装いはめまぐるしく変化した。独自の特徴を持たないので、どのような性格のものでも表現できる。オペラは社会の他の分野の変化に合わせて、自らの視点を変えながら存続してきた。十九世紀の終わりに、オーケストラがオペラに新たな刺激を求めざるを得なくなった背景にはこうした事情があった。

いつの時代にもオペラが上演されてきた背景には娯楽を求める社会のニーズがあり、ニーズそのものは時代とともに変化した。フィレンツェで初めてオペラがつくられた時から、モンテヴェルディ、リュリ、ラモー、グルック、スポンティーニの時代までは、ギリシア悲劇の再興というニーズがあった。十七世紀から十八世紀のイタリア・オペラの場合には、傑出した歌唱技術を持つ歌手たちを引き立てるというニーズが存在した。さらには、モーツァルトの作品のように社会批判を盛り込んだり、ベートーヴェンの『フィデリオ』のようにヒロイズムを鼓舞したり、ワーグナーの諸作に見られるように神秘主義的ロマンティシズムを表現しようとすることからもニーズが生まれた。これ以外にもさまざまなタイプのオペラが存在したが、どの場合にも共通して言えるのは、その中心には音楽を使った娯楽に対する人々の興味とニーズがあったということである。

十九世紀の終わりになると、オペラに対するニーズから社会的性格が徐々に失われていった。芸術一般、なかでも音楽は、十分な対価を支払う能力さえあれば、誰でも購入できる商品になった。芸術作品の価値を決めるのはもはやコミュニティにおける重要性でもなければ、日常生活の中に秘められた人間の衝動をさらけ出し、それを芸術作品として表現する芸術家の能力でもなかった。画家も音楽家も、万人に訴えかける能力を失ってしまった。芸術家は、創作活動に興味を抱く一定のグループに対して自作の芸術的価値を示し、彼らの注意を引こうとする存在にすぎなくなった。芸術家としての価値は従来の芸術との比較において決められ、革新的な作風であるかどうかが評価を左右した。「芸術のための芸術」の時代が訪れたのである。

「芸術のための芸術」という言葉は、「芸術作品の価値は、あくまで作品自体を楽しむことにあり、それ以外のなにものでもない」という意味を含んでいる。創作活動のきっかけとして、それ以外のいかなる目的も認めないという立場であり、従来の創作姿勢、たとえば、バッハがライプツィヒの教会のために受難曲やカンタータを作曲し、ベートーヴェンが自由とヒューマニズムに触発されて曲を書き、さらにはワーグナーが「危機感を共有する」姿の見えない人々のために作品をつくったという事実でさえ、純粋な芸術とは本質的に相容れないものだと見なされる。「芸術のための芸術」とは、芸術による、芸術だけのための芸術である。経験と想像力だけを頼りに、完璧な芸術をつくらねばならない。芸術作品に課せられた任務は、作品が存在するという事実によってひたすら人を喜ばせることにあり、彼らの精神を現実から引き離し、完全な芸術が支配する世界へとそれを引き上げることにある。

「芸術のための芸術」という基本理念については、何度も議論され、そのたびに称賛の声と軽蔑の声が巻き起こった。発祥の地はフランスで、フランス語の「l'art-pour-l'art」という言葉は、すべての芸術は人生に彩りを与えるための装飾であるとして、それを容認する考え方である。これとは逆の「芸術というのは人生がかたちを変えたものであり、芸術は人間の経験や衝動をより高次のエネルギーへと変換する力を持っている」という考え方も含め、それはそれでまことに筋が通っている。ふたつの考え方の違いは、人間の創造的意志に関するとらえ方の違いでしかない。したがって、一方の考え方が他方よりもすぐれているとか、劣っているというわけではない。

歴史を見ると、通常このふたつの考えが交互に現われてきたことがわかる。強力な意志の力が充満している時代には、共通する方向性を持った芸術が生まれ、精神的中心を欠く時代には、いわゆる「純粋な芸術」としての価値が重視される傾向がある。後者はおおむね衰退の始まりを告げる時代と重なっている。しかしそれに対して、芸術が精神的な支柱であるとされ、その意味で過大評価されがちな前者の時代においては、真の芸術と見せかけだけの芸術を見極めるのが難しい。というのは、そうした時代には芸術そのものの良し悪しではなく、時代の考え方に対する創作者の信念が問われるからである。そのため創作の意図と創作の結果がしばしば取り違えられるのである。

十八世紀の古典派は、音楽に対するこのふたつの考えをうまく融合させた。つまりバランスが取れていたのだ。「古典」と呼ばれるのはそのためである。しかしその後ベートーヴェンの強大な影響力は、芸術を道徳的、教訓的な機能と結びつけて考える方向へと彼の後継者たちを向かわせた。ところが十九世紀末になると、その影響力にかげりが生じ、こうした考えに基づく創作活動は滞るようになる。手段が目的となって芸術が孤立した結果、技術を磨き、表現手段としてのツールを完璧なものにすること自体が、新たな目標として浮上したのである。

この種の「純粋な芸術」を追い求めるにあたって、オーケストラはそのツールにぴったりだと思われた。オーケストラはもともと機械的に構築された組織である。したがって、道徳や衝動といった他の創作原理が使いものにならなくなった今、機械的な組織に、人間の衝動や経験とは無関係な芸術のための創作原理をゆだねるのは当然だと考えられた。こうして創作のための基本的な方針は定まったが、その一方で、芸術の道徳的機能はすっかり衰え、そうした考えに基づいて行なわれる創作上の試みは、すべて陳腐化した過去の遺物と見なされるようになった。芸術家が社会との結びつきをいっそう自覚するようになっても、なんら創作的な成果には結びつかず、そうした試み自体が下火になっていった。かくして表現手段としてのオーケストラを自在に扱える達人たちが登場し、ふたたびオーケストラの魔力を解き放った。彼らの唯一の目的は音楽芸術の末裔である現代オーケストラの魅力を存分にアピールすることにあった。オーケストラが新たな理想を実現しようとしたとき、その呼びかけに応えたのがオペラである。

2

こうした新たな創作傾向を代表する作曲家として、リヒャルト・シュトラウス、クロード・ドビュッシー、ジャコモ・プッチーニという三人の名を挙げることができる。ドイツ、フランス、イタリアの出身である彼らは、それぞれ滅びゆく世代の最後の一員であり、ひとりひとりがその時代と国を代表する作曲家だ。重要な音楽大国であるロシアから四番目の作曲家として、ストラヴィンスキーを加えてもよいだろう。しかしストラヴィンスキーは必ずしも完全にこのグループの一員ではない。過去を回顧する色彩の強い作風を捨て、すでに新しい目標に向かって進み出していたからだ。

三人の作曲家は、ほぼ同じ頃――プッチーニは一八五八年、ドビュッシーは一八六二年、シュトラウスは一八六四年――この世に生を受けた。オーケストラによる楽曲は、ベートーヴェンの時代から音楽の世界における主役の座を守り続けてきたが、彼らはその偉大なる歴史を締めくくる役割を負わされている。見方によっては、彼らはもっと前の世代のオーケストラ・ヴィルトゥオーゾたち――ベルリオーズ、マイヤーベーア、リスト――と比較されるべき存在なのかもしれない。実際、ふたつのグループの性格には、重要な共通点がある。ただし前の世代のグループが進取の気性に富み、未知の領域に積極的に進出しようとしたのに対して、あとの世代のグループには、過去を振り返ろうとする傾向が見られる。彼らにしても、当初は音楽界に革新をもたらす作曲家として登場した。彼らの作品の初演を耳にした気の弱い聴衆は、革命的だと受け止めたに違いない。しかし時が経つにつれて、それは一種の幻想であり、革命的と思われたことも、伝統的な要素を新しく並べ替えたにすぎないとわかるようになる。

伝統は変わらずに今も生き続けている。私たちが見る限り、これから先の新しい動きは、シュトラウス、ドビュッシー、プッチーニを生んだ土壌とは別の場所から出発しなければならない。私たちが見るところこの三人の作曲家は、情緒に訴えかけることを得意とし、心理学的な要素を好み、感覚的な喜びを大事にする音楽家であるように思われる。端的に言えば、彼らは感情の力に基づいて音楽をつくるタイプの天才なのだ。これはベートーヴェンを筆頭に、ロマン派の時代を通じて連綿と続いてきた作曲家の系譜である。もうひとつの系譜、つまり十八世紀の合理主義を起点とする系譜には、この時点ではまだ後継者が現われていない。この系譜に属するオーケストラは、音色やデュナーミクではない、他の原理原則をつくり出さねばならない。

というわけで、シュトラウス、ドビュッシー、プッチーニはひとつの流れの終わりに位置する作曲家であり、彼らの作品は過去を振り返る性格を持っている。いずれも自国の音楽文化を反映しており、作曲技法の点でも申し分なく、文句のつけようのない見事な作品である。その意味では、ヨーロッパの音楽文化を代表する作品であり、とりわけオーケストラ芸術と彼らの時代を代表する楽曲だと言える。

ベルリオーズの『管弦楽法』の増補版に寄せて、シュトラウスは、「若い作曲家の皆さんには、オーケストラの控え室に行き、誰にも見られていない環境で彼らがどんな演奏をしているか、一度観察してみるようお勧めする。そうすれば楽器には実際何ができるのか、よくわかるはずだ」と述べている。これはまことに有意義な言葉だ。言葉に含まれる真実もさることながら、自分自身オーケストラの楽団員の子として生まれ、音楽の隅々まで知り尽くしている作曲家が、練習に言及しているという事実が重要なのだ。しかもそれだけではない。この言葉から、シュトラウスが作曲に際してどこからインスピレーションを得ているのかがわかる。そういう意味で得るものが多いし、いかにもシュトラウスらしい言葉だ。これがベートーヴェンであれば、絶対にこんな言い方はしないだろう。ヴァイオリニストのシュパンツィヒが、作品のある箇所が難しすぎると文句を言ったとき、彼は「音楽が私に語りかけてきているときに、きみの哀れなヴァイオリンのことを考えろと言うのか？」と切り返した。ベートーヴェンにとっては曲のアイデアが何よりも大事で、演奏の問題は二の次だった。シュトラウスの作品では、ある楽器が生み出す演奏効果が作品そのもののアイデアより先にあったのではないかと思われるケースが多いし、曲によっては楽器の演奏効果に基づいて作品をつくりあげたのではないかとさえ思われる。

だからといって、シュトラウスの姿勢を非難しているわけではない。「芸術のための芸術」という原則に則れば、シュトラウスがやっているのは当然のことだ。そこでは最初にある種の技法的な「発明」

があり、次にそれを生かす方法をさがす、というやり方が一般的だからだ。シュトラウスは楽器について驚くほど詳しく、演奏者よりもよく知っていたほどだ。彼は、自分の父親の楽器であったホルンやその他の管楽器から未知の魅力を引き出した。特徴的なのは、新たな楽器をつくるよりも、古い楽器をふたたびオーケストラの一員に迎えるほうに力を注いだ点だ。『エレクトラ』では、モーツァルトの時代以降忘れ去られていたバセットホルンを使うとともに、オレステスが登場する重要な場面にはワーグナー・テューバを用いた。『家庭交響曲』ではオーボエ・ダモーレ――現代のオーボエとイングリッシュ・ホルンの間の音域を持つ古いタイプの楽器――を「子供」の描写に使い、さらにサクソフォーンのカルテットを参加させている。『ティル・オイレンシュピーゲルの愉快ないたずら』ではラットル（ガラガラ）を、『影のない女』ではグラス・ハーモニカを用いた。シュトラウスはこうした古い楽器を再利用しただけでなく、新しい楽器も使っている。『サロメ』と『アルプス交響曲』で用いられたヘッケルフォーンは一九〇四年に楽器製造者のヘッケルが考案したバリトン音域のオーボエである。一八八六年にミュステルがパリで考案したチェレスタも使われた。この楽器はカリヨン（組鐘）の一種で、鍵盤装置を介して金属片をハンマーで打つことにより、柔らかく神秘的でありながら、キラキラと輝くような音を奏でる。シュトラウスは『ばらの騎士』の中の使者が銀のばらを届ける場面で、非常に効果的に用いている。チェレスタは、その浮き世離れした、心和ませる音色ゆえに、現代オーケストラでの使用例が非常に多い。シュレーカーの歌劇『烙印を押された人々』の前奏曲を聴けば、弱音器を付けた弦楽器とチェレスタの組み合わせから生まれる、聴き手を思わず興奮させるような効果を実感できるだろう。

　シュトラウスは、通常のオーケストラの楽器だけでなく、普段あまり使われない楽器の特殊な魅力も知り尽くしており、しかも、いろいろな楽器を組み合わせるテクニックにも通じていた。しかし彼の知識はそれだけにとどまらなかった。多くの種類の楽器を揃えたりオーケストラの規模を拡大せずとも、楽器の扱いに長け、それを上手に組み合わせる技を持っていれば、多彩な演奏効果を引き出せるのだと、シュトラウスはよくわきまえていた。最初の管弦楽曲から『サロメ』、『エレクトラ』、『ばらの騎士』にいたるまで、シュトラウスのオーケストレーションは、徐々に声部の数が増え、音色も多彩になっていった。ところがそこから音楽を簡素化し、メロディーを重視する古いスタイルへと作風を変えたことから、彼のオーケストラにも突然の変化が訪れる。『ナクソス島のアリアドネ』のオーケストラは、室内楽風の編成である。奏者の数が三六人に絞られるとともに、分厚い響きは消え、各声部のソロイスティックな演奏効果が強調される。もっともシュトラウスは必ずしもこの簡素化路線を貫いたわけではない。『影のない女』ではふたたび大きなオーケストラを使ったが、その場合もヴィルトゥオーゾ風の演奏効果を取り入れており、『インテルメッツォ』ではふたたび『アリアドネ』のスタイルに舞い戻った。その後の作品のなかでも『エジプトのヘレナ』や『アラベラ』では、それまでのさまざまなスタイルの混合が見られる。

　どうやらシュトラウスの場合、自分の理想とするオーケストラの響きというものが特に存在しなかったようだ。というのもまったく正反対のタイプのオーケストラを使いながら、いかなる場合でも自分の求める演奏効果を引き出して見せているからである。シュトラウスの音楽的欲求は、内なる必然性を持って生まれてくるのではなく、与えられた状況に反応する。そのため彼は実験と新機軸を求める自らの欲求を満たすため、いかなる機会も逃すまいとした。彼の作曲技法は、ワーグナーの指導動機《ライトモティーフ》を基本にしていて、主題から生まれるハーモニーを分断したり、それをまた結合したりすることで曲を組み立てた。ただし、その主題はワーグナーのものよりも旋律としてより完成したかたちを持っている。ハーモニーはワーグナーの音楽のように宇宙的根本的な重要性を持たず、疑似ポリフォニーのスタイルを取る音楽のなかで、ひとつひとつの音をつなぎ合わせる手段としての役割に甘んじている。もっとも音楽の性格は、純粋にホモフォニックだ。はっきりとしたバスの声部があり、ハーモニーは曲に陰影をつけ、音楽の奥行きを深めるための手段にすぎない。

3

ひとつの理想を求めず、さまざまな音楽的要素を平等に扱うというシュトラウスの作曲方針は、彼の深層心理からきており、精神分析学にかかわる問題である。作曲家として活動をはじめたときから、彼の曲づくりはこの方針に基づいており、作曲活動の中心は初期の管弦楽曲から、やがてオペラの分野へと移っていった。人によっては、『ドン・ファン』から『ティル・オイレンシュピーゲル』、『死と変容』、『英雄の生涯』へと続くシュトラウスの交響詩は、実際には言葉のないオペラであり、その一方で、その彼が作曲した『サロメ』、『ばらの騎士』、『アリアドネ』、『影のない女』といったオペラは、歌を含むオーケストラ作品だと主張するかもしれない。どの作品でも、言葉あるいは思想は音楽の展開とオーケストラの響きを生み出すための刺激であり、歌そのものはオーケストラの表現を支える脇役に回っている。

シュトラウスの音楽では演劇や標題の内容が、彼の精神分析学的な、あるいは彼の深層心理から生まれたオーケストラ書法に刺激を与えた。その結果、シュトラウスのオーケストラは、あらゆる出来事を正しく、完璧に代弁するための媒体となった。こうして演劇によって機能を高めたオーケストラは、驚くべき演奏効果を生み出した。予言者ヨカナーン（洗礼者ヨハネ）の首が切り落とされる瞬間を待ちながら、サロメが井戸の中の音に耳を澄ませる場面では、耳に突き刺さるようなコントラバスの高いB♭の音が不気味に響く。領主ヘロドの神経症的な性格の描き方もまことに見事だ。さらには、切り落とされたヨカナーンの首にサロメが接吻をする瞬間、高いA―B♭のトリルの向こうから聞こえてくる管楽器の（C♯、A♯、E、F♯♯、G♯という）深々とした神秘的な和音――シュトラウスが書いたもっとも天才的な音楽のひとつ――も印象的である。

　こうした演奏効果はすべて「芸術のための芸術」がオーケストラを使って生み出したものである。デュナーミクと音色の変化を駆使して、オーケストラが独力で想像力豊かに表現を行なう時代は過ぎ去ってしまった。精神分析学からヒントを得たような刺激的アイデアの奴隷、数々の困難な任務を実行するための異常な完成度を誇る装置と化したのである。「芸術のための芸術」では、作曲家は比類なき手腕を駆使して、音色、デュナーミク、テクニックなどあらゆる音楽の要素を結集してみせた。しかしオーケストラそのものの重要性は失われ、自らの存在意義とはなんら関係のない目的を達成するための手段に成り下がってしまった。

　このオーケストラは確かにひとつの装置としてすばらしい性能を誇っている。しかし、そこで行なわれていることとオーケストラ本来の属性とのあいだには、まったく関係性が認められない。オーケストラは魔法の力と普遍的な重要性を失い、単なる音を出す機械になってしまったのである。創造の力から切り離されたオーケストラは、その後もねばり強く活動を続けた。そうした努力からは驚くべき演奏効果が生み出されたが、オーケストラはもはや内側からその存在を支えていた独自の論理を失い、娯楽のために奇抜な芸当を次々と披露するだけの存在となった。このような本質的な矛盾が生まれたのは、この芸術の目的が明らかに感情表現であるのに対し、それがかたちづくられるプロセスは自然発生的なものだったからである。

『ばらの騎士』から始まるシュトラウスの後期の作品では、オーケストレーションに与える歌の影響がいっそう大きくなっていった。フレーズはなめらかに、より均整の取れたラインを描くよう配慮されたため、さまざまな楽器がばらばらに歌のラインにからむことは少なくなり、バランスの取れた美しさがいちだんと重視されるようになった。革新的作曲家だと思われていたシュトラウスの作風に変化が訪れると、最初から彼の中にあった「古典的なスタイルへの回帰」という傾向がいっそう顕著となる。それまでいくつもの補助的な声部がからみあい、さまざまなモティーフが寄せ集められて進行していたオーケストラのパートはすっきりと整理され、透明性を獲得した。

実のところ、このような変化はシュトラウスの創造能力がより成熟しつつある証拠であるとともに、それ以上にオーケストラとの演奏現場での経験が深まった証拠でもあった。オーケストレーションをする際、オクターヴや六度、三度で音を重ねることが多くなり、声部を少なくして簡素化に努めた。こうした処置によって、オーケストラの響きはどんどん薄くなり、背景に厚みのあるハーモニーが響くこともなくなった。『サロメ』と『エレクトラ』というひとつのピークの直後に現われた作品である『ばらの騎士』と『アリアドネ』は、そうした意味で最高のバランスを達成している。『サロメ』と『エレクトラ』はともにオーケストラの響きという点で、シュトラウスの想像力が最大限に発揮された傑作である。そこでは、喧嘩するユダヤ人たちの叫び声、幕開けのクラリネットのパッセージが描く一筋の月の光、サロメの官能的な踊りが巻き起こす興奮、エレクトラとオレステスが顔を合わせる場面の厳粛な雰囲気など、物事をすべて音に変えてしまう彼の能力がいかんなく発揮されている。しかし、荒々しい爆発力を持つ『エレクトラ』のオーケストラから古典的な平明さを持つ『ばらの騎士』の女声だけの三重唱へ、あるいは『アリアドネ』の幕切れの二重唱へと、音楽のスタイルがどれほど変化しようと、どれだけ場面が異なろうと、シュトラウスの音楽と劇において中核を担うのは、常にメカニズムとしてのオーケストラである。台本も、筋立ての心理的な性格も、すべてはオーケストラの魔力を呼び起こすための刺激にすぎないのである。

4

シュトラウスが楽器の扱いに長けた器楽的芸術家であり、彼のオーケストラ語法にとってハーモニーは当然必要であるがそれほど重要性が高くなかったのに対して、ドビュッシーはハーモニーの芸術家であり、彼にとって楽器とは、ハーモニーを豊かに響かせ、その音色を瞬時に一変させるための手段だと言ってよいだろう。シュトラウスのオーケストラは金管楽器をベースにしており、彼は金管楽器の持つ破壊力を和らげる術を徐々に身につけていった。フランス人であるドビュッシーの原点は木管楽器にあり、その音色を弦楽器と融合させることから出発した。ホルンやトランペットは、木管楽器を中心とするオーケストラの性格を変える存在ではない。すべての金管楽器が参加して劇的なクライマックスをかたちづくるような場面であっても、ドビュッシーのオーケストラの基本的な性格に変化はなく、木管風の音色を出すストップ（音栓）のみを備えた現代風のオルガンといった風情を保っている。

オルガン・タイプのオーケストラの原型は、ベルギーのオルガン奏者・作曲家であったセザール・フランク（一八二二〜九〇年）に求められるかもしれない。フランクの作品は、ベルリオーズおよびワーグナーの影響を強く感じさせるものの、オーケストラを拡大し複雑化する流れには意識的に背を向けている。むしろ楽器の声部を減らし、ハーモニーが密になりすぎないよう、技法の簡素化に努めた。作曲家としてのフランクの重要性については意見が分かれている。ブルックナーの業績を評価するのがドイツ文化圏にほぼ限定されているように、フランクの個々の作品に対する高い評価が定着しているのは、フランス音楽の影響下にある地域にある程度限られる。とはいえ、音楽からよけいな要素を取り除き、教育にも力を注いだフランクの影響力は、特にワーグナー芸術の強大な影響の下で成長したフランスの若い世代の作曲家たちに大いに刺激を与えた。その点、いくら評価しても評価しすぎるということはないだろう。

　フランクのあとを継いだのは弟子のヴァンサン・ダンディである。彼は独創的な作曲家というより教師と呼ぶにふさわしい人物であった。ダンディはワーグナーから強い影響を受けながらも、師のフランク同様、フランスの若い作曲家たちが外国の音楽スタイルを模倣せずに自らの音楽を見いだし究められるよう導いた。理想の音を求めるうちに、フランスの作曲家たちは、金管楽器の音色を前面に押し出しオーケストラの機能を宇宙論的な規模にまで拡大しようとするワーグナーのスタイルからは距離を置くようになった。こうして、オーケストラに関するドイツ的な考え方から自由になった彼らは、以前からフランスで理想とされてきたオーケストラ・モデルへ回帰することを宣言した。それは以前本書でも触れた、フランス語の発声法に基づくラモーの音楽語法への回帰を意味しており、フランス人の音楽活動をあらゆる面で支えてきたフランス固有のスタイルへの回帰でもあった。

　フランスの音楽は独特なハーモニーの衣をまとっている。ハーモニーは感情の呼び起こす力を反映するとともに、フランス語の歌詞にぴったりと寄り添うメロディー・ラインを包み込み、その響きは微妙に変化を続ける。オルガン以外にこのようなハーモニーを奏でる楽器があるとすれば、フランス風のオルガンをもとに編成されたオーケストラ以外には考えられない。このオーケストラが追求するのは激しいパワーと強烈なコントラストではない。一定の範囲内における音の濃淡の細やかな変化である。こうしてオーケストラは、フランス音楽の理想のハーモニーを実現するだけでなく、フランス語という言語とも理想の関係を築くのである。

したがってフランスのオーケストラはハーモニーそのものだが、同じくハーモニーそのものであるワーグナーのオーケストラとは根本的な違いがある。というのも、フランス人とドイツ人ではハーモニーに対する考え方が異なるからだ。ドイツの作曲家にとってハーモニーはすべての根源であり、彼らの音楽世界はハーモニーから生まれ出た。一方フランスの作曲家にとってハーモニーは大気のような存在であり、輝くヴェールのようにフランス音楽の中核にある「言葉」をやさしく包み込んでいるのである。

5

ドビュッシーはふたつの理由から、この違いを認識するようになった。ひとつは勢いを増すワーグナーの影響に対して、彼が本能的に身構えたためであり、もうひとつは、ムソルグスキーの音楽、なかでも歌劇『ボリス・ゴドゥノフ』に接したためだ。『ボリス』の音楽に見られる考え方は、オーケストラが奏でるハーモニーと音楽語法との関係という点で、ドビュッシーが推し進めようとしていた考え方と非常に似通っていた。そこでは「言葉」が創造的活動の中心に置かれている。創造の源となる言語にX線を照射したり、プリズムを介して眺めたりすることで、そこからハーモニーを浮き上がらせるやり方だと表現できるかもしれない。オーケストラは、ハーモニーという霊妙な美しさを持つ現象をしっかりと捉えられるものでなければならない。ひとつひとつの言葉とその使い方、語られる思想が微妙なニュアンスを含めば含むほど、ハーモニーもオーケストラも洗練の度を高めねばならない。

　シュトラウスが自作の題材として複雑な心象風景を求め続けざるを得なかったように、ドビュッシーは常に言葉に対する感性を研ぎ澄まし、いっそう洗練された雰囲気を醸し出すよう心がけねばならなかった。ふたりの作曲家にとって、オーケストラは究極の表現手段であり、オーケストラによる演奏こそが彼らの究極の目標となった。

　ドビュッシーがメーテルリンクの『ペレアスとメリザンド』のような詩趣に富んだ題材にたどり着いた背景にはこうした事情がある。このドラマでは登場人物の心情がはっきりと語られることはなく、すべては宙に浮いた状態にあり、音楽を通してのみある種の真実が語られる。またドビュッシーは神秘的な標題を持つオーケストラ曲をいくつか書いている。三つの交響的スケッチ『海』（海の夜明けから正午まで——波の戯れ——風と海との会話）、三部からなる管弦楽のための『映像』（ジーグ——イベリア——春のロンド）、同じく三部からなる『夜想曲』（雲——祭り——シレーヌ）、そして『牧神の午後への前奏曲』といった作品であり、特に『牧神の午後』はドビュッシーの管弦楽作品の特徴がもっともはっきりと表われた楽曲である。ドビュッシーは決して交響曲を書こうとしなかった。交響曲はあまりにも「お堅い」楽曲で、彼の音楽の持つ特殊な性格とは相容れなかったのだ。知的な側面でシューマンと相通ずるところのあったドビュッシーは、どちらかというと小品を好んだ。といっても彼に造形感覚が欠けていたのではなく、ラテン的なセンスを身につけていたため、形式にとらわれすぎるのを嫌ったのだった。小品を好んだのは、いろいろなアイデアが浮かんでは消えるという、はかなげな風情を好んだからである。

　ドビュッシー自身の言葉がそれを裏づけている。『夜想曲』に関する彼自身の解説文には、「『夜想曲』というタイトルは通常の形式を指すのではなく、その言葉が示唆するさまざまな印象と光が生み出す特別な効果がすべて含まれるものと考えてほしい」と書かれている。また「雲」については、「いつも変わらぬ空の様子。白みを帯びた灰色の空に消えていく雲のゆっくりとした物憂げな動き」、「祭」については、「絶え間なく続く踊りのリズムに突然はじける火花。祭りに近づき、その中にとけ込んでいく行列の幻想的な情景。背景には踊りのリズムが途切れることなく続き、そこにきらきらと輝く塵が降り注ぐ」と記している。

　こうした言葉は当該作品の解説にとどまらず、作曲家としてのドビュッシーの考え方を伝えている。さらに、ラモーの同時代人であるフランソワ・クープランがかつてフランスに根づかせた標題音楽の解説にもなっている。ただし、クープランが特定の人物や事柄を取り上げ、描写対象の個性を写実的かつ簡潔に描いたのに対して、ドビュッシーはその種のはっきりとした描写を避けた。代わりに、描写対象の現実的な姿をいったん消し去って心の目で見つめ直し、その本質がぼんやりとしたイメージとなって浮かび上がるのを待つのである。

　オーケストラの機能は、こうした手法にふさわしいものでなければならない。ドビュッシーは常にヴェールのかかったような音色を好んだ。弦楽器はしばしば弱音器をつけて演奏し、フラジョレット*が多用された。木管楽器のなかでもフルートとイングリッシュ・ホルンはソロとしてしばしば用いられ、それ以外の楽器は脇役に回る。正確な意味での主題労作は行なわれないが、全曲を通して豊かな色彩を持つフレーズがちりばめられている。オルガンのペダル音を思わせる重厚なハーモニーや弦のトレモロをバックにチェロが物憂げな旋律を奏で、ヴァイオリンは後景に退く。金管の響きは常にフランス風でなければならない。ドイツ風の力強い響きではなくて、柔らかく、女性的な響きが求められている。ドビュッシーにとってもっとも重要な楽器のひとつがチェレスタだ。そのいかにも「天国的な《セレスチャル》」美しさをもつ音色は彼のトレードマークであり、オーケストラの響きをさらにフランス風のオルガンに近づけている。

＊　弦の特定の場所に指を置き、倍音を響かせることで得られる高い音。ハーモニックスともいう。

ドビュッシーの音楽のデュナーミクは、彼のオーケストラの特性とぴったり一致している。作品は全体としてクレッシェンドではなく、ディミヌエンドに向かう。言い換えると、ベートーヴェン的なクライマックスとは正反対で、ドビュッシーのクライマックスは、曲が消え入るように終わるとき、崩れていくようなとき、あるいはフェイドアウトするときに訪れる。彼にとっては、その瞬間が音楽表現の頂点となるのだ。

フェイドアウトは、ドビュッシーの芸術全般に共通する特徴である。オーケストラの原点は、楽器を集めて相互作用を起こし、さまざまな要素を混せ合わせることにあったはずだが、ここにいたって本来の目的とはまったく矛盾する局面が訪れた。自己矛盾とでも呼ぶべき状況であり、オーケストラという組織体は、本来目指していた方角とはまったく逆のほうへ進み出した。その原因はオーケストラが「芸術のための芸術」を実現する手段として利用されたことにある。この強力で絶大な影響力を持つ楽器は、そのパワーが極限まで高められた段階で、もっとも親密で明確な個性を持つ楽器に変化したのだ。

テクニカルな側面からとらえれば、これは非常に驚くべきであると同時に大いに称賛されるべきかもしれない。しかしながら、オーケストラが本来持っていた創造的意図からすると、これはオーケストラという楽器の真の目的に対する自覚を作曲家たちが喪失してしまったことを意味している。オーケストラは芸術的な成熟度を誇示するためのただの道具と化した。オーケストラの使われ方と、オーケストラという表現手段が持つ基本的な特性との間には、もはや基本的なつながりを見いだせなくなってしまったのである。

6

シュトラウスの作曲の中心は器楽からオペラへと移り、オペラこそが彼に最大の刺激をもたらす表現手段となった。ドビュッシーは（完成したものとしては）オペラを一曲しか作曲していない。しかし四十歳の頃に書かれた『ペレアスとメリザンド』というオペラには、彼の作曲家としての本質が現われており、のちに書かれた数々の管弦楽曲は、この唯一のオペラのエッセンスを取り出して、あらためて表現し直した作品だといっても過言ではない。一方、本章の三人目の作曲家であるプッチーニはオペラしか書かなかった。プッチーニは音楽家として見れば、ドビュッシーやシュトラウスに比べると小粒に映るかもしれない。それでも、イタリア・オペラの伝統を引き継ぐ最後の代表的作曲家として、彼の重要性は他のふたりの同時代人に引けを取らない。シュトラウスは基本的に器楽の作曲家、ドビュッシーはハーモニーの作曲家、そしてプッチーニはメロディーの作曲家だった。彼のオーケストラでは、声部の数は整理されて少なくなり、完全にホモフォニックなスタイルが実現している。

イタリア人であるプッチーニは、音楽を単旋律の歌として聴いていた。したがって、彼のオーケストラは歌を支え、その効果を高めることを唯一の目的としている。これまで見てきたように、彼の先輩にあたるイタリアの作曲家たちも同じ目的で曲をつくってきた。ベルリーニとドニゼッティもほとんど声楽作品しか残しておらず、彼らにとってオーケストラは歌の土台となるハーモニーを奏でるための道具だった。ヴェルディはリズムの推進力を使って土台を築き、劇的なオペラをつくりあげるとともに、それを室内楽的な透明性を持つ音楽作品にまで高めた。

プッチーニには、ハーモニーのサポートも、透明性を兼ね備えたドラマも必要なかった。彼の目的はひたすら感情の表出にあり、それをもっともらしく伝えることが重要だった。そのための手段がメロディーであり、そのメロディーはハーモニーの要素を含むとともに、オーケストラによって演奏されたときにできるだけ効果の上がるものでなければならなかった。その結果、プッチーニの音楽は、シュトラウスやドビュッシーと同様、基本的にホモフォニックである。本章で取り上げた三人の作曲家は出発点こそ違ったが——意識的か否かはともかく——同じゴールを目指していたのである。プッチーニが『ボエーム』第三幕の冒頭で、さびしげに下降する有名な五度の和音を書いたとしても、それはもはや声部進行として書かれた五度ではない。オーケストラの音色にのせて響かせたかったのはひとつの音であり、それが間隔の開いた和音というかたちをとったにすぎない。

プッチーニのオーケストラでは、どれがメインの音なのか常にはっきりしている。たとえば蝶々さんがアリア「ある晴れた日に」の中で、「(再会した)途端に死んでしまわないように」と歌う場面では、木管楽器と弦楽器はすべてユニゾンでメロディーを支え、二本のトランペットだけが一種のハーモニーを奏でる。プッチーニのスコアは一見するとピアノ譜のようだ。ほとんどすべての楽器が歌手の声とともにメロディーを奏で、二、三の副次的な声部——ハープかホルン二本、あるいはヴィオラが受け持つことが多い——が、控えめにハーモニーを添えるにすぎない。『蝶々夫人』をはじめ、『トスカ』、『ボエーム』など、プッチーニのどのスコアを見ても同じだ。ただし、今日でもよく上演される彼のオペラのなかでは最初期の作品である『マノン・レスコー』だけは例外で、特に第二幕のジェロンテの家のサロンのシーンでは、オーケストラの各声部が賑やかに動きまわる箇所が散見される。しかしこのようなスタイルは複雑すぎるとプッチーニ自身が感じたらしく、その後は意図的により単純な作曲書法へと転じた。

　こうした事情ゆえに、一見稚拙に思えるプッチーニのオーケストレーションは、通常とは少し違う意味で洗練されたスタイルだと考えられる。プッチーニが動機の展開やハーモニー重視の曲づくりを避けたとしても、それはそのための作曲技法を身につけていなかったからではない。どちらの技法も自分の音楽には合わないと感じたか、さもなければ、かえって邪魔になると考えたのだ。したがって手の込んだ作曲技法を使うのは、いくつかの特別なシーンに限られている。たとえば、最高声部と最低声部が逆方向に進行しながら和音をつくる『トスカ』第二幕の秘密の井戸が話題に上るシーン、それによく似た和音が聞かれる『ボエーム』の第二幕、あるいは弱音器をつけた四本のホルンが上下しながら「鼻にかかったような声（con voce nasale）」で七の和音を奏でる『ジャンニ・スキッキ』のコミカルなシーンなどが挙げられる。『ジャンニ・スキッキ』の冒頭では、ハーモニーを奏でるためにティンパニまで動員されている。ティンパニ奏者がB♭とFという五度離れたふたつの音を演奏するなか、ファゴットのみがメロディーを担当し、その向こう側で二本のフルートがかすかに伴奏をつける。もうひとつ特徴的なエピソードを挙げるとすれば、『蝶々夫人』の有名な「手紙の二重唱」だろう。特に第二幕の最後で舞台の後ろから聞こえてくる「ハミング・コーラス」や、ヴィオラ・ダモーレのソロがそのメロディーを繰り返す箇所は印象的で、クラリネットと「ヴィブラートを効かせた（lasciar vibrato）」ハープがハーモニーを奏でるなか、アウフタクト（弱拍）でチェロのピッツィカートが入る。

　こうした例から、プッチーニが特殊な性格を持つハーモニーの魅力や楽器から特別な音色を引き出す秘訣について、十分な知識を持っていたのは明らかである。しかし、彼にとってそれは二の次だった。もっとも重要なのは、歌手の声をできる限り美しく響かせるとともに、器楽の助けを借りて本来の美しさをいっそう引き立たせることだ。プッチーニは声だけの美しさでは満足しなかった。絶え間なく音色を変化させ、表現力を高めようとした。楽器は、それがあたかも声の一部であるかのように扱われた。トスカが祈りを捧げる場面でソプラノの声にファゴットを重ねた例からもわかるように、声と楽器を組み合わせる際、プッチーニは人々がびっくりするような、尋常でないやり方をした。しかし普段はメロディーを奏でるために楽器を動員し、聴き手の美感に最大限に訴えかけるような多彩な表現を実現したのである。

　全体として見れば、プッチーニはオーケストラを歌う楽器に仕立て上げた。しかしモーツァルトが各楽器の個性を引き出してそれを実現したのとは反対に、プッチーニの場合はオーケストラの声部を徹底して声にかぶせるという方法をとった。こうして言葉を発する歌手の声はそのままメロディーとなり、かぶせられた楽器は歌手とともに歌詞に込められた情感を表現する。この手法を徹底するためには、通常では考えられないほどこまかいデュナーミクの変化が要求される。そのため彼はシュトラウスがよくしたように、曲の同じ部分で楽器ごとに、ピアノ、ピアニッシモ、ピアニッシシモといった異なる強弱記号をしばしば書き込んだ。シュトラウスの場合は、これはモティーフの重要性に合わせて声部にアクセントをつけるためだったが、プッチーニの場合はメロディーを受け持つ楽器と単にハーモニーを構成するだけの楽器のバランスを取るためである。プッチーニの音楽では、ドビュッシーに似て、不意にピアニッシモになるとき、音楽がクライマックスを迎えることが多い。よくあるのは、木管楽器が盛り上がりを演出し、弦楽器がシンコペーションのリズムや分散和音などで伴奏をつけていると、急に木管楽器が沈黙して、弦楽器のソフトな響きだけが残るといったパターンである。

　プッチーニの音楽は、オーケストラの扱いに長けている作曲家が最終的にはオーケストラ本来の性格とはまったく相容れない音楽を書くことになった、三番目の注目すべき実例である。シュトラウス、ドビュッシー、プッチーニの手によってさまざまな演奏技法が開発されたが、その一方で彼らの作品を聴くと、国による作曲スタイルの違いがいかに重要な要素か、あらためて実感させられる。とはいえ、三人がひとつの時代を締めくくる作曲家であることは間違いない。シュトラウス以降、ドイツには特に重要な交響曲作家はひとりも現われていないし、ドビュッシー以降、フランスには彼に匹敵するハーモニーの名手は登場していない。そしてプッチーニ以降、彼ほど魅力的なメロディーを書いたイタリア・オペラの作曲家は見当たらないからだ。

　だからといって、この三人が音楽史上最後の作曲家だというわけではない。しかし、いずれにしても彼らが拠り所としていた和声のシステムは、創造的な力を失ってしまった。つまり、和声のシステムとともに発展を続けてきたオーケストラは、同じ方向へはこれ以上進めないところまで来てしまったのである。シュトラウスとドビュッシー、プッチーニの手によって、オーケストラは作曲家の玩具となった。作曲家はそれまでのように、オーケストラに本来備わっている創造の力を利用して新しい作品を生み出すのではなく、オーケストラを他の目的のために利用するようになった。オーケストラは心理学的な描写をするため、特定の雰囲気を醸し出すため、あるいは聴き手の感覚を刺激するための道具となり、おもにオペラからそのためのヒントを引き出すようになった。オーケストラは、こうした目的を実現するための僕《しもべ》として、非常に如才なかったので、自分自身に注目を集めることに気を取られ、しばしば自分がつくられた本当の目的を忘れたふりをするようになった。

しかし実際のところ、オーケストラはその存在意義を失う危機に瀕していた。目標を見失ったからだ。オーケストラはその能力を最大限にまで高め、人々を魅了した。そしてひとつのメカニズムとして頂点を極めたとき、持てる機能を生かすための仕事はもはや残されていなかった。オーケストラにできるのは、「芸術のための芸術」に奉仕することだけだったのである。

11　メカニズムとしてのオーケストラ
——シェーンベルク、ストラヴィンスキーと現在

1

　十九世紀を通してオーケストラは発展を続けたが、それを創造へと駆りたてていた推進力は今や失われつつあった。しかしその一方で、オーケストラは社会的、経済的、そして教育的組織として、確固たる地歩を占めるようになった。音楽の分野で進んだ大衆化という現象は、芸術の他の分野でも同時に進行し、特に美術ではその傾向が顕著だった。こうした現象は、十九世紀後半にヨーロッパのすべての国々で民主化が進行し、教育が広く行なわれるようになった結果であるとともに、どの芸術分野においても、蓄積された過去の作品を詳しく検証する必要が出てきた結果でもある。芸術作品の評価は作品に関する知識の問題になった。個々の作品に対する評価を確立しようにも、その量はあまりにも膨大である。しかも作品は多種多様で、評価をめぐっては論争が絶えないという事情もあり、数多くの作品と作品同士の複雑な関係性を正しく理解するには、歴史的かつ科学的にじっくり研究する必要があった。かくして個別の評価はもっぱら新作に向けられた。

しかし、過去の膨大な量の作品に比べると新作の数は少なく、聴衆の関心のほとんどは旧作に向けられていた。旧作は成立当時の社会的背景から切り離され、純粋に音楽的な視点から鑑賞されるようになった。「芸術のための芸術」という風潮が続いていたため、すべての作品がその基準によって評価された。その結果、聴衆の側に「作品はそれが書かれた時代と社会の考え方を反映したものである」という事実を受け止めたうえで耳を傾ける余裕はなかった。彼らは芸術一般に適用される法則があると信じており、法則に合っているものは良い作品だと考えた。「芸術のための芸術」という考え方がすべてを決定づけた。これはひとつの考え方としては理にかなっているが、未来の創造力を育むうえでは大きな障害となった。

展示室を回って博物館に収められた過去の偉大な作品を見て歩くように、聴衆はさまざまな時代の楽曲を次から次へと聴くようになった。彼らはあらゆる時代の作品を理解しようと努力したが、手を広げすぎたことがあだとなり、創作活動に自ら積極的に参加するという姿勢を失った。彼らはいっぱしの目利きかもしれないが、創作への協力者ではない。過去の作品という遺産はとてつもなく多種多様であるため、それを体系的に聴くだけで、創作活動の後押しに向けられるべき聴衆の活力はすべて奪われてしまった。それに比べ、新作はめったに聴き手の興味を引きつけることができず、脇役に甘んじざるを得なかった。

聴衆の興味がもっぱら過去の作品へ移ったため、音楽の再現、つまり演奏という行為が新たな重要性を持つようになった。作品自体は動かしがたい事実として受け止められ、それをどう演奏するかに関心が集まるようになった。その結果、音楽の再現にかかわるものがすべて詳細に比較検討されるようになり、完璧な演奏をすることが何にも増して重要な課題となった。ソリストやアンサンブル、そして何よりもまずオーケストラが比較の対象となった。演奏水準は上がり、従来はソリストを目指していたヴィルトゥオーゾたちがオーケストラの団員になり、音楽学校はそのためのクラスを設けた。なかでも金管楽器奏者は、従来は町のブラスバンドや軍楽隊で腕を磨き、何かのきっかけでオーケストラに入るといった例が多かったが、彼らも徐々に体系的な教育を受けるようになった。こうしてオーケストラの演奏レベルはあらゆる点で向上した。

　演奏水準がより高度になったため、いくつかの変化が起きた。なかでももっとも重要な変化は、オーケストラの経済基盤が安定したことである。コミュニティにとって重要な存在であるオーケストラを社会が支えるのは当たり前だという認識が広がった。ヨーロッパ諸国では、国と並んで特に市や町がオーケストラに対する経済的支援に乗り出した。また最近ではラジオ放送による収入が経済的な安定に貢献するようになった。一方アメリカでは、個人からの金銭的支援がオーケストラの運営を支えており、そのおかげでかなりの数の大規模なオーケストラが活動を続けている。オーケストラの公共性を重視する声が日増しに高くなるとともに、その重要性は学校や博物館と肩を並べるまでになった。十八世紀のオーケストラは貴族階級に属するアマチュア音楽家の私的な所有物であり、十九世紀においては、企業家の商業的投機の対象となり、楽団員は自分の腕一本で生活費を稼がねばならなかった。しかしそれも過去の話となった。今ではオーケストラは公共の利益に資するものとして、社会的関心の対象である。

　大衆の興味に支えられ、また熱心な教育のかいもあって、オーケストラは指揮者の下、演奏水準をさらに高めた。指揮者という仕事は、十七〜十八世紀のフランスの楽団に端を発する。その後、偉大な作曲家兼指揮者たち——ウェーバー、メンデルスゾーン、ベルリオーズ、ワーグナー、リストなど——がデュナーミクや音色の変化を適正に整える作業を通してオーケストラ演奏の基礎を築き、今日では指揮者は専門家として独立した職業となった。今ではさまざまな楽器のヴィルトゥオーゾと同じく、花形プレーヤーのひとりである。

最初に指揮者という仕事が確立されたのはドイツだ。リストとワーグナーの弟子であったハンス・フォン・ビューロー（一八三〇〜九四年）は、誰もが認める指揮の第一人者として、ウェーバー、メンデルスゾーン、ベルリオーズ、ワーグナー、リストの理想を実現した。ビューローにとって指揮者とは、作品の解釈を行ない、演奏の技術的な面を監督し、作曲家の代理を務める存在だった。指揮者は演奏における精神的な支柱となり、すべては指揮者を中心に整然と進んだ。職務を十分に果たすには、

ハンス・フォン・ビューロー（Wikimedia Commons）

オーケストラを完全に掌握し、作曲家の意図を正確にくみ取るだけでなく、音楽的にも規律の面でも完璧な状況を実現できるような人物の存在が前提となる。

指揮者の系譜を見ても、音楽性と規律というふたつの要求を等しく実現した人物はなかなか見当たらない。ヴィルトゥオーゾとしての要素を重視する傾向がある指揮者、やたらと権威を振りかざす指揮者、規律ある演奏をするためには自由な芸術的表現を制約するのもやむをえないと考える指揮者などまちまちである。しかし指揮者の個人差がどうあれ、十七、八世紀に声楽のヴィルトゥオーゾの時代があり、そして器楽のヴィルトゥオーゾの時代があったように、現代は指揮者の時代だと言えるだろう。この事実からも、オーケストラをひとつの楽器に見立て、指揮者はその演奏者だと考えるのは至極当然の発想である。

指揮者のリーダーシップという点ではドイツの楽壇が先行したが、数は非常に限られるものの、他の国々からも優秀な指揮者が出るようになった。フランソワ・アベネック（一七八一〜一八四九年）が指揮してパリで行なったベートーヴェンの交響曲の演奏は、メンデルスゾーンやワーグナーの注目するところとなり、高い評価を受けた。二十世紀初頭のもっとも重要なフランス人指揮者はエドゥアール・コロンヌ（一八三八年〜一九一〇年）であり、彼はベルリオーズのスペシャリストとして名声を博した。英国では、ヘンリー・ウッド（一八六九〜一九四四年）、トーマス・ビーチャム（一八七九〜一九六一年）が有名だ。イタリアとフランスは続々とすぐれた指揮者を輩出しているが、彼らの活動範囲は限られている。イタリアでは、コンサートは常にオペラの陰に隠れた存在であり、オペラでは型にはまった昔ながらの演奏が続いているため、オーケストラの統率に特別なリーダーシップは求められていない。

重要な指揮者を見ると、その多くはレパートリーをひとりの作曲家の作品にしぼり、専門家としてその解釈に力を注いでいることがわかる。ワーグナーは自分の作品を上演するために、かなり多くの指揮者を育成した。フェリックス・モットル（一八五六～一九一一年）、アントン・ザイドル（一八五〇～九八年）、ハンス・リヒター（一八四三～一九一六年）などである。フェリックス・ワインガルトナー（一八六三～一九四二年）は、楽譜の読みが深いというよりは器用な指揮者で、一時ベルリオーズやリストの解釈で名をはせたが、実際のところ彼の指揮はビューローの模倣である。アルトゥル・ニキシュ（一八五五～一九二二年）は、チャイコフスキーとブルックナーの演奏で有名になった。鋭敏な感覚を持つブルーノ・ワルター（一八七六～一九六二年）の場合は、マーラーの音楽が活動のベースにある。シュトラウスは自作の解釈において常に並ぶ者なき存在である。軽やかで透明感のある音、そして気取りのない天衣無縫な指揮ぶりは誰にもまねできない。これ以外にも、もっぱら指揮技術の教育者という印象が強いヴィレム・メンゲルベルク（一八七一～一九五一年）、あるいは持ち前の音楽に対する真摯な姿勢を捨て、表面的な技巧に走るようになったヴィルヘルム・フルトヴェングラー（一八八六～一九五四年）など、多く指揮者が活躍している。

　ビューローに匹敵する指揮者はふたりしかいない。グスタフ・マーラー（一八六〇～一九一一年）とアルトゥーロ・トスカニーニ（一八六七～一九五七年）である。オペラとコンサートの両分野で独裁者として振る舞ったマーラーは、ステージと音楽に精神的な一体感をもたらす演奏を繰り広げたという点で、ビューロー以降最高の指揮者であり、死を前にして行なった演奏は、オペラ公演の模範として忘れがたいものとなった。深い精神性と高い知性を持つマーラーに対して、トスカニーニは何よりもまず音楽家である。そして、非常に高いレベルで客観性と激しさを両立させ、演奏の理想を実現した。彼は、作曲家の指示に従うことこそが、真の解釈へつながる道だと立証した。そして演奏に際して作品にしばしば手を加えたマーラーと違い、トスカニーニはワーグナーやシュトラウス、モットルと同じように、作曲者の忠実な代弁者となることを目指した。彼にとってそれ以外は何の価値もない。いたって簡単だと思われるかもしれないが、作曲家の意図を正確に再現するには高い能力を必要とするため、実は指揮者の仕事のなかでももっとも難しい任務である。

2

不思議なことに、偉大な指揮者の系譜はトスカニーニ以降途絶えてしまったように思われる。そしてそのトスカニーニは、「芸術のための芸術」をつくったシュトラウス、ドビュッシー、プッチーニといった作曲家の作品から先へ自分の演奏会のプログラムを拡大しようとしていない。彼は若い世代の作曲家を無視している。偉大な指揮者に後継者が生まれないこと、そして最後の偉大な指揮者がレパートリーを新しい世代の作品へ広げようとしないこと、このふたつの出来事は偶然や個人の特性では説明がつかない。曲の解釈者としての指揮者と彼らが取り上げる楽曲の間にある種の関係があるのは間違いない。指揮者は偉大なオーケストラ曲が創造された時代の産物である。時代の創造力に陰りが見えたとしても、従来の音楽に対する需要がある限り、指揮者たちは少なくとも表向きはある一定の期間、自分たちがこれまでやってきた仕事を続けていけるかもしれない。しかし従来と同じ方向性を維持したまま新たな作品を生み出そうにも、創造に向けた推進力がどうにも不足しているのである。

　少し前の時代にはいくらでもいた歌手や器楽奏者のヴィルトゥオーゾが、すっかり見当たらなくなったのと同じ理由で、ヴィルトゥオーゾ・タイプの指揮者も少なくなった。だからといって、もはや指揮者がいなくなったわけではない。歌手やピアニスト、ヴァイオリニスト、そしてそれ以外の器楽奏者が途絶えてしまったわけではないように、少し前の時代にも指揮者はいたし、現在も活躍している。しかし、今求められているのは斬新な考えを持ち、新たな方向性を打ち出し、新たな価値を生み出すことのできる個性的な人材である。こうした人材は、絶えず新しいものが創造されるような活気あふれる環境でしか育たない。しかし今そうした創造力のはけ口として求められているのは、従来のオーケストラではなくて、新たな表現手段である。オーケストラや指揮者のあり方は徐々に変化していかざるを得ない。なぜなら音楽を創造する体系自体が変化を続けているからである。

モダン・オーケストラの誕生と変化の歴史を振り返ってみると、ルネサンス末期、あるいは一六〇〇年頃から、その発展には三つの方向性があったことがわかる。まず、それまでの独奏に代わり、楽器の数を増やして「合唱隊」を構成した。第二に、重要な音にはオクターヴあるいは五度離れた音を重ね、それを強調した。第三に、核となる弦楽群に他の楽器を加えて、アンサンブルを構成した。その結果、楽器の増加や音の重なりによる演奏効果が生まれた。

第一の原則――楽器の数を増やしてアンサンブルをつくること――がきっかけとなって、音の強弱、つまりデュナーミクによる効果が発揮されるようになった。第二の原則――重要な音に特定の音を重ねてハーモニーを完成すること――によって、それまでのポリフォニーのスタイルが崩れ、音色に注目が集まるようになった。重ね方次第で音色を変化させられるため、それを演奏効果として利用できると気づいたからである。最後に、弦楽器を核とするアンサンブルを形成することで、オーケストラは常にハーモニーを奏でる楽器という性格を持つようになった。曲によって中心となる楽器が弦楽器から木管楽器へ、あるいは金管楽器へと移り、ハーモニーの性格が変化したとしても、それはあくまで音色の一時的変化によってアクセントをつけるためであり、「弦楽器を核としたアンサンブル」というオーケストラの基本的な性格に影響を与えるものではなかった。

「芸術のための芸術」に続く時代に起きた新展開のなかで、オーケストラはそれまでの三つの方向性を放棄してしまった。まず、従来は多くの楽器からなる「合唱隊」が分厚い響きをつくり、それが水平方向へ動くことによって、デュナーミクの変化という演奏効果を生み出していたが、今度はまったく反対方向へ、つまり楽器の数を減らし、ソロイスティックな効果を強調する方向へと転換した。次に、垂直方向に声部を積み重ねて音色の多彩な変化をもたらすという手法は、それとは正反対な性格を持つ技法に取って代わられた。つまり、古い時代のポリフォニー風の音楽に戻り、複数の楽器の音色を混ぜ合わせるよりも、ひとつひとつの楽器の横への動きが重視されるようになった。そして最後に、常にアンサンブルの核となり、どんな時も主役を務めてきた弦楽器は「ファミリー」として演奏に加わるのをやめてしまった。オーケストラが生まれた当初、管楽器が独奏楽器としてアンサンブルに加わったように、弦楽器ファミリーはばらばらにされ、個別にオーケストラに参加するようになったのである。

こうしてオーケストラという「合唱隊」は崩壊した。その過程から見えてくるのは、オーケストラはもはや「デュナーミクと音色の変化を生み出す楽器」ではないという事実だ。残されたのは枠組みだけである。しかもそれは、オーケストラというよりも、室内アンサンブルと呼ぶべき枠組みであった。同じような傾向は、少し前の時代にも、特にブラームスの音楽に現われている。ただし、ブラームスの場合は、楽器の音色効果をある程度抑え、ハーモニーに内在する水平方向の線的な流れをいっそう強調しようとしただけの話である。一方、新たに生じたオーケストラの変化は、それにとどまらなかった。新たな変化により、オーケストラから「デュナーミクと音色の変化を生み出す楽器」という特性が失われただけでなく、同時にハーモニーの基本原理も失われてしまった。そもそもオーケストラという楽器を生み出す源であり、数世紀にわたる音楽様式の変化を通じてその土台であり続けたハーモニーが失われたのである。オーケストラは「楽器のなかの楽器」、「調和のとれた集合体」であるという従来の考え方に代わり、「少数の楽器群への分割」という考えが台頭した。その結果、聴衆も分裂した。

従来の観点からすると、このような変化は崩壊の兆候以外の何物でもない。しかしながら「芸術のための芸術」の時代につきものの方向性の喪失と手詰まり感を考慮すれば、この変化は再生への希望の光だと考えられなくもない。いわば、あらゆる表現手段の持つ真の目的を探求しようとする動きであり、音楽の本当の意味、芸術的価値、社会的意義を素直に考え直そうとする試みである。それは音楽の文化的使命を再認識し、さまざまな音楽形式の正当性を再検証するための実験に他ならない。

3

このような実験を引き受けた作曲家がふたりいる。オーストリア人のアルノルト・シェーンベルク（一八七四〜一九五一年）とロシア人のイーゴリ・ストラヴィンスキー（一八八二〜一九七一年）である。シェーンベルクはワーグナーの流れを汲む作曲家であり、彼の初期の楽曲は、まさにその後継者たるにふさわしい人物の作品である。独唱と合唱、オーケストラのための大作『グレの歌』では、大編成のワーグナー・オーケストラにさらにいくつかの楽器を加えている。同様に、ふたつの一幕物のオペラ『幸福な手』と『期待』も同じ方向性を示している。つまり、プロットはワーグナーの思想を反映し、音楽はワーグナーの技法を発展させているからだ。つまり、救済へと向かう抑えがたい力が、これまでも見てきたワーグナーの楽曲同様、作品のなかで観念的な表現から音楽的表現へと置き換えられ、最終的にカデンツ（終止形）へと導かれる和声的な展開として表現される。

　何事に対しても批判的なシェーンベルクは、このような展開の徹底的な見直しを試みた。手始めによけいだと思われる声部、すなわち、音と音の隙間を埋めてハーモニーをかたちづくり、デュナーミクと音色の変化をもたらすためだけに存在している声部を取り除いた。冷徹な知性を駆使して音の「洗濯」と「掃除」を繰り返すうちに、オーケストラのサイズはどんどん小さくなり、新たなタイプの室内楽が姿を現わした。はじめのうちは、従来の弦楽四重奏に似た形態を維持していたが、やがて『月に憑かれたピエロ』に見られるような新しい楽器の組み合わせが登場する。『ピエロ』では、ヴァイオリン、ヴィオラ、フルート、ピッコロ、クラリネット、バス・クラリネット、ピアノ、そして「声」が加わる。「声」は朗唱ではなく、語りと歌の中間に位置する唱法が用いられた。それは人間の心の奥底から響くような声で、音楽としてのはっきりとした実体を備えているわけではない。シェーンベルクはこうして楽器の削減を行なう一方、『五つの管弦楽曲』作品一六では、特殊な効果を求めて、さまざまな楽器からの個性的な音色を引き出す試みを行なっている。作品一六は大オーケストラのための曲だが、そのオーケストレーションは非常に変わっている。たとえば第四曲の最後では、弱音器をつけ四部に分かれたコントラバスが最高音域でＦ―Ａ♭―Ｃ―Ｅの和音をトレモロで演奏する一方、五本のホルンは、ゲシュトップ奏法を使って、Ｇ―Ｂをピアニッシモで奏でる。またスコアの別の箇所には、「和音の非常に微妙な変化を実現するため、楽器の『入り』はかすかな音色の変化としてのみ聴き取れるようにしなければならない」と記されている。

　シェーンベルクの歩みは慎重だった。彼は原則論で変革を進めたわけではない。必要に迫られていたのだ。目指したのは、必要不可欠なもの以外すべてを排除することだった。こうした姿勢は、必然的にハーモニーをめぐる基本的な問題に突き当たった。ロマン派の時代のハーモニーは最終形ではなく、単なる一時的な現象であるとシェーンベルクは考えた。そしてハーモニーの歴史は、発展途上に生まれた慣習的な思いこみによって、何回も歩みを止めているように思われた。たとえば、「主音」という考え方にシェーンベルクは疑問を抱いた。カデンツや和音の解決の根拠となる主音は音楽の土台であり、音階もその主音から導き出されるべきだと考えられているが、本当にそれが正しいのだろうか。それとも、主音というのは特定の音ではなく音楽の中心を示す概念であり、すべての利用可能な音がその周りを取り囲むことにより、一定の秩序が保たれると考えたほうがよいのだろうか。シェーンベルクは、結局前者の考えを否定し、後者の考えを支持することによって、彼のいわゆる十二音音階を発見した。彼の音楽では、音は垂直方向に連なるのではなく、円環状に整然と並んでいるのである。

　このような考え方に従えば、楽器は垂直方向に重ねられた音符を混ぜ合わせるために音を出すのではなく、音の中心である主音との論理的な関係に基づいて音を奏でるために使われねばならない。いくつかの楽器が同時に鳴り、垂直方向の音の重なりが生まれたとしても、それはもはや本来の目的ではなくて、かつてのポリフォニーの場合と同様、声部進行の過程で生まれた偶発的な出来事にすぎない。かくして、ベートーヴェン以降、作曲技法のひとつとして重要な役割を担い続けてきたデュナーミクは、その任務を終え、各声部の独立した動きを前提とした新たな作曲理論が生まれた。デュナーミクの変化を駆使した感情表現という古い考え方に代わり、楽曲の構造にかかわる新たな合理主義がここに登場した。

　シェーンベルクの音楽では、個々の楽器の音色が演奏効果をもたらす要素として新たな重要性を獲得した。それはハーモニーやデュナーミクに奉仕するものではない。楽器はグループを形成せずに単独で演奏に加わり、それぞれが独特の雰囲気を醸し出す。音色が混じり合うことはなく、ひとつひとつの響きが人間の理解や経験を超えた瞬間の景色をはっきりと表現している。主題労作という手法はここでも有効だが、厳密に言えば同じ形式とは言いがたいほど短く切りつめられ、わずかにその形跡をとどめているにすぎない。創作のプロセスはすべて純粋な頭脳労働としての様相を呈している。演奏に参加している各楽器は、抽象的、精神的な世界の中で、なんらかの理解可能な兆候をなぞっているにすぎない。その響きは、現実の音からそのエッセンスだけを抽出したように聞こえる。

シェーンベルクの創作の世界には、はっきりとした形のあるものは何も見当たらない。それは純粋な理論が支配する世界であり、楽器は演奏のための道具から、手がかりを与えるための標識へと変化した。その結果、シェーンベルクが紡ぎ出す音楽はどんどん現実世界から遠ざかり、伝統的な楽曲形式に代表される一般的な音楽ルールさえも徐々に否定するようになっていった。もはやオーケストラと呼べるものは存在しない。いくつかの声部と個々の楽器があるだけだ。たとえ仮にシェーンベルクが古い楽曲形式に立ち戻って、ヘンデルのコンチェルト・グロッソを自分なりに書き換えたとしても、オーケストラが発する引き締まった響きは実体のある音楽を奏でることなく、抽象的な事柄を暗示するものへと変化してしまうだろう。

シェーンベルクがその作品を通して伝えているのは、「オーケストラは終わった」ということだ。同様に過去数百年にわたり音楽を支配してきた手法、つまりデュナーミクと音色の変化を利用したハーモニー中心の楽曲展開という手法も終わりを迎えた。今やハーモニーに代わって音楽の中心となるものが求められている。新たな中心が見つかれば、純粋に音楽的な手法を駆使して、それを核とする新たな

テーオ・ツァシェによるカリカチュア「現代のオーケストラ」。爆弾に腰かけ、ガラガラを振って指揮をするマーラー（中央）、ミシンを演奏するシェーンベルク（右）、大衆の頭上におもりを落とすリヒャルト・シュトラウス（左上）。（Lebrecht／アフロ）

オーケストラが、新たな音楽が、育つかもしれない。

シェーンベルクの弟子であるアルバン・ベルクは、オペラ『ヴォツェック』と（現時点ではまだ上演の機会がない）*『ルル』によって、師の理論を実際の作品に応用して見せた。ベルクのオペラでは、オーケストラが従来の豊饒な響きを取り戻しているため、シェーンベルク自身の作品とは矛盾する結果がもたらされたようにも感じられるかもしれない。しかしベルクが自作をつくる際に用いた作曲技法は師の教えを忠実に守っている。実際、彼のふたつのオペラは、ワーグナーのオーケストラ書法を見直して、別の世界に移し替えた結果である。ハーモニーが宇宙そのものであったワーグナーの世界とは違い、ベルクにおいては、ハーモニーは登場人物の魂の声であり、完全に主観的で神秘主義的な色彩を帯びている。オペラは、ハーモニーによる効果をまったく考慮せずにつくられた多種多様な主題の断片からなる純粋なポリフォニーであり、各声部はしばしばぶつかりあって鋭い響きの不協和音をつくりだす。

＊　未完のまま二幕版の初演は、一九三七年六月二日チューリヒで行なわれた。

オペラはここでも、器楽的な技法の発達に有益な影響を与えた。人はベルクの作品にある種の矛盾を見いだすかもしれない。そこにはデュナーミクを駆使した色彩豊かで、人の感情に訴えかける力を持つたくましいオーケストラがある一方で、その描く内容はいわゆる「超現実」と呼ばれる意識下の世界の表現であり、心理学的現実からも遠いものだからである。しかしベルクの「新しさ」は、もっぱらオーケストラの使い方にある。彼の音楽はワーグナーを規範としており、シェーンベルクの初期の作品同様、これまで創作活動に数々の刺激を与えてきたハーモニーがもたらした最後の成果である。ここでは楽器の数やオーケストラの大きさは重要ではない。重要なのはひとつのユニットとしてベルクのオーケストラが紡ぎ出す音楽であり、それは音楽的な約束事にも知的伝統にもしばられずに、むき出しの真実を聴衆に突きつける。

注目すべきは、このように際立った特徴を持つ音楽が、『ヴォツェック』という印象的なドラマと結びつき、『ばらの騎士』以来他にほとんど例のない広範な成功を収めたという事実である。ベルクのオペラは、シェーンベルク以降の新しい音楽が持つ可能性を示した。その結果、新しい音楽は単なる思考の産物としてうち捨てられることなく、現代の音楽界におけるその存在意義を確立したのである。

4

教師として創造性を発揮し、かなりの活躍を見せていたとはいえ、シェーンベルク自身はしだいに影響力を失い、一般大衆の前からもだんだんと遠ざかっていった。それは彼がオーケストラに興味を示さなくなった時期と重なっている。この十年間、聴衆と若い世代の作曲家の双方にもっとも大きな影響を及ぼした人物は、ロシアのイーゴリ・ストラヴィンスキーである。ストラヴィンスキーの作曲家としての個性が一番はっきりと表われているのは、ハーモニーでもなければ、メロディーでもなく、声の扱い方でも、ポリフォニーでもない。こうした要素はいずれも彼の音楽には備わっているし、その扱い方によって、頻繁に作風が変わる彼の作曲家としての歩みをいくつかの時代に分けることもできる。しかし、ストラヴィンスキーの音楽の最大の特徴は何といってもリズムだ。彼の作曲家としての成長の歴史は、原始的とでも表現すべきその「リズムの力」の発展の歴史に他ならない。

　ストラヴィンスキーの作曲家としての出発点は踊りの音楽、つまりロシアのバレエ音楽である。彼のバレエ音楽には新旧さまざまなタイプの舞曲が含まれるだけでなく、複雑な動きを伴うパントマイムも含まれている。彼の音楽では言葉は重すぎるし、具体性がありすぎる。一方舞曲は言葉の制約を受けずに表現する道を開いた。こうして移り変わる情景と音楽によって、交響曲と同じような完成度の高い劇的表現ができるようになった。それはハーモニーによるドラマではなく、リズムによるドラマである。

　のちにバレエ音楽を書かなくなってからも、ストラヴィンスキーはリズムによる音楽表現を貫いた。彼の名を一躍世に知らしめた初期の傑作は、『ペトルーシュカ』、『火の鳥』、『春の祭典』といったバレエ音楽であった。しかし時とともに、『兵士の物語』のようなパントマイムを取り入れた踊りの音楽を手がけるようになり、その後は『マヴラ』、『結婚』、『エディプス王』、『詩篇交響曲』、『ペルセフォーン』といった作品のように、ある程度言葉を用いた音楽を書くようになる。これらは『マヴラ』を除きオペラではないし、いくつかの作品ではラテン語のテキストに音楽をつけるという特徴を持つなど、曲の形態は千差万別である。同時期に純粋な器楽作品も多数作曲されているが、ストラヴィンスキーの作品すべてに共通するのは、リズムが中心的な役割を果たしていることだ。

リズム的な要素を前面に押し出し、ハーモニーとメロディーを含むその他の音楽的要素をリズムより下の地位へと格下げしたため、ストラヴィンスキーはハーモニーを中心に据えた従来の作曲書法から離れていった。その結果、出発点は違ったにもかかわらず、シェーンベルクと同じ、ないしは似たような結論に行き着くことになる。大規模編成のオーケストラが得意とするデュナーミクや音色の変化、ハーモニーから派生したメロディーやそれに基づく展開など、要するにそれまで豊かな表現につながるとされてきた、ハーモニー中心の技法はすべて否定され、遠ざけられた。「デュナーミクと音色のオーケストラ」、つまり弦楽器群を中心にそのまわりを多彩な音色を持つ管楽器が取り囲むといった構造のオーケストラは、彼の音楽には不適切と見なされ、さらには邪魔者扱いされて、姿を消す運命にあった。それに代わる新たな楽器として「リズムのオーケストラ」が必要になったのである。

「リズムのオーケストラ」は一朝一夕にできあがったわけではない。ストラヴィンスキーは当初、リムスキー＝コルサコフの優秀な弟子のひとりだと思われていた。その意味で、作曲家としての成長過程は、ワーグナーの影響下から出発したシェーンベルクに似ている。彼が初期の作品で用いた大オーケストラは、少しずつではあるが変形していった。『兵士の物語』では、ヴァイオリン、クラリネット、ファゴット、コルネット、トロンボーン、コントラバス、打楽器という七つの楽器だけが残された。続く器楽作品では、弦楽器群がまったく姿を消し、管楽器とピアノだけが用いられているが、その後弦楽器が戻ってくる。『ミューズをつかさどるアポロ』は弦楽合奏のみのために書かれ、『詩篇交響曲』では、フルート、オーボエ、トランペット、ホルン、ピアノと並んで、チェロとコントラバスが使われている。楽器の編成は曲ごとに変化したが、ひとつだけ変わらない点があった。弦楽器はもはやオーケストラの中心的存在ではない、ということだ。

ストラヴィンスキーの比較的初期の曲で、一九一三年に初演された『春の祭典』の冒頭部分には、これまで述べてきたような特徴がよく表われていて非常に興味深い。第一部は「大地の豊饒」を礼賛する音楽で、その導入部は神秘的な創造の神々の目覚めを描いている。よく似た音楽の例としてワーグナーの『ラインの黄金』の前奏部分を引き合いに出せるかもしれない。『春の祭典』はファゴットのソロで始まり、それにホルンとクラリネットが間延びしたようなフレーズでからむ。やがてイングリッシュ・ホルンをはじめとするその他の管楽器が、それぞれ個別の主題的なフレーズを奏でながら加わる。しかし弦楽器群には、特に言うべきことがないようだ。若干のピッツィカート、ヴァイオリンのトリル、チェロのリズミカルなビート、コントラバスの持続音といったものは聞こえてくるが、管楽器が盛り上がり、生き生きとした情景を描くのに対して、弦楽器は伴奏の地位に甘んじている。

この導入部は作者の独創性がいかんなく発揮された音楽として重要である。しかし、ストラヴィンスキーが弦楽器をほとんど用いずに作曲したという点も非常に重要だ。弦楽器には用がなかったのだ。弦楽器は一種の「合唱隊」であり、合唱隊が歌い出すと、それが邪魔をして、ひとりひとりの声は聞こえなくなる。それに弦楽器はどうしても歌いたがり、表現をしたがるが、ストラヴィンスキーはそれを望まなかった。彼のオーケストラはリズムを奏でる楽器である。そのリズムは絶え間なく変化する。往々にして一小節ごとに変化する。いっせいにリズムが変わるだけでなく、同時に異なるリズムが刻まれることさえある。

複数のリズムを同時に奏でる音楽が過去になかったわけではない。モーツァルトはかつて『ドン・ジョヴァンニ』第一幕フィナーレで、四分の三、四分の二、八分の三拍子という三つの舞曲がほぼ同時に演奏される場面を書いた。しかしこれは例外で、貴族と農民の踊りの違いを示すために行なったにすぎない。ストラヴィンスキーのポリリズムはモーツァルトの事例とは違って、彼が自分の音楽の基盤をリズムに置き、デュナーミクを排除しようとした証拠である。これはある意味、シュトラウス、ドビュッシー、プッチーニが、自分の曲のなかで三つの異なるレベルのデュナーミクを同時に使ったのと同じである。

どの曲を取っても、ストラヴィンスキーのスコアにはデュナーミクの指示はほとんどない。楽譜に何らかの演奏記号が記されていたとしても、クレッシェンドやデクレッシェンド、フォルテやピアノといった強弱に関する記号はもはや見当たらない。オーケストラは機械的、ないしはアクロバティックな動きを見せあうが、その主たる目的は感情の変化の表現ではなくて、物事をひたすら客観的に描写することだ。情感よりも動作が重視される。それは視覚的な音楽と言ってもよい。理想とするのは歌手ではなく、ダンサーである。そのため「歌」の得意な楽器である弦楽器は排除されるか、少なくとも「歌う」という特性を封印されてしまった。音を重ねたり、それによって音色を変化させたりというような常套手段も必要ではなくなった。リズムは、音楽創造の原動力として広く受け入れられ、曲づくりにおいても、オーケストラの扱いにおいても、新たな主役となった。

感情を表現する音楽から純粋な音の動きとしての音楽へ、デュナーミクを駆使して詩的な発想を音にするダイナミックな音楽から曲の構造原理を重んじる静的な音楽へ、内なる感情を構成力とする音楽から外に表われた動きを音にする音楽へ。こうした変化は、いずれもきわめて新しい考え方に基づいている。ただし、まったく新しいというわけでもない。というのも十八世紀前半の音楽を支配していたのは同じような考え方であり、ベートーヴェン以降のロマン派音楽が登場するまでは、主役の座を守っていたからである。

　デュナーミクを駆使する手法がその可能性を使い果たした今、過去の考え方が再度脚光を浴び、同時にベートーヴェン以前の時代の作曲家たち――バッハ、ヘンデル、ペルゴレージなど――の作品がふたたび注目を集めるようになった。音楽の美学が見直されたことを受けて、フェルッチョ・ブゾーニは音を動かすゲームとして音楽を再発見した。彼の音楽からは、それまでのダイナミックなものへの欲求が支配する音楽世界の代名詞であった、詩的、哲学的、精神的な要素がほとんど排除され、調性システムにおける音と音の関係、および重さ（主音へと引っ張られる力）の違いから生まれる「音の動き」が、主導的な役割を果たすようになった。

　このような変化が生まれた原因は、デュナーミクに基づく音楽づくりが限界を迎え、皆がうんざりしてしまったからだけではない。他の分野でも同じような変化が並行して起きていた。技術的な発明、特に映画やラジオが、音楽に新たな刺激をもたらす要素として登場した。一方、プフィッツナーやベルク、クルシェネクらは、ラジオや映画を新たなメディアとして自作のオペラのなかで取り上げ、レスピーギはナイチンゲールの歌声を再現するための楽器としてレコードを使った。新たな刺激的要素の影響力はさらに広がり、創作活動にも新たな目標をもたらした。作曲家のなかでも、特にストラヴィンスキーがそうした変化による恩恵を受けたのは、おもに影響を受けやすい時代と場所に居合わせたからである。彼の周辺では、皆がデュナーミクを駆使した音楽に飽き飽きする一方で、音楽を突き動かす新たな創造力として「純粋な動きとしての音楽」の可能性に気づいたからである。

これに関連して言えば、ダンス・オーケストラという新たなタイプのオーケストラを見落とすわけにはいかない。これは音楽史上はじめて、アメリカが生み出したオーケストラであり、ヨーロッパの音楽社会に向けたアメリカからの最初のメッセージである。このダンス・オーケストラ最大の特徴は弦楽器群が姿を消したこと、そして従来シンフォニー・オーケストラに加える価値がないとされ、管楽器のなかでも私生児扱いを受けていたサクソフォーンのファミリーが弦楽器に取って代わったことである。刺激的な音を発するさまざまなタイプの打楽器も新たにオーケストラに加わった。こうしてできあがった小規模なオーケストラは、リズムにおいても、曲の盛り上がり方においても、その形式においても、まったく新しいタイプの踊りの音楽を奏でている。

こうしたダンスのリズムはもともと西洋音楽に備わっていたリズムではない。黒人の音楽がヨーロッパの音楽と出会った結果生まれたものである。しかし明らかに異国から入ってきたと思われたリズムも、よくよく調べてみれば、もともとヨーロッパにあったリズムパターンに変化をつけたり、ゆがめたり、変形させたりしたものだと考えられる。つまり気候や精神風土の違いが変化をもたらしたのだ。新種のダンスとダンス音楽は、器楽にも影響を与え、新たな領域を切り開くきっかけをつくった。それは十七世紀のパヴァーヌ、十八世紀のガヴォットやメヌエット、十九世紀のワルツに勝るとも劣らないインパクトを持っていた。世界中の若い作曲家たちが自作に新たなリズムを取り入れるようになった。戦後（第一次世界大戦後）の世代は、戦前の音楽につきものだった知的な重みと大きさを振り払おうと躍起になった。哲学的、美学的、倫理的な負荷を減らし、音楽そのものに回帰すること、それが彼らの合い言葉である。この合い言葉の影響は、シェーンベルクやストラヴィンスキーの作曲家としての成長にもはっきりと表われている。フランスでは、いわゆる「六人組」がこうした考え方を受け入れ、自分たちの合い言葉にもした。彼らは——なかでも傑出した作曲家としては、ミヨー、プーランク、そしてスイス人のオネゲルの名を挙げよう——風変わりな作風で知られる年長の作曲家、エリック・サティ（一八六六～一九二五年）に傾倒し、新たな視点から古いスタイルの復活を唱えるグループである。同じように斬新な考えを持つ若い作曲家グループは、英国やオーストリア、ドイツでも台頭してきている。そして、最後におそるおそるではあるが、同調する動きはアメリカでも急速に広がり、同国は今や音楽の分野において、西欧諸国の一員となった。

　新たな方向へと踏み出した若い作曲家のなかで、もっともめざましい活躍を見せているのはパウル・ヒンデミット（一八九五～一九六三年）である。彼はストラヴィンスキーの考え方を引き継ぎながらも、それを純粋に音楽的な領域へと移し、音楽以外の要素を徹底的に排除した。その音楽にはダンスの要素すら感じられない。器楽的な——人によっては「シンフォニックな」と言うかもしれない——傾向がすべてに勝っている。ヒンデミットの場合は、オペラであっても純粋な音の動きとしての器楽が、歌や演技に代わって主役を務めている。彼の音楽は、「形式に基づいて構築される音楽」というルールに則ってつくられており、何かを表現するための手段ではない。構築物としての音楽をいかに展開させるかが、あらゆるデュナーミクや音色の変化にとってかわり、「運動エネルギー」がすべてを支配しているのがわかる。

　このような状況下で、オーケストラはどう変化したのだろうか。

従来のオーケストラでは、細部に至るまですべてが決まっていなければならなかったが、ヒンデミットの音楽ではこれがゆらぎ始めている。彼のカンタータ『プレーン音楽祭』のオーケストラは一定の楽器の組み合わせからなっているが、個々の楽器は必要とあれば他の楽器と置き換えられる。これは特殊な例だが、ヒンデミットの基本的な考え方を示している。その場にある楽器を使って演奏をした十七世紀や十八世紀の慣習に通じるやり方であり、特定の楽器を想定して作品が書かれているわけではない。よって演奏する楽器が変わっても、曲の本質に影響はない。楽器のおもな仕事はひとつの声部を演奏することであり、どの楽器がその声部を演奏するかということと作品のコンセプトの間には重要な関係はない。こうした変化にヨーロッパでの創作活動がだんだんと滞るようになってきたという事情が加わって、オーケストラに関する従来の原理原則はすべて白紙に戻されていった。

英国、そして特にアメリカのようにオーケストラの発展にあとからかかわった国々が、世界最高水準のオーケストラを持つようになり、しかもその育成に熱心になってきた今、創作活動の中心は大西洋を渡って東から西へと移動していると考える人もいるだろう。しかしロシアでも音楽活動が活発化している現状を見落とすわけにはいかない。アメリカでもロシアでも、今のところ、西欧の伝統を模倣することが音楽活動の中心を占めている。模倣が完了したあと、変化に対する柔軟性を信じて、オーケストラをいかにして新しい土地の異なる社会的環境に順応させていくかという作業は、まだ道半ばである。

現状を見る限り、この作業がうまく進んでいくかどうか判断できるだけの手がかりは見当たらない。オーケストラはアメリカでもヨーロッパでもおもに過去の作品からなるプログラムを演奏している。聴衆は古きよき時代の幻想に浸りたいがゆえに、過去の作品ばかりを聴きたがる。新作が登場する機会は稀で、演奏されたとしても喝采を受けることはまずない。ストラヴィンスキー以降、世間から広く認められた作曲家はひとりもいないし、ストラヴィンスキーでさえ、栄光は過去のものになりつつある。彼の作品のなかでもっともよく演奏されているのは、コンサート・ピースではなくもともと舞台のために書かれた音楽、つまりバレエ組曲である。それ以外はほとんどが室内楽のジャンルに属する作品で、ドイツのヒンデミット、フランスのミヨー、イタリアのカゼッラやマリピエロについても、同じようなことが言える。フランスの大家、モーリス・ラヴェル（一八七五〜一九三七年）は確かに熟練した技を持つ職人だが、新機軸で聴衆を驚かせ、しかも納得させてしまうといった革新的作曲家ではないし、戦前からの作風をかたくなに守り続けている。ブラームスの後継者で、個性的で見事なハーモニーを書くことで知られるドイツのマックス・レーガー（一八七三〜一九一六年）についても同様である。ロシアのアレクサンドル・スクリャービン（一八七二〜一九一五年）は特別な装置を使い、*音色効果と実際の色彩効果を結びつけ、オーケストラの歴史に新たなクライマックスを築こうとした。実験的な試みはあちこちで行なわれているが、聴き手に感動を与える、真に交響的な作品はめったに聴かれなくなってしまった。しかも従来のオーケストラ手法に基づきつつ、新たなタイプの形式や響きを追求するような楽曲にいたってはまったく見当たらない。

＊　オクターヴの一二の音に特定の色を設定し、鍵盤を押すとその色の光を放射する「色光ピアノ」を考案した。

6

オーケストラの歴史という観点からすると、今や音楽界全体が過去の遺産だけを頼りに活動しているように見えるだろう。オペラや室内楽、歌曲といったオーケストラ曲以外のジャンルでも、現代曲はなかなか世間に認められず、おもに少数のマニアックな音楽ファンの支持を集めているにすぎない。一般大衆の反応はいつも同じだ。新作には露骨に抵抗感を示し、過去の作品ばかりに喝采を送る。歴史を振り返ってみれば、現在の状況が非常に特殊だと気づくだろう。というのは、バッハやヘンデル、ハイドン、モーツァルト、ベートーヴェン、あるいはパレストリーナの時代でさえ、新作へのニーズが常に存在していて、過去の作品をふたたび取り上げて演奏する機会はそれほど多くなかったからである。

今日のオーケストラ・コンサートは、このような現状をあからさまに反映している。コンサートは採算ベースで運営されており、芸術的な刺激に欠けるのだ。コンサートは繰り返しの連続である。繰り返し演奏されるのはたしかにすぐれた作品だが、そこに歴史的観点はあっても、将来へのヴィジョンは見当たらない。演奏されているのはミュージアム・ピースだけだ。これでは莫大な過去の遺産からの利子で生活しているようなもので、財産を殖やす動きにはつながらない。過去の音楽は、その作品本来の魅力が失われない限り演奏され続けるだろう。コンサートホール、録音、ラジオ放送と演奏される場所は変わっても、オーケストラは過去の作品を存続させるという責務を果たし続けるだろう。これは音楽教育の一環としても続くであろうし、そのためにもオーケストラは存続していく必要がある。

では、そもそもオーケストラ音楽を生み出すもとになった力、二百年以上にわたり新たな作品を創造し続けてきた力は今後も存続していけるのだろうか。

オーケストラはこれまでひたすらハーモニーの持つ力を解き放つ手段として機能してきた。オーケストラのための音楽のルーツは、常にハーモニーに求めることができる。しかし、その形式は絶え間なく変化してきた。なぜこれほど多種多様な楽曲があるのだろうか。

その理由を、音楽的な事情のみに求めるわけにはいかない。音楽はひとりでに変化していったわけではない。いつの時代にも、人々はなじみのある形式で書かれた楽曲を好んだ。それは過去の経験に照らしても明らかである。昔も新たに登場した音楽形式については、さまざまな困難や議論、争いがつきまとった。モーツァルトやベートーヴェンの時代であれ、ベルリオーズやワーグナーの頃であれ、ストラヴィンスキーやシェーンベルクであれ状況は同じだった。それにもかかわらず新しい形式がその時代の人々に受け入れられてきたのは、反発する力よりも、育てていこうとする力のほうが大きかったからに他ならない。

新しい形式に対して人々が反発するのは、新たな時代には新たな法則があり、それは新たな形式を生み出すにもかかわらず、音楽の法則は未来永劫変わらないと人々が考えていることに原因がある。しかしこうした変化を引き起こすのは音楽自体ではない。コミュニティを構成する人間にとってもっとも重要な要素、つまり社会の状況が大きく影響するのだ。オーケストラの歴史は、人間社会の変遷にかかわるもっとも貴重な記録のひとつである。

その歴史には最初から偉大な作曲家が多数登場する。彼らが最初に現われたのはルネサンス期である。十八世紀前半の通奏低音の時代を経て、ハイドン、モーツァルト、ベートーヴェンの活躍する古典派の時代が続き、シューベルト、メンデルスゾーン、ベルリオーズ、リスト、ワーグナー、ブラームス、ブルックナー、シュトラウス、ドビュッシー、ストラヴィンスキーらが登場する。彼らが書いた作品の歴史は、音楽の法則の変化に対応しながら、さまざまな楽器を組み合わせて曲をつくってきた歴史でもある。それはまた、独創性あふれる音楽家の個性を反映した音楽形式の変化の歴史であり、突き詰めれば、拡大と収縮の繰り返しによって推進力を生み出しつつ、絶え間ない変化を続けるハーモニーの歴史であった。

しかしながらこうした見方では、音楽の歴史的変化を支える最大の要素、つまり社会的変化の一部しか説明できない。あらゆる芸術の歴史はこの社会的な力によって動かされ、変化してきた。特に音楽は社会的な現象であるだけに、今までも目には見えない糸を人々に投げかけて、知らない人間同士を引き合わせてひとつにまとめ、さらに多くの人間を巻き込むことで新たな集合体をつくりあげてきた。

オーケストラの変遷の裏側で、創作への推進力を実際に生み出しているのは、こうした社会的な力である。オーケストラの歴史を大局的に眺めてみれば、社会における人間関係の変化や社会的関心の変化をめぐる物語が見えてくる。

社会的な変化は、政治的な観点からもとらえられる。その場合、オーケストラの歴史の出発点は中世の集団主義がほころびを見せ始めた時代である。やがて通奏低音が家長のごとく音楽界を支配した時代を経て、古典派オーケストラによる民主主義的コミュニティが登場し、個人の解放がもたらされる。古典派オーケストラは、理性のバランスとすべての力の均衡を最高の状態で実現したからだ。その後十九世紀に入り個人主義に基づく一種の専制が進むなか、オーケストラは絶頂期を迎えるが、個人主義の行きすぎによって低迷期に入り、現在はその反動で新たな集団主義の時代を迎えている。オーケストラの歴史はまた、社会の知的興味の変遷史としても眺められる。その場合は、十七世紀に登場し十八世紀を支配した「理性」と、十九世紀に徐々にその勢力を広げ、理性の力を弱め、消滅させようとした「感情」との間の闘争史としてとらえることできる。さらには、物理的な観点からは技術の進化の歴史ということになるだろう。

しかしながら最終的に音楽がどのように発展していくかは、政治的、知的、物理的側面だけで決まるわけではない。常に変化し、成長を続ける人間社会そのものの影響を無視できないからだ。

すべての始まりは、アマチュア音楽家が演奏するオペラやコンサートを聴きに人々が集まったことである。音楽を聴く喜びを見いだした人々の関心の広がりを反映して、こうした集まりはどんどん大きくなっていった。それまで多くの人々を集めていた場所、とりわけ教会がその影響力を失っていったのにともない、コンサートはますますその魅力を高めていった。オペラハウスやコンサート会場は、さまざまな人々が集まり、時代を新たな方向へと突き動かすような考え方を声高に唱える場となった。

今日的な意味で、オーケストラの歴史が本当に始まるのはこの時点からである。オーケストラはそれまで音楽に興味を示さなかった新たな聴衆を獲得し、新興の市民階級を象徴する存在となった。新たな聴衆はそれまでの聴衆とは違い、娯楽を求めて音楽を楽しむのではなく、精神的な必要性に駆られて音楽を聴きに来た人々だった。時とともに聴衆の規模は着実に大きくなり、オーケストラに課せられる責務の幅も広がり、その機能ならびに組織としての規模も拡大の一途をたどった。このような歴史をもつオーケストラの物語を書き上げたのは、音楽そのものでもなければ作曲家でもなく、まさに聴衆だったのである。

言い換えれば、オーケストラの歴史は聴衆の歴史であった。多くの人々に共通する考えや感情、目標を表現する媒体として、オーケストラと肩を並べられるような楽器も組織も他には存在しない。こうした事柄を、オーケストラほどストレートに表現できる媒体はない。なぜならオーケストラは人間社会という基盤の上に成り立っており、社会のあらゆる動きがオーケストラに反映されているからである。オーケストラはこれまでも人間文化が生み出したもっとも価値ある発明品のひとつであったし、将来もそうあり続けることであろう。

訳者あとがき

本書は Paul Bekker, *The Orchestra*, Norton Library, 1963 の全訳である。

本書はオーケストラという組織の発展史ではない。作曲家は自分にしか書けない音楽を生み出すために、オーケストラという楽器に何を求め、どのように利用してきたのか、そしてその過程でオーケストラはどのように変化してきたか、ということがテーマである。つまりオーケストラ音楽の変遷の歴史を、大作曲家たちが求めた理想の音楽像との関わりという観点から描いたユニークな「音楽史」なのだ。

よって本書がおもに扱うのは、標準的なオーケストラのかたちが整ってからの時代、すなわちハイドン以降の音楽になるが、オーケストラ誕生にいたるまでのアンサンブルの歴史については、第一章「前奏曲」に手際よくまとめられている。

ここで突然だが、読者の皆様には、洋楽でも邦楽でもよいので過去のヒット曲をいろいろと思い浮かべてみていただきたい。印象的な歌詞やメロディーとともに、その曲を聴いていたときの思い出などが鮮やかによみがえってくるのではないだろうか。それはよいとして、今ちょっと考えてみてほしいのは、そのなかにインストゥルメンタル、つまり歌の入らない曲が何曲あるかということだ。

インストゥルメンタルのヒット曲となると、かなり前になるが一九九九年に坂本龍一の「エナジー・フロー」というピアノ曲が大ヒットした。製薬会社のCMに使われ、連日テレビで流れたことが大きく影響している。さらにさかのぼると、一九六七年には当時「エレキの神様」といわれていた寺内タケシがエレキ・ギターで弾きまくった「レッツゴー運命」という曲があり、第九回レコード大賞編曲賞を受けている。作曲はもちろんベートーヴェンだ。他にもインストゥルメンタルのヒット曲はあるのだろうが、私がぱっと思いつくのはこの二曲くらいだし、いずれにせよそう多くはないだろう。

ベートーヴェンが出てきたとはいえ、クラシック音楽に関する本の「あとがき」でヒット曲の話を持ち出したのはなぜかというと、そのほとんどが「歌」である、という事実を指摘したかったからだ。

もちろん日本の雅楽や東南アジアのガムラン音楽を持ち出すまでもなく、世界には「歌」の入らない曲、すなわち器楽曲（インストゥルメンタル）が多数存在する。しかし踊りや儀式などで使われる実用音楽を除くと、世界中の音楽のほとんどは「歌」、つまり声楽であり、器楽はかなり少数派だと言ってよいだろう。それは各国の民謡の例を見てもあきらかだ。

ところがここに大量の器楽曲を生み出し、またそれが当時の人々に広く受け入れられただけでなく、現代においても盛んに演奏されている音楽がある。一般に「クラシック音楽」と呼ばれる西欧の伝統音楽だ。日本でも――寺内タケシのおかげかどうかはともかく――ベートーヴェンの『運命』ほど有名な器楽曲はないと言っても過言ではないだろう。

しかしそのクラシック音楽も、歴史をたどれば最初は声楽であったことがわかる。八～九世紀頃（諸説あり）の『グレゴリオ聖歌』にはじまり、千年以上の歴史を誇る西洋音楽はそのほとんどが「歌」だった。ところが十八世紀のなかば頃になると、まことに豊かな「器楽の時代」が訪れる。記譜法、平均律、オペラ、ピアノ、などを発明しながら発展を遂げた西洋音楽はそれ自体が世界に例を見ない驚異的な音楽であるが（詳しくは、拙訳のハワード・グッドール著『音楽史を変えた五つの発明』白水社刊、を参照されたい）、これほど器楽が重要な地位を占めている音楽は、世界的に見ても非常にめずらしい。そしてこの「器楽の時代」を支え、最大の花形楽器となったのが、本書のテーマ、「オーケストラ」である。

ちなみに、十八世紀のなかばから西欧で「器楽の時代」が始まった理由について、ベッカーはその著書『西洋音楽史』（河上徹太郎訳、河出文庫、二〇一一年刊）の中で、西洋音楽の多声音楽から和声音楽への移行が器楽の登場を促したと指摘し、「肉声が単声、多声音楽の自然的な道具であるごとく、楽器が和声音楽の自然的な道具なのである」（同書七七ページ）と記している。

著者のパウル・ベッカーの経歴は著者紹介にあるとおりだが、岡田暁生氏は第一次世界大戦の時期を「『クラシック音楽』の『終わりの始まり』」ととらえ、大戦前後の音楽の歴史的変化をさまざまな観点から考察した『「クラシック音楽」はいつ終わったのか？』（人文書院、二〇一〇年刊）という非常に興味深い著書の中で、「ベッカーは時代に先駆けて時代の潮目を読むことに長けた、天才的な批評家だった」（同書一一八ページ）と記している。

このベッカーの先見性は、本書の最終章「メカニズムとしてのオーケストラ」で存分に発揮されている。ここでベッカーはいわば彼にとって同時代の音楽を論じるなかで、「音楽の本当の意味、芸術的価値、社会的意義を素直に考え直そうとする試み」という実験を引き受けた作曲家としてシェーンベルクとストラヴィンスキーの名をあげ、「現代」を代表する作曲家として詳しく論じている。このふたりは現在、バルトークとともに二十世紀前半のもっとも重要な作曲家と見なされているが、ここで注目してほしいのは、ベッカーが本書を書いたのは一九三六年であり、その時点で彼がこのふたりの歴史的重要性をしっかりと認識していたという事実だ。当時シェーンベルクは六十一歳、ストラヴィンスキーは五十三歳で、共に代表作を発表済みではあったが、記述内容から見ても、ベッカーがかなり早い段階から数多くの「現代作曲家」のなかでも、特にこのふたりに注目していたのは間違いない。八十年ほど前に書かれたにもかかわらず、本書がまったく古さを感じさせない理由のひとつがここにある（バルトークについては、言及されているものの突っ込んだ記述がない。もっとも、『弦楽器、打楽器とチェレスタのための音楽』『ヴァイオリン協奏曲第二番』『二台のピアノと打楽器のためのソナタ』といったバルトーク円熟期の傑作群は、ちょうどベッカーが本書を執筆した年、またはその翌年――亡くなった年――に完成しており、彼がこれらを聴いていなかった可能性が高い）。

　ところでベッカーが本書を執筆した一九三六年という年は、音楽史上どういう年だったのだろうか。少し振り返ってみよう。

　バルトークは五十四歳で、四年後にベッカーのあとを追うようにアメリカに移住する。ヒンデミットは四十歳。ショスタコーヴィチは二十九歳で、この年、歌劇『ムツェンスクのマクベス夫人』がプラウダの激しい批判にさらされ、完成していた第四交響曲の初演を見送っている。メシアンは二十七歳で『トゥーランガリラ交響曲』はもちろん、『アーメンの幻影』『世の終わりのための四重奏曲』といった初期の主要作はまだ書かれていない。ジョン・ケージは二十三歳、ルトスワフスキは二十二歳、リゲティはまだ十二歳で、スティーヴ・ライヒはちょうど生まれた年にあたる。ジョン・アダムズの顔を見るには十一年待たねばならない。

　この年に完成した作品としては他に、プロコフィエフのバレエ音楽『ロメオとジュリエット』、ウェーベルンの『ピアノのための変奏曲』などがあり、ベルクの遺作となった『ヴァイオリン協奏曲』がバルセロナで初演されている。

　ベッカーがシェーンベルクやストラヴィンスキーについて論じていたのは、そういう時代だったのである。また、現代随一の人気交響曲作家であるマーラーについて言えば、バーンスタイン、クーベリック、ハイティンクらの交響曲全曲録音が続々登場して一種のブームの先駆けとなるのは二十年以上あとの話だ。ところで、本書の中でベッカーがマーラーの最高傑作として第八番（『千人の交響曲』）をあげている点については何かと異論があるかもしれない。ちなみにバーンスタインは、ＤＶＤの交響曲全集に収録されたインタビューの中で、「マーラーは（他の作品の場合と異なり）第八番では作曲を非常に急いでいたので、自分の想いを十分作品に込めることができなかった」というような趣旨の発言をしている（Bernstein Mahler Rehearsals, DG 00440 073 4093）。

また、前述の岡田氏の著書は、ベッカーが『ドイツの音楽生活』の中で重視した「音楽と社会の関わり」について、アドルノとの比較を行ないながら詳しく論じている。ベッカーのそうした姿勢は本書でも随所にうかがわれ、特に最終章の「オーケストラの歴史はまた、社会の知的興味の変遷史としても眺められる」「オーケストラの歴史は聴衆の歴史であった」という言葉に如実に表われている。

第十章「『芸術のための芸術』としてのオーケストラ」で、ベッカーはオーケストラのために曲を書いた作曲家を三つのタイプに分類し、「おもにオペラに興味を示した作曲家とオペラとコンサートの両方に興味を示した作曲家のグループがどの時代にも存在していたのに対して、おもにコンサート用の楽曲にのみ興味を示した第二のグループ、つまり交響曲作家のグループは、約百五十年という限られた期間に集中している」と指摘している。加えて、交響曲作家の系譜が終わりを迎えようとしている一方で、「オペラは、常に新しいものを生み出す力を内包しており、古典派のモデルに匹敵する別のモデルをつくりだせる」と述べている。ここは古典派、特にベートーヴェンを音楽史のピークと見るベッカーの考えが強くにじみ出ている箇所で、読者の皆様の中にも賛否があるだろう。そこでベッカーの死後（ベッカーは本書を書いた翌年、一九三七年に亡くなっている）の現代音楽史を——私のごく限られた経験と知識の範囲ではあるが——少し眺めてみよう。

ベッカーに先がないと言われた交響曲（あるいはオーケストラ曲）は、彼の死後も多くの注目作が生まれ、メシアンの『トゥーランガリラ交響曲』（一九四九年）、デュティユーの『メタボール』（一九六四年）、ブーレーズの『ノタシオン』（管弦楽版、一九七八年～）など、オーケストラのレパートリーとしてある程度定着した作品も少なくない。さらに二十世紀後半を代表する作曲家のひとりであるヴィトルト・ルトスワフスキのように、主要作品のかなりの部分が器楽曲で、オペラを一曲も書いていないという例もある。しかし聴衆（といってもクラシック音楽に興味のある聴衆だが）の注目を集め、大きな話題になった作品となると――シュニトケやグレツキの一部の作品のように一時的に「ヒットした」ものを除くと――まず頭に浮かんでくるのは、ブリテンの『ピーター・グライムズ』（一九四五年）、B．A．ツィンマーマンの『兵士たち（軍人たち）』（一九六〇年）、アリベルト・ライマンの『リア』（一九七八年）、そしてジョン・アダムズの『中国のニクソン』（一九八五年）といったオペラではないだろうか。まさにベッカーの予言通りである。

オーケストラの未来についてベッカーは、「シェーンベルクがその作品を通して伝えているのは、『オーケストラは終わった』ということだ」と述べたうえで、「過去数百年にわたり音楽を支配してきた手法、つまりデュナーミクと音色の変化を利用したハーモニー中心の楽曲展開という手法も終わりを迎えた。今やハーモニーに代わって音楽の中心となるものが求められている。新たな中心が見つかれば、純粋に音楽的な手法を駆使して、それを核とする新たなオーケストラが、新たな音楽が、育つかもしれない」と希望を込めて書いている。果たして二十世紀、二十一世紀の作曲家は、この「新たな中心」を見つけることができたのだろうか。確かに十二音音楽から始まって、偶然性の音楽、ミニマル音楽など新たなかたちは少なからず提示されたが、それが「新たな中心」になったかというと、どうにも心許ない気がする。

パウル・ベッカーの名は以前からわが国でもよく知られており、すでに話の出た『西洋音楽史』『ドイツの音楽生活』の他にも、『ベートーヴェン』『ベートーヴェンよりマーラーまでの交響曲』などが過去に翻訳されている。なかでも『西洋音楽史』は出版社こそ何回か変わったものの、常に書店の店頭に並んできた名著である。

二年ほど前に『西洋音楽史』を読んで感銘を受け、ベッカーの他の著書も読みたいと思っていた私がめぐりあったのが本書 *The Orchestra* だ。当初英訳だと思って手に取った本は「はしがき」にもあるとおり、ベッカーがアメリカ亡命後の最晩年に新たな友人たちのため、苦労しながら英語で書き下ろした本だった。

読んでみると、オーケストラと作曲家の関わりという視点から論じたユニークな音楽史で、アメリカの比較的若い読者を意識したせいか、内容的には『西洋音楽史』よりもずっと読みやすい。しかも晩年に唯一英語で書かれた書物という事情もあるのだろう、これほどの名著がわが国では一度も訳されていなかった（ちなみにドイツ語訳は出版されている）。というわけでかねてからお世話になっていた白水社にさっそく翻訳の企画を持ち込んだ次第である。

最後になるが、今回も白水社の糟谷泰子さんにはひとかたならずお世話になった。企画の採用から、最終的な訳文のチェックにいたるまで、本当に心のこもったサポートをしていただいた。この機会にあらためて感謝の気持ちを献げたいと思います。

二〇一三年三月

松村　哲哉

わ行

ワーグナー、リヒャルト　53, 63, 76, 109, 114, 118, 123, 124, 135, 136, 139, 141, 147-163, 165-175, 177, 178, 180, 187-189, 191, 193, 194, 198-200, 203, 204, 206, 207, 210, 212, 214, 215, 218, 219, 221, 222, 228, 229, 233, 234, 246-250, 253, 254, 257, 258, 260, 261, 269
ワインガルトナー、フェリックス　249
ワルター、ブルーノ　249

サンドロ　28
プレトーリウス、ミヒャエル　19
ベートーヴェン、ルートヴィヒ・ヴァン　25, 33, 34, 37, 40, 50, 63, 74-101, 103-105, 107, 109, 110, 112, 117, 118, 124-126, 129, 134, 135, 144, 145, 148-150, 167, 171-174, 176, 177, 179-188, 192, 194, 198, 209, 218-223, 225, 226, 237, 248, 255, 263, 268, 269
ベルク、アルバン　257, 258, 263
ペルゴレージ、ジョヴァンニ・バッティスタ　43, 263
ベルリーニ、ヴィンチェンツォ　201, 202, 218, 239
ベルリオーズ、エクトール　76, 117, 122, 125-138, 140-144, 148-150, 157, 161, 167, 172-174, 193-195, 199, 200, 206, 212, 214, 218, 225, 226, 233, 246-249, 269
ヘンデル、ゲオルク・フリードリヒ　25-28, 33, 35, 37, 40, 55, 67, 77, 86, 148, 190, 218, 256, 263, 268
ポルポラ、ニコラ　35
ボロディン、アレクサンドル　212

ま行

マーラー、グスタフ　172, 173, 175, 190-195, 218, 249, 250, 257
マイヤーベーア、ジャコモ　122, 124, 126, 136-143, 146-148, 167, 174, 195, 200, 204, 205, 218, 225
マリピエロ、ジャン・フランチェスコ　267
マルティヌー、ボフスラフ　210
ミュステル、オギュスト　227
ミヨー、ダリウス　265, 267
ムソルグスキー、モデスト　211-213, 218, 234
メユール、エティエンヌ＝ニコラ　122
メルツェル、ヨハン・ネポムク　82
メンゲルベルク、ヴィレム　249
メンデスルゾーン＝バルトルディ、フェリックス　101-104, 113-116, 118, 120, 122, 123, 126, 146, 148, 173, 174, 176, 194, 218, 246-248, 269
モーツァルト、ヴォルフガング・アマデウス　14, 33, 36, 42, 53, 57, 64, 66-75, 79, 80, 86-88, 90, 92, 96, 99, 148, 149, 171, 198, 209, 218-221, 227, 241, 262, 268, 269
モットル、フェリックス　249, 250
モンテヴェルディ、クラウディオ　24, 26, 58, 59, 67, 218, 221

や行

ヤナーチェク、レオシュ　210

ら行

ラヴェル、モーリス　267
ラブラシュ、ルイジ　127
ラモー、ジャン＝フィリップ　33, 63, 67, 122, 148, 190, 218, 221, 233, 236
リスト、フランツ　122, 127, 134, 135, 140-150, 157, 167, 172-174, 176, 178, 195, 199, 208, 212, 218, 225, 246, 247, 249, 269
リヒター、ハンス　249
リヒター、フランツ・クサーヴァー　47
リムスキー＝コルサコフ、ニコライ・アンドレイェヴィチ　212, 260
リュリ、ジャン＝バティスト　44, 58-61, 63, 67, 110, 122, 123, 148, 149, 218, 221
ル・シュウール、ジャン＝フランソワ　124, 125
ルビーニ、ジョヴァンニ・バッティスタ　127
レーガー、マックス　218, 267
レスピーギ、オットリーノ　263
ロッシーニ、ジョアッキーノ　123, 200, 201, 202, 218

シュポーア、ルイ　102, 118
シュレーカー、フランツ　227
シンディング、クリスティアン　216
スーク、ヨーゼフ　210
スカルラッティ、アレッサンドロ　44, 59, 60, 67
スカルラッティ、ドメニコ　43
スクリャービン、アレクサンドル　267
ストラヴィンスキー、イーゴリ　219, 224, 244, 253, 259-263, 265-267, 269
ストラディヴァーリ、アントニオ　16
スポンティーニ、ガスパレ　123, 160, 218, 221
スメタナ、ベドジフ　195, 208-210, 215, 218

た行

タネーエフ、セルゲイ　212
タルティーニ、ジュゼッペ　43
ダンディ、ヴァンサン　233
チマローザ、ドメニコ　211
チャイコフスキー、ピョートル・イリイチ　195, 213-215, 218, 249
ディーリアス、フレデリック　216
ドヴォルジャーク、アントニーン　209, 210
ドゥランテ、フランチェスコ　43
トスカニーニ、アルトゥーロ　249, 250
ドビュッシー、クロード　218, 224- 226, 232, 234-239, 242, 250, 262, 269
ドホナーニ、エルネー　216
トマジーニ、アロイジオ・ルイージ　40
トルヴァルセン、ベルテル　183

な行

ニールセン、カール　216
ニキシュ、アルトゥール　249

は行

パーセル、ヘンリー　218
ハイドン、ヨーゼフ　14, 33-42, 44-56, 62, 67, 68, 74-77, 79-81, 86-88, 90, 91, 94, 96, 99, 117, 124, 145, 148, 149, 167, 174, 175, 192, 209, 218, 268, 269
パガニーニ、ニコロ　127, 130, 134
ハッセ、ヨハン・アードルフ　67
バッハ、カール・フィリップ・エマヌエル　35, 42, 44, 45, 47
バッハ、ヨハン・セバスティアン　26, 30, 33, 35, 37, 39, 43, 86, 177, 179, 190, 218, 222, 263, 268
バラキレフ、ミリー　212, 213
バルトーク、ベーラ　216, 275, 276
パレストリーナ、ジョヴァンニ・ピエルルイジ・ダ　268
バントック、グランヴィル　216
ビーチャム、トマス　248
ビゼー、ジョルジュ　195, 206, 207, 218
ビューロー、ハンス・フォン　146, 181, 247, 249
ヒンデミット、パウル　265-267
フィリドール、フランソワ＝アンドレ・ダニカン　28
プーランク、フランシス　265
フォーグラー、（アベ）ゲオルク・ヨーゼフ　124
ブゾーニ、フェルッチョ　263
プッチーニ、ジャコモ　218, 224-226, 238-242, 250, 262
フバイ、イェネ　216
プフィッツナー、ハンス　263
ブラームス、ヨハネス　123, 172, 173, 175-188, 190-192, 194, 195, 209, 215, 218, 252, 267, 269
フランク、セザール　233
ブルックナー、アントン　172, 173, 175, 185-195, 213, 218, 233, 249, 269
フルトヴェングラー、ヴィルヘルム　249
フレスコバルディ、ジローラモ・アレッ

索引

あ行

アッテルベリ、クルト　216
アベネック、フランソワ　248
アマーティ、アンドレア　16
ヴィヴァルディ、アントニオ　30
ウェーバー、カール・マリア・フォン　101-109, 111, 112, 114-120, 122-124, 126, 127, 131, 132, 135, 136, 143, 146, 148, 149, 161, 162, 167, 174, 176, 194, 195, 215, 218, 246, 247
ヴェルディ、ジュゼッペ　123, 195, 201-206, 218, 219, 239
ヴォーン・ウィリアムズ、レイフ　216
ウッド、ヘンリー　248
エステルハージ侯爵　36, 37, 39, 52
エルガー、エドワード　216, 218
オネゲル、アルテュール　265
オベール、ダニエル＝フランソワ＝エスプリ　124

か行

カゼッラ、アルフレード　267
ガブリエリ、アンドレア　28
ガブリエリ、ジョヴァンニ　28, 29
ガルシア、ポーリーヌ　127
ガルシア、マヌエル　127
ガルシア、マリア　127
カンナビヒ、クリスティアン　47
ギャヴィニエ、ピエール　43
クープラン、フランソワ　236
グノー、シャルル＝フランソワ　218
グラズノフ、アレクサンドル　212
グラツィアーニ、ボニファツィオ　26
グリーグ、エドヴァルド　216
グリンカ、ミハイル　211
クルシェネク、エルンスト　263
グルック、クリストフ・ヴィリバルト　33, 38, 64, 67, 71-73, 108, 122, 123, 149, 218, 221
グレトリー、アンドレ＝エルネスト＝モデスト　62, 63, 65, 122, 168, 218
ゲーゼ、ニスル・W　216
ケルビーニ、ルイジ　108, 122, 123, 218
ゴセック、フランソワ＝ジョゼフ　47
コダーイ、ゾルターン　216
コレッリ、アルカンジェロ　30
コロンヌ、エドゥアール　248

さ行

ザイドル、アントン　249
サックス、アドルフ　199
サティ、エリック　265
サーロ、ガスパロ・ダ　16
シェーンベルク、アルノルト　218, 244, 253, 243, 255-260, 265, 269,
シベリウス、ジャン　195, 216, 218
シャルク、フランツ　189
シューベルト、フランツ　101-104, 110-113, 126, 143, 149, 173, 174, 191, 194, 269
シューマン、ローベルト　101, 103-105, 111, 112, 116, 117, 125-127, 148, 149, 173, 181, 194, 218, 235
シュターミッツ、ヨハン　47, 218
シュトラウス、リヒャルト　130, 199, 218, 224-232, 235, 238, 239, 241, 242, 249, 250, 257, 262, 269
シュパンツィヒ、イグナツ　226

訳者略歴
一九五五年生
慶應義塾大学経済学部卒
主要訳書
グッドール『音楽史を変えた五つの発明』
ゲインズ『「音楽の捧げもの」が生まれた晩』
マウチェリ『指揮者は何を考えているか』（以上、白水社）
オッテン『ヘルベルト・フォン・カラヤン写真集』（ヤマハミュージックメディア）
シップサイド『わくわく「資本論」――いま、なぜマルクスなのか』（PHP研究所）

オーケストラの音楽史〔新装版〕
大作曲家が追い求めた理想の音楽

二〇二二年四月一日 印刷
二〇二二年四月二五日 発行

著者 パウル・ベッカー
訳者© 松《まっ》村《むら》哲《てっ》哉《や》
装丁者 柳川貴代
発行者 及川直志
印刷所 株式会社理想社
発行所 株式会社白水社
東京都千代田区神田小川町三の二四
電話 営業部〇三（三二九一）七八一一
編集部〇三（三二九一）七八二一
振替 〇〇一九〇‐五‐三三二二八
郵便番号 一〇一‐〇〇五二
www.hakusuisha.co.jp
乱丁・落丁本は、送料小社負担にてお取り替えいたします。

株式会社松岳社

ISBN978-4-560-09432-7

Printed in Japan